好好看世界

好好看世界

如何选择世界名校的二十四章经

READING THE WORLD

李好/编著

江苏凤凰文艺出版社

图书在版编目（CIP）数据

好好看世界：如何选择世界名校的二十四章经 / 李好编著. -- 南京：江苏凤凰文艺出版社，2018.7（2022.4重印）
ISBN 978-7-5594-2186-9

Ⅰ.①好… Ⅱ.①李… Ⅲ.①高等学校 - 世界 - 指南 Ⅳ.①G649.1-62

中国版本图书馆CIP数据核字（2018）第109344号

好好看世界：如何选择世界名校的二十四章经

李　好 编著

出 版 人	张在健
责任编辑	袁　媛　姚　丽
出版发行	江苏凤凰文艺出版社
出版社地址	南京市中央路165号，邮编：210009
出版社网址	http://www.jswenyi.com
印　　刷	苏州市越洋印刷有限公司
开　　本	889毫米×1194毫米　1/16
印　　张	25.5
字　　数	230千字
版　　次	2018年7月第1版
印　　次	2022年4月第9次印刷
标准书号	ISBN 978-7-5594-2186-9
定　　价	68.00元

江苏凤凰文艺版图书凡印刷、装订错误，可向出版社调换，联系电话025-83280257

序

很久都没有因为看书而流下眼泪了，那天李好拿着这本书的书稿为我读了其中的两篇文章，我竟忍不住地落了泪……

年轻的时候我们面临最多的是选择：上什么样的学校、选什么样的专业、找什么样的工作、留学或者回国，等等。书中他们面临的问题我也都面临过，所以我特别喜欢读这些文字。如果当年有这么一本书作为参考，可能我不会经历那么多让我觉得纠结的选择。但是，不论我们做出什么样的选择，最重要的是要遵循自己的内心！所以，你首先需要知道你想要的到底是什么。

我们这一代人从小到大都在按部就班地读书，家长给我们定目标，老师让我们争名次。很多学生拿了很高的分数却不知道该选择什么样的专业，不知道什么专业是适合自己的，或者是自己喜欢的。

《一站到底》来过很多选手，大部分考上名校的选手有一个共同的特点，就是他们都有目标。他们一直知道自己想要的是什么，并且不断地给自己定目标。我喜欢一句话：叫醒你的不是闹钟，而是目标！有目标的人在奔跑，没目标的人在流浪。其实，很多人厌倦每天重复的生活，从而对任何事都没有了激情，这才是可怕的！

这本书里没有什么华丽的语言和高深的道理，但是你却能够看到一个个鲜活的生命为了自己的目标与梦想不断地前行和努力，克服各种各样的困难。我们常说人生就是一个不断打怪升级的过程，就像奥特曼打小怪兽！只有不断地克服困难你才能看到一个强大的自己。

对于留学的他们来说更是这样。小小年纪、从前不曾离开过家和爸妈的他们却拖着重重的行李到一个陌生的地方……这地方看起来很美、很高级，但是却显得与你格格不入……

记得当年，我带着一颗好奇心和好心情来到纽约，找了半天才找到接我的司机，结果他看到我的行李就问我要10美金才肯帮我搬上车，好不容易将我送到学校又要10美金才肯帮我将行李搬下车。傻傻的我不知所措，只能掏钱出来，后来才知道我完全是被司机坑了，在美国小费一般也就两美金。当天晚上我偷偷哭了，特别想家，不知道自己为何要做出这个选择，让自己无依无靠的感觉真的很不好。

接下来的日子可以用抓狂来形容。完全没有学过的商科内容、必须要应付的经企管理研究生入学考试（GMAT），让我深感压力。每天有大半时间都泡在图书馆不停地看书，因为在国外如果你挂科就意味着你要多交好几千美金重新上课。这种学业和金钱上的双重压力让我不得不全力以赴。那个时候就是一门心思地读书和考试，第一年我竟然拿到了全A的成绩。我发现当一个人投入全部精力去做一件事情是没什么事情不能完成的。

为了不给父母增加太多经济负担，也为了让自己有更多生活体验，我选择了打工。在学校图书馆做管理员，每天帮同学处理网络问题，管理打印机器，到各个教室连接机器设备……虽然事情很小很细，但是我却做得很开心。我认为，出国绝对不仅仅是为了读书，而是为了让人生多一种体验，也让自己多一次锻炼。我曾经还在商场里卖过面包，每天端着十几斤的面包跑上跑下，端着新的产品见人就问："你要不要尝一下啊！"虽然工作会很辛苦，但是我觉得我的人生过得很充实。我没有依靠任何人，原来我可以把自己养活得还不错！

留学几年真的有好多好玩的事情、感动的瞬间。记得有一年圣诞节我和几个好朋友一起去滑雪。圣诞夜当天，我们开车上坡的时候车子打滑被迫停在路边，我们束手无策。经过我们的车子马上停下来帮忙，有的帮我们做牵引，有的帮我们打大灯照明。天下着雪，看到素不相识的外国人在大雪天热心帮助，我真的被深深感动了。当然这样的事情真的很多，车子爆胎永远有人停下来帮助你，甚至帮你换胎。当你在路边默默哭泣，也会有路人停下来问你要不要帮忙，所以你会慢慢爱上你生活的城市。

当然，留学也会有惊险的瞬间。记得刚入校的时候老师第一堂课时告诉我们晚上不要出门。如果出门身上要带 20 美金，万一遇到劫匪，赶紧把钱给人家。有一次我晚上回家刚到巷子口就看到无数的警车封路，一问才知道我所住的隔壁房子发生了枪战，有人被劫持做了人质！警察正在和劫匪对射。当我第二天回家的时候发现我的房子竟然有弹孔！

还有一次，几个好朋友想念国内美食，于是自己下厨卤鸡爪，结果出门忘记关火。所幸没有酿成火灾只是冒了一些烟，但是消防车和警车还是都来了。警察很纳闷问我们在做什么，当他看到一锅黑乎乎的鸡爪，他兴奋极了，一副自己也好想尝一尝的样子。

很庆幸那些年我遇到的人都很好，对我们留学生给予了爱心和帮助。这让我觉得自己很幸运。

说到留学的故事每个人都有一大堆的事情可以分享。很多人问我为什么选择回国？我说："很简单啊，因为爱情。"

我开头就说你得知道你自己想要的到底是什么！？没错，当年我找到了一份工作可以在纽约养活自己，但是我知道我想要的是什么！28 岁的我体验了留学，学到了自己想学的，接下来我依然要遵循自己的内心，那就是和自己爱的人组成一个家庭。作为一个女孩子我很自我，也很传统。我知道婚姻和家庭对我的意义要超过我对事业的追求。我也相信就算我放弃当时的工作我也一样可以做得很好。

  我和李好在我本科二年级的时候相识、相恋，我们两个人历经了5年的恋爱。很多人不理解当时我为什么要放弃不错的工作，只为了爱情。有些事情没有答案，只是在那个当下你特别想干一件事，特别想为自己的青春再奋斗一次，不想后悔，不想不甘心，不想人生就此过下去，所以我勇敢地去干了……

  真正相爱的人可能就是无论经历多少事也不能把你们分开，因为在彼此心里我们都为对方留了一块地方，无法抹去和放弃。

  青春让我们回味的不就是那个莽撞勇敢的自己吗？《好好看世界》不仅仅是一本带你看名校的指南，更是一部纪录片，记录了一个个鲜活的青春画面，记录了他们遇到的挫折、打小怪兽的过程、拼尽全力找自己的过程。无论他们今后有多大的成就，相信为自己青春全力以赴的样子才是他们最动人、最值得回味的时刻！

  正在青春路上前行的年轻人们，来看看这些可爱的人儿吧！总有某个人、某件事会打动你，或许你能找到自己的影子，找到奋斗的方向。世界那么大，我们都应该好好去看看。

Jas敏

自 序

为自己的青春全力以赴

"繁星纵变,智慧永恒",或许是对我们《一站到底》团队连续五年打造《一站到底——世界名校争霸赛》的最好注解。作为这档节目的监制和主持人,我带着团队在《一站到底——世界名校争霸赛》第一季只有两期特别节目的基础上,不断创新赛制和玩法,直到今年第五季扩展成10期的季播项目,倔强创新,不放过自己,至少对得起我所热爱的这份事业。在这五年的时间里,我们邀请到了来自全球60余所世界名校超过200多位在读或者已毕业的名校精英,共赴一年一度的答题盛宴。他们在这个舞台彼此较量,彼此照亮,为大家展现出身为名校学子的品格与风采,还有努力拼搏永不服输的精神和期待改变世界的使命感,相信屏幕前每一位观看过节目的朋友也都感受到了他们身上满满的正能量。

这是一档有温度、有态度、有价值观的节目，很多人看完节目备受鼓舞之时依然会有很多待解的疑问：他们究竟是如何申请到这些世界名校的，在求学过程中经历过怎样的考验，最终又收获到了什么。一个小时的节目只能是管中窥豹，我想为何不能将他们的人生选择、挫折和感悟再次集结成文字呢？就像之前我们节目组策划出版的《一站到底24章经》一样，希望大家可以透过他们所写下的更有温度的文字去了解他们的真实心路历程，能够为每一位立志于留学深造的朋友提供一点借鉴与思考。

经过长达半年的策划、沟通与组稿，当拿到全书初稿仔细拜读的时候，我和夫人——晓敏被他们的故事深深打动，眼眶都湿润了。这是一本关于如何选择世界名校的24章经，也是记录每位作者求学生涯的青春纪念册。在书中，来自四大洲24所世界名校的34位名校精英会向你娓娓道来每一所名校的悠久历史与独特传统，分享他们在名校求学时所经历的种种苦与乐，他们还会向你推荐每一所名校最值得去的地方，最值得吃的美食。他们每个人的体验与感悟都是如此与众不同，但有一点却是共通的，那就是每一个人都在为梦想挥洒青春与热血，勇往直前，无怨无悔。

当你翻开这本书，你还会发现一个特别设计，那就是正文中每一页都是有留白的，你会看到我手写的一些细微感受，这些文字只是抛砖引玉，希望你也可以跟我一样，在空白处随时记录下你阅读此书的心情与感悟，可以描红绘绿，还可以画画，然后用手机拍下来，发到信箱 haohaoksj@163.com，我会从中挑选出最精彩最有趣的点评或留言，放入本书后续的增订版中。这就好像是玩漂流瓶一样，通过这种不断更新的方式，大家会看到越来越多的朋友在本书中的精彩留言，还会有作者本人对你的留言的回复。也就是说你现在看到的这本书，并非它最终的样子，它始终处于一种"未完成"的状态，等待着大家不断地互动与丰富，这想法听起来是不是有点酷？我相信通过这种形式你们一定还能够想出更有意思的玩法。

在此我要郑重感谢参与本书创作、不计酬劳、愿意将自己的宝贵经验分享给大家的34位作者，相信他们的故事一定能够激励到更多喜爱他们、支持他们的朋友。同时还要特别感谢江苏凤凰出版传媒集团陈伟念先生、江苏凤凰文艺出版社黄孝阳先生在本书出版过程中给予的支持与帮助。

最后我想引用耶鲁大学校长苏必德(Peter Salovey)在2018年毕业典礼上的一段话来共勉："虚心聆听，批判地参与，创造性地应对挑战和难关，在寻求幸福的同时接受你的责任，画一个更广阔的（朋友）圈，包容和理解这个世界。"

球形世界，前进是唯一方向！就让我们从他们的故事中汲取前行的力量，为自己的青春来一次全力以赴的奔跑吧！

目录

欧洲篇

英国

李思易
剑桥大学
听说，你也有个英国梦

柴雯琪
牛津大学
愿你我永远年轻，永远热泪盈眶

李连星
牛津大学
愿智慧点亮你我

付宁
伦敦大学学院
伦敦·大学·学院：这里有一个更大的世界

何哲为
伦敦政治经济学院
伦敦政治经济学院的"第三条路"

王琢琦
南安普顿大学
讲真，为什么去南安普顿读书

德国

贺梦婷
不来梅雅各布大学
你需在迷失的旅途中寻日道，然后为自己醉

丹麦

熊锴
哥本哈根大学

邂逅丹麦

西班牙

104 　游一堃
　　　马德里康普顿斯大学
　　　想把我说给你听

美洲篇

美国

119 　蒲熠星
　　　约翰·霍普金斯大学
　　　关于约翰·霍普金斯大学的那点事

129 　于智博
　　　哈佛大学
　　　努力强大自己，你不要成为别人

136 　郭原池
　　　哈佛大学
　　　从中国诗到哈佛梦

147 　刘爱舟
　　　哈佛大学
　　　哈佛大学的留学感言如何从 0 到 1

160 　宗国
　　　麻省理工学院
　　　读博的那些事儿

172 　于千帆
　　　芝加哥大学
　　　新求学路上的摇滚

183 　刘心可
　　　斯坦福大学
　　　游吧，刘心可

193 　韩文
　　　斯坦福大学

斯坦福：不重视音乐的体校就不是好的商学院

200 周天歌
耶鲁大学
看不见的轨迹

217 魏秩
耶鲁大学
我在耶鲁管理学院"募集队成员"的日子

237 汪星宇
纽约大学
Henry New York

249 于天宝
纽约大学
选择纽约大学，更选择纽约

261 魏畅
哥伦比亚大学
青春那"舞动的青春"

271 陈雷杰
杜克大学
理想明书

加拿大

280 彭雪茹
英属哥伦比亚大学
一场华丽冒险与移民苦旅

澳洲篇

澳大利亚

297 褚高超
莫纳什大学
莫纳什大学——舒适区外的英雄梦

307 鲍元集

墨尔本大学
穿越尔西海岸，我找到了更好的自己

亚洲篇

中国

317　**郭文韬**
北京大学
只因那湖未名水，我选择了北大

325　**王照宇**
北京大学
普通的故事，和普通的选择

335　**吉青珂莫**
清华大学
清华记忆：充满书香、酒香与饭香的味道

339　**李寅飞**
清华大学
十年一觉清华梦　留得满园欢笑声

新加坡

348　**陈振宇**
新加坡国立大学
未选择的路，总有未可知的美好

355　**黄培德**
新加坡国立大学
南洋十年

364　**孙媛媛**
新加坡国立大学
八年一梦

以色列

376　**唐乐超**
希伯来大学
我在耶路撒冷为你讲犹太人的故事

欧洲篇

英国
剑桥大学……………3 牛津大学……………15
伦敦大学学院………36 伦敦政治经济学院……48
南安普顿大学………63

德国
不来梅雅各布大学……78

丹麦
哥本哈根大学…………93

西班牙
马德里康普顿斯大学……104

听说，你也有个英国梦

我现在已做的远比我所做过的一切都美好，
我将获得的远比我所知道的一切都甜蜜。
除了这一生，我们又没有别的时间。
能走多远，就走多远。

语出英国大文豪狄更斯的《双城记》

我的英国梦

我喜爱英国，从孩提时代的《福尔摩斯》《傲慢与偏见》开始，到长大后的《唐顿庄园》《神探夏洛克》。在我心里，英国是妆容精致、一边喝下午茶一边用正宗的伦敦音闲聊上流社会趣事的贵族小姐；是梳着麻花辫穿着布裙子，在乡间草原上奔向爱人的平民女孩；是在迷雾中逃窜、戴着粗呢子帽子的瘦小男孩；是穿着黑色风衣叼着烟嘴、一言不发却有着鹰一般锐利眼神的高挑男人。英国就是这样一个百变而迷人的存在，让我心生向往。

从伦敦政经到剑桥，我的圆梦之旅

每个人都是一条河流，每条河都有自己的方向，而我的方向就是去英国。正是这个英伦梦的牵引，让我在新加坡高中毕业之后，便毫不犹豫地选择去英国读大学。

在申请英国学校的时候，一份申请可以同时递交五所学校，但是牛津剑桥只能选一所，并且要提前申请。为了稳妥，在那个当下，我还是选择了放弃申请牛津剑桥，集中力量去申请别的大学。当时的我不会想到的是，这个决定让后来的我后悔不已。也许只要当时再多一点点勇气，我就可以在牛津、剑桥完成我的本科学业了。不过好在本科时期的我也进入了非常心仪的伦敦政治经济学院，在繁华的伦敦市中心度过了忙碌却愉快的 3 年。

但是，都到了英国，怎么会不想去传说中的牛津、剑桥呢？抱着对牛津、剑桥的小小遗憾，我决定申请牛津、剑桥的研究生。

作为世界老牌名校，牛津和剑桥的治学严谨是不容置疑的，所以它们对研究生录取最重要的标准还是成绩，其次是自我陈述和推荐信。大学时期我的成绩一直很不错，尤其是大一大二为我最后的总分打下了很好的基础。所以即使是最后一年课业骤难，我也并不是很担心，反倒是自我陈述让我下了一番苦功。

"如何显示我的真诚和对专业的热情？如何在众

思晗是2017世界名校争霸赛△△选手，她与车长△△一位作者福医生的爱情故事非常浪漫，想了解更多细节的就要去回看《一站△》

想了解这所知校可以翻到公共系统△△章。

人当中脱颖而出？"这些问题都让我不得不反复思索。我翻阅了不少以往的优秀文书，也询问了很多学长学姐的意见，在他们的指导下，我一遍遍地修改，反复地打磨，终于写出了一篇自己觉得还算满意的自我陈述。

请教授写推荐信是另外一件需要费心的事情。第一，这位教授最好在他的研究领域比较权威；第二，我要在这位教授所教的科目上成绩优异；第三，这位教授要了解我并且愿意帮我写推荐信。我联系了几位教授，请他们帮我写推荐信。在经过与他们细致地交谈以后，两位教授帮我完成了给剑桥的推荐信。虽然我并不知道他们所写的内容，但是我非常感谢这两位教授的帮助。那年圣诞节我给两位教授送去了自己烤的小饼干。

虽然同时申请了牛津和剑桥，但是在内心我还是更偏爱剑桥一点。一来，牛津因为紧挨比斯特购物村，稍显嘈杂，相比之下剑桥是一个更对我胃口的安静平和的小镇；二来，作为一个在英式教育系统中成长起来的学子，总是听老师念叨着我们在 O-Level 和 A-Level 中的生死由剑桥胡子白花花的老教授定夺，我对剑桥很是敬畏。可能是对剑桥的这份偏爱，经过两个礼拜的紧张等待之后，我收到了剑桥的录取通知书。

我的追梦路，绕了一点弯，还是顺利抵达了终点。

剑桥人：学得放肆，玩得潇洒

在剑桥读书，不同的人有不同的体验，但是总体来说，剑桥的学生彻底贯彻了什么叫作"学的时候好好学，玩的时候死命玩"。

剑桥的学生一年玩得最疯的时候，绝对是考试结束以后的五月舞会季。参加的学生全都一改复习期间的蓬头垢面，打扮得光鲜亮丽。每个学院都几乎变成小型游乐场，摩天轮、旋转木马、烟火、冰激凌车什么的，全部随你玩随你吃。放纵一点的，赌场、水烟、香槟塔在这一天也都提供给学生们疯玩。财力雄厚的大学院更是有红毯、巨型标志供学生们过一把明星瘾，甚至热气球也都被搬到学院里，只为了让学生们在考试季之后疯狂地享受一天。所有学院都有一个传统，有体力撑一个通宵的人，在第二天早上会拍一张"幸存照"。而大学院们又再次发挥他们的土豪本色，把所有的"幸存者们"拉上欧洲之星，上巴黎吃早餐去。

图片中这位帅气的绅士是谁呢？

丰富多彩的五月舞会季活动

闲暇之时，约上小伙伴们，带上酒和好吃的，划着船沿着剑河顺流而下，晒晒太阳逗逗鸭子，似乎下一秒就要像徐志摩一样作起诗来了（逗逗鸭子就好了，站起来比小孩还高的女王的鹅还是别招惹了。）。关于划船还有另外一件好玩的事，据说如果有人划船时不小心把别人推下水了，落水的那个"倒霉蛋"（幸运儿）那一年会是全系第一，而罪魁祸首就会是全系第二。我还没有机会验证过，有兴趣的你可以自己来试一把。

正式晚宴：霍格沃茨范儿的正式晚宴

相信很多人都对《哈利·波特》里学生和教授们围坐在长桌两边大快朵颐的场景印象深刻。的确，来自英国的作者罗琳关于书中分院制和学院晚餐的灵感，正是来自英国的两所老牌名校牛津和剑桥。据说电影开拍时原本是希望在剑桥的学院食堂取景，不过后来由于学校不愿意把食堂里先贤的画像取下来，所以拒绝了，电影里的用餐场景也改为在牛津拍摄。

剑桥的每个学院，每周都会在固定时间举办一次正式晚宴，学生们可以邀请自己的教授和校外的同学，学院也会邀请一些杰出的校友回来和学生们一起用餐。除了主人和客人会坐在一起外，其他的位置都是随机安排的，所以你并不会知道坐在旁边的是谁，很有可能坐在你旁边的就是某一位学术大牛。

学院虽然各有不同，但是餐厅的摆设基本一致，由长条的餐桌组成，墙上也基本都挂着各学院院长及杰出校友的画像。平时看起来朴素，但一到正式晚宴，就会铺上洁白的桌布，摆上银制的烛台、印有学院院

为了纪念徐志摩这位文化使者，在剑桥的国王学院，有一块刻着《再别康桥》诗句的石碑，我也站在那里拍过照。

徽的餐具及餐巾、当日标准三道菜单。学生们来参加晚宴时，也都被要求着正装，一般男士会着西装，女士则身穿连衣裙，外面统一套上学士服。

年龄不同，学士服的长度是不一样的

剑桥的学士服非常有讲究，不同年龄不同系的学士服都有一些细节区分。比如24岁以上的学生学士服的袖子特别宽特别长，而24岁以下的学生学士袍的袖子就相对窄而短一些；比如我的学位学术硕士的帽子内衬是深蓝色的绸缎，而有一些艺术博士学位的帽子边缘就有一圈白色的绒毛，非常好看。

由于正式晚餐的食物通常比平时食堂提供的食物精致好吃，对学生来说价格也不贵，并且是剑桥特别的体验，每个学院的正式晚餐都很受欢迎，需要提前一到两周预定。很多学生在剑桥的一大目标就是要吃遍全校31所学院的正式晚宴。

剑桥毕业证书照　　　　　　　　　　　　领取的毕业典礼

最好的毕业典礼献给我最后的学生时代

剑桥的毕业典礼庄严隆重、独一无二，现在回想起来还十分令人神往。早在毕业考复习阶段，学院就给我们发了毕业典礼须知，包括当天日程以及服装要求。大到学生应该穿什么袍子，小到女士丝袜的颜色，可以佩戴的首饰都写得清清楚楚，足以见得学校对毕业典礼的重视。听说就在我毕业典礼的前一天，有个隔壁学院的女生就因为太重视，在议会楼（Senate House）等待的时候紧张得晕了过去。

剑桥不像伦敦总是下着蒙蒙雨，而毕业典礼所在的七月更是英国最好的季节。我记得毕业典礼当天，整个剑桥阳光明媚，前来观礼的亲朋好友穿着盛装在剑桥各处纪念留影，到处都是人山人海欢声笑语。毕业生会在各自的学院集合，按照学科，四人一排排好队，由学院的工作人员带领彩排还有检查服装。彩排结束后，学院的院长会向所有毕业生致辞，祝贺大家，并把我们送到学院门口。那一天，学院所有的工作人员都会出动，就连平时看起来有点严肃的老爷爷门卫们，也会穿上红色的制服，带上红黑的小圆帽，乐呵呵地一边鼓掌一边跟我们聊天。从学院出发后，我们必须由学院的发言人带着从学院步行到仪式举行的议会楼。我所在的学院在山上，而议会楼却在山下市中心。虽然穿着高跟鞋在小石子路上走有些累人，但是心情格外地好。

　　那一天我们就是整个剑桥的主角，明媚的阳光下，古老的建筑间，浩浩荡荡的穿着清一色黑色学士服的学子们，年轻的脸庞被黑色的飘带和洁白的领结映衬得意气风发。一路上，路过的游人都会停下脚步为我们鼓掌给我们拍照，就连被我们的队伍阻挡了的公车司机，都会摇下车窗为我们喝彩。像以往无数次的一样，那一刻我由衷再一次觉得自己作为剑桥的一员是多么地幸运。

　　议会楼里，在庄严的气氛之下，我在校长面前，双膝跪在一个软垫上，双手合十，听校长用神圣的拉丁文说道："凭借我被授予的权利，我以圣父、圣子和圣灵的名义，授予你此学位。"然后，我起身向校长鞠躬，从侧门退出，领取学位证书。这一刻，我真的毕业了。看着手上轻轻的一张 A4 纸大小的学位证书，我的心情真是百感交集。我开心自己的学生生涯终于顺利地走到了尽头，也伤感在剑桥一年美好的时光也随之来到了终点，但更多的是感谢，感谢这个地方让我付出过努力，也赋予我精神和智慧。不管将来我到了什么地方，陪伴我的都不仅仅是这一纸薄薄的证书，而是剑桥教会我的思考的力量。

✈ 小贴士

不要以为我们剑桥的学生是只会埋头苦读的傻瓜，吃喝玩乐我们也是很懂的。

吃

来到剑桥绝对不能错过每个学院一周一次的正式晚宴，尤其是大名鼎鼎的圣艾德蒙兹的晚宴。听说他们的厨师是前米其林大厨，每周的正式晚宴都一票难求。如果有朋友在这个学院，一定不要忘记缠着他带你去吃！

贾奇商学院旁边的 Bill's 餐厅虽然是家连锁店，但是早午餐做得真的很棒。我最喜欢英式皇家蛋：半熟的荷包蛋，粉红的烟熏三文鱼，再加上缓缓流下来的嫩黄的蛋奶酱，吃完接下来要上什么课都可以了。如果你喜欢吃肉，来一份分量十足的英式早餐，也绝对可以让你心满意足。

不喜欢吃英国黑暗料理？没关系，剑桥的门面中餐厅天天美食，味道好分量大，价格大概是伦敦的三分之二。老板娘听口音应该是豪爽的北方人，并且持剑桥的学生证打九折哦。对了，如果没位子的话，新开的七十二栈就在隔壁，也一样好吃！

剑桥周边的中餐相当地查。

剑桥市中心的市场白天一片喧闹，晚上闭市以后就只剩下炸鸡小哥哥的炸鸡车了。炸鸡小哥哥的炸鸡拿在手里还"嗞嗞"冒油光，吃到嘴里外酥里嫩，在剑桥寒冷的夜晚简直让我幸福得想转圈圈。减肥是什么？我不懂。（此处没有图，请大家自行去发掘小哥哥帅不帅）

喝

贾奇商学院旁边的 hot numbers 咖啡店大概是整个剑桥意式浓缩最最香浓的一家咖啡店，他们的咖啡无数次拯救了上三个小时的公司金融课昏昏欲睡的我。店面不大，走进去扑鼻的咖啡香，装修现代又简洁。人不多的时候，大大的木头桌子可以让你把电脑、资料统统摊开。这家店也卖自家磨的咖啡豆，喜欢喝咖啡的话买回家自己冲也是不错的选择。

我不喜欢喝酒，但是每次经过 NOVI 目光还是会被吸引。这家店既是咖啡厅也是酒吧，特别是到了夏天店家会把对街的大窗户打开，让客人可以在半露天的座位喝五颜六色的冰镇鸡尾酒。肚子饿了的话，他们也有菜单供你填饱肚子，不过是不是全天的就不知道咯。

如果想要更随意一些，不如就约上朋友去自己学院喝上一杯，还可以去公共房间打打桌球玩玩游戏。难得的悠闲夜晚，有什么比跟朋友一起消磨时光更好的呢？

玩

在宁静的剑桥最多的活动可能就是去划船了。剑桥的学生不需要像游客一样花钱租船，去自己学院跟门卫老爷爷们登记一下，就可以去领学院的船了。

有个叫城堡坡的小山头，以前是一个城堡，现在是剑桥的最高点（33米）。位置有些偏，不过就在我家旁边，所以没事我也会去爬一爬。在山上几个大学院都可以看到，还有日落可以欣赏。如果不嫌风大，是个锻炼和消磨下午的好去处。

> 你如果没有在剑河上撑篙划船，等于没有来过，这话没毛病！

数学桥

乐

我的学院露西·卡文迪许学院是一个女院，学院很新，不是很大。比起那些老牌的大学院，我们学院更像一个温馨的小花园。学院里有一个角落我很喜欢，就是我们图书馆最高的那层。那一层的藏书都是历届学生捐献的女作家作品或者是女性杰出人物的传记。那里有很舒服的大沙发，还有一扇落地窗，可以欣赏整个学院。躲在那里看看书是我非常喜欢做的事情。当然剑桥每个学院的图书馆都有自己的特色，很值得一看。我们的主图书馆更是藏书量巨大，全英所有出版的书籍都被要求一定要在剑桥和牛津的主图书馆各放一本。如果你喜欢看书，来这里逛一逛，估计你哪儿都不想去了。

剑桥市中心的市场是一个充满人情味和烟火味的地方。这里总是人很多，很吵，下雨的时候地上更被踩得脏兮兮的。但是这里的鲜花很美，蔬菜很新鲜，面包是刚出炉的，咖啡也是现磨的。剑桥是一所大学，更是一座城市。来这里，才真正能闻到这座小城的味道。

愿你我永远年轻，永远热泪盈眶

"天啊，你还是个孩子，你怎么就自己跑来牛津面试了？"这是大学的教授兼人生导师见到我说的第一句话。

也是从这句话，我开启了一个在英国、在牛津的奇遇般的全新旅程。

我是怎么在15岁拿到牛津大学的录取通知书

在旅程开始之前，让我先快速地讲讲15岁的我，为什么会出现在这位德高望重的牛津教授面前，为什么有资格去参加这样的一场面试。

儿童时期的我，绝不是一个典型意义的学霸，常常被学校挂上黑名单，还被校长亲自拦在校门口教育。但碰巧我的母亲是一位传统教育理念的颠覆者。她并没有责备调皮捣蛋的我，反而勇敢地决定把我领回家，自己教育。

我的妈妈也是属于"天才少女"的类型，她曾经是中国科技大学少年班的一员，亦是15岁便就读大学。她会拿着秒表算我做题的时间，制订计划，指定老师，跳脱大纲来教我。拿学英语做比方，她教的不是学语法、背单词，而是直接读英文原著的文学作品，培养思辨和独立思考的能力。而我的爸爸是人工智能方面的博士，所以家庭的学术氛围非常浓。

在"虎妈"的鞭策下，我成长得非常快，短短两年家庭教育的时间，就掌握了近6年的课程，12岁重回校园时，就直接开始学习高中课程。

重返校园本应该是一件美好的事情，而我却并不开心。国际高中的同学，尤其喜欢一种酷酷的氛围。然而当时穿着童装、个头矮同学一截，不会化妆，不会穿紧身裤的我显得格格不入。我受到了同学们很严重的孤立，从一开始冷嘲热讽的"冷暴力"，到孩子王直接在社交媒体上的攻击，高中生涯并不好挨。

尽管遭受校园欺凌，却很幸运没有因此毁灭，而是努力在尘埃里开出鲜艳的花。15岁圣诞的那天，我收到了牛津大学的录取通知书。

我在牛津，学得尽兴，玩得拼命

就这样在最好的年华，我进入了牛津这所象牙塔，开始了与城堡和图书馆为伍的青少年阶段。我很喜欢牛津，这是一个童话和乌有乡般的地方，青春混着陈旧的书籍在暖气片里被烘烤，初夏球门后混杂汗水的阳光，陈旧古堡里空无一人的街道。我就这样在数学的海洋里肆意驰骋，在青春的阳光里一往无前。

牛津的学术与严谨，凌晨三点的图书馆是否人满为患？

牛津是开放式教学，鼓励学生提问和交流。牛津有一个特别的教课制度——导师制，即从大一入学开始，你便有教授进行一对二的导师制教学。也正因为此，牛津的治学极其严谨，教授甚至会花一小时当面批改我们的作业，探讨我们的理论，并给出书单让我们去图书馆借阅，往往一周就有11本之多。但是同时，学习的形式又极其灵活，上课地点可以是咖啡厅、草坪，甚至是泛舟湖上。

说说上课的感受吧。我所在的数学系在牛津是一个不大不小的系，200多人，所以就选在牛津博物馆二楼的礼堂里上课。而一楼是气势宏大的博物馆展厅，陈列着恐龙化石、猛犸的标本还有各种蝴蝶标本，时常有游客来参观。那里还鼓励勇敢的手来触摸它们。上课的礼堂本身也有两层，通天滚动黑板，仿佛是一个舞台。短短一个小时的课程，蔓延数十米的黑板就密密麻麻地写满了内容。

牛津的考试周是最高压且令人惧怕的一个礼拜。图书馆里坐着满满的人，更有学生整整一周和衣睡图书馆。在极其高强度的复习和考试之外，牛津更是延续了千年的考试传统：学士服加康乃馨。独具牛津特色的严谨和仪式感。每一个进入考场的学生，必须穿

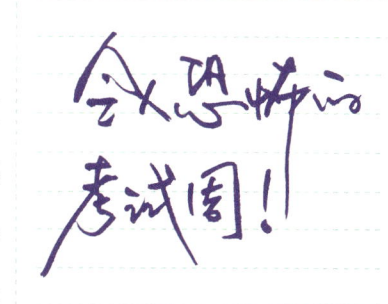

令人恐怖的考试周！

正装和牛津传统的学士服，携带博士帽（但是除了毕业年，其他时候绝不允许佩戴博士帽）。年级越高成绩越好，学士服长长的飘带也可以更加宽大，更加华丽。

左图为不同年级不同的学士服，右图为我穿学士服参加考试

除此之外，考试周需要佩戴康乃馨入考场，第一天白色，中间粉红，最后是大红（学生常常笑称血染的康乃馨）。如果佩戴错误，有可能被拒入考场，这也无形中给考生更进一层的仪式感和压力。

牛津的多元与包容，学霸是不是只注重学术？

牛津绝不是一个只注重学术，而不注重培养学生品德和人文气质的学府。在牛津，每个学院每星期都举办正式晚宴，席间男生必须着燕尾服，女生穿晚礼服，晚宴在《哈利·波特》般的食堂进行（事实上《哈利·波特》就是在牛津拍摄的）。在全体起立听完长长的拉丁文祷告文后，才可以入座开始长达数小时4道菜的学院晚宴。晚饭讨论的内容也是五花八门，从天文地理到盘中蜗牛壳是什么公式模拟的，应有尽有。

除此之外，牛津还有一年一度的嘉年华，整个学院在一夜间变身一个巨大的游乐场，有摩天轮、动物园、烟花表演，等等，在嘉年华里对着装要求更甚，男生必须穿白领结的礼服，女生穿长尾夜礼服。

在牛津和陌生人聊天是很开心的，大学包容世界各地文化，有胸襟和气度。大一的新生既有在数学杂志上发表过论文的大神，也有像马拉拉这样来自巴基斯坦或者战争地区的令人钦佩的社会活动家，甚至还有艾

玛·沃特森这样的名人校友。而在牛津这个小城里，大家是平等的自由的，谁和谁都可能成为朋友，没有等级和阶层，剩下的只是思想的火花和灵魂的碰撞。

我们在陈旧的充满书香的教室里，意气风发地辩论着战争的起源是政治还是经济。那些鲜明和美好的记忆，一旦你经历过，就会永远明艳得好像你和它们从来没有分离过一般。

牛津的自由与叛逆，兄弟会是不是真的疯狂？

这里的学生学时拼命，玩时也疯狂。新生周时，学校像过节似的，凌晨的草地上散落着派对的年轻学子。我们踏过深夜狂欢的草地，在古老的石墙上刻下"ALL YOU NEED IS LOVE"的涂鸦。

高压的考试结束后，更是会迎来疯狂的庆祝和派对。牛津如此严肃的学校，却有传统鼓励小伙伴躲在考场出来的路上，往戴红花（最后一天考完）的考生身上喷香槟，撒鲜花庆祝，更可以将毕业年级的学长学姐，推下河作为庆祝。

牛津的自由与叛逆也镌刻在社团文化中，最著名的便是牛津辩论社。它建于 1823 年。牛津大学的学生们创建它的目的，是在当时英国的言论自由受到压制的年代，给大家提供一个可以无忧无虑地发表言论、辩论的地方。直至今日，牛津辩论社依然坚持这个原则，这也是为什么它逐渐成为了享誉世界的辩论社团。

虽然叫牛津辩论社，但却不仅有辩论，还有许多

> 牛津辩论社大负盛名，甚每一场辩论还会在社交媒体上分享，相当精彩。

各个领域的名人来演讲，分享各式各样的观点。其中包括科学家爱因斯坦，英国前首相丘吉尔，美国前总统里根、尼克松、卡特，歌手迈克尔·杰克逊、约翰尼·德普，演员摩根·弗里曼，等等。近期来演讲的包括万磁王、甘道夫——伊恩·麦克莱恩、《权力的游戏》剧组、斯蒂芬·威廉·霍金、美国前国务卿约翰·克里，等等。

牛津的学生在慈善方面也是标新立异，他们用美好肉体支持慈善。这是一年一度牛津黑白慈善写真日历拍摄，这组写真黑白日历是由牛津70位优秀运动员学生拍摄和制作的，拍摄地点就在曾经每天经过的牛津河边。日历出售所筹善款将赠给食物银行以及两家国际教育慈善机构。

慈善日历

我在牛津的最后一天，就穿着比基尼肆无忌惮地在学院图书馆里跑来跑去，而牛津依旧是那么包容，那么美好，一如它千年的模样。

永远的乌有乡，一个人的自我意志就是整个宇宙

就这样我毕业了，离开了自由叛逆时代，离开了

哇！不好意思看呢

毕业那天身穿比基尼的我

牛津和英国小镇，定居在了整片落地窗前都是璀璨夜景的曼哈顿公寓里。离开牛津以后，我便一头扎进了繁忙的华尔街。我一直记得当年面试的一个问题，那就是他们问我："究竟为什么要做投行？"

我当时深深相信的是：我想要将世界变得更好一点，而且我真的认为，金融和资产管理，是达到这个目标最有效的方式。你看耶鲁基金会，你看诺贝尔奖，你看迈克尔·杰克逊要捐出去的遗产，只要有一个好的管理，就可以让一个资产几十年几百年的贡献。别人总说金融不创造价值，但是我觉得错了，金融是一个很重要很伟大的行业。

虽然，现实挑战着我的初心，一次又一次，但是我还是有点佩服当年的勇士精神。

说到未来，我希望等我有更大的勇气时，能辞职去建一个嬉皮农场，养猫养马，再做一层藏书阁，复

我的梦想里有一个牛津式的乌托邦

制一个牛津式的小小乌托邦之城。每天坐在田埂里弹着吉他、打着鼓、看着书、做着菜、逗着猫、喂着马，跟志同道合的朋友"孤独终老"。

为自由而生，为爱而活，惬意的人生，从来不是固定的，记得初心，记得永远年轻，永远热泪盈眶，愿你我都能找到属于自己的那一片乌有乡。

✈ 小贴士

牛津必去推荐：一场爱丽丝的漫游

常常听见很多人抱怨英国的黑暗料理，我对此非常不认同。我认为在牛津，如果吃对了店，基本是停不下来的节奏。除了刚刚说到的正式晚宴和嘉年华，牛津更有大量的甜点、下午茶、咖啡厅、美食美酒，学生之间有俗语称"新生胖7斤"。

城市中心的室内市场，是一条风景如画，又充

> 这大概是老年人向往的生活吧！

满小吃的巷子。其历史可以追溯到1774年。在这里你可以找到各种各样美味的食物。除了Pieminister的英式馅饼，Alpha酒吧的巨型沙拉。尤其值得推荐的是，牛津标志性小吃大本曲奇饼，而且不管任何时候，都可以直接从烤箱里热腾腾地端出。大本曲奇饼是牛津吃货首选的伴手礼，就连王力宏到访牛津时，也是带此为纪念。另外，还有可爱的牛津独有的牛牛奶昔，整整一墙可供选择的样式，配上大块冰激凌和奶油，无论从美味还是分量上讲，都绝对超越你过往的一切奶昔体验。

除了吃以外，在室内市场里你还可以买到充满英式幽默和纪念意义的小T恤。如果太多的甜食让你感到困顿，走出室内市场短短两条街，便是牛津最棒的咖啡厅Missing Bean，除了好喝的咖啡以外，这也是牛津著名的约会盛地。如果某个周五下午你的女神约你去Missing Bean咖啡厅，那么过不了多久，我们就该为你开香槟庆祝脱单了。当然，有时也有意外。那便去Jimbob's买个广受好评的法式面包，再在家里宅上几天。情绪不好，还可以用比特币支付。

牛津是一个田园诗般的地方。在这里，你会发现自己尤其渴望一次慵懒的英式下午茶。如果天气晴朗，请尝试 Vaults & Garden Café 咖啡厅的露台，在英式伯爵茶冷却的瞬间，同时欣赏宏伟地标建筑——牛津大教堂和拉德克里夫图书馆。在几分钟的步行路程里，更有据称全国最古老的咖啡厅——Grand Café，和时髦的 The Rose 甜点店。

← 感觉不错.

在 Vaults & Garden Café 咖啡厅看牛津大教堂

如果你到了牛津，却没有到访城市最著名的 G&D 冰激凌店，那你可不能说完成了牛津之旅。该店在牛津有三家，分别位于小克拉伦登街、圣奥尔德斯和考利路。在这里你可以吃到根据节气变化的冰激凌、烘焙蛋糕和美味的百吉饼。

在黄昏以后，如果你闭着眼睛漫步牛津，走进任何一家店，大概超过一半的可能你走进的会是一间

英式下午茶

英式酒吧。是的，你没有看错。牛津确实有很多酒吧，其中绝大多数都是为了食物、球赛或者一种英国人的社交方式。在酒吧里，无论是看见了白发苍苍的老太太，或者是一头埋在桌上用餐巾纸写着公式的教授，又或者是拿着作业辩论的学生，都不足为奇。一些最好的酒吧位于杰里科。"旧书店"（The Old Bookbinders）的菜单令人垂涎，不远处的"维多利亚"（The Victoria）擅长传统的英国馅饼，还有"园丁之臂"（Gardener's Arms），它完全素食的菜单对宣称肉食动物的我都很有吸引力。最后值得一提的是著名的"老鹰和孩童"（The Eagle and Child），据称大名鼎鼎的《爱丽丝梦游仙境》便是在该酒吧里著成。靠在古老的酒吧前，宛若置身于新奇兔子洞里的爱丽丝。喝一杯温暖的圣诞热红酒，又或者飘仙果酒，会有什么神奇的收获呢？

除了酒吧外，牛津本不太丰富的夜生活，便还剩下移动烤肉宵夜。牛津拥有许多极具生命力的烤

只有走进酒吧，才算真正认识英国，太爱喝了！

肉车。配着奶酪的薯片，蘸着烤汁"嗞嗞"冒气的鸡翅，纵然冒着高卡路里的生命危险，也是必须要勇敢地尝试一番的。

牛津大学
李连星

愿智慧点亮你我

> 一个人如果有大智，就会用是否有用和是否适合于自己的生活这把标尺来衡量一切事物的真价值。
>
> ——蒙田

如果说牛津和剑桥在我的生命中留下了什么，我想那一定不是"世界名校"所带来的光环和荣耀，而是时时刻刻的心灵拷问，自己的能力和作为是否配得上学校的声誉和实力？

所以很多时候，我会刻意回避她们的名字，只记得，她们教会了我对学术的敬畏、对人性多样性的尊重和对世界的好奇。

孤注一掷的冒险

冒险始于西非加纳第二大城市库玛西的一块篮球场上，那是2007年7月2日，我大三，是到这个国家开始实习的第三个月。彼时我对手头工作的内容和未来职业发展的前景感到非常失望，尽管有着相对不错的收入，但眼前的这个世界并不符合我的梦想，每一分钟都无比煎熬，我迫切地想做点什么来改变这个状态。

回学校跨专业考研？似乎已经来不及准备了。再找一份工作？但因为专业的关系，估计跟目前的工作相差不大。

想来想去，似乎只有留学一条路可选，那就这样决定了。站在非洲的烈日下，单位住宿区的操场中央，我决定放手一搏。

说到底，留学不过是我为了改变当时生活状态的一棵救命稻草，却不曾料想这个决定会朝着一个无比积极的方向，彻底改变我的人生历程。

身处距离祖国万里之外的非洲，没有一个人可以去咨询，甚至不知道托福和雅思有什么区别，只能依靠网络论坛和与学姐的邮件交流，一点点开始准备。

我喜欢英国，并且，它的学校申请不需要繁琐的GRE考试，起初我想通过研究生学位远离非洲，远离本科所学的豪萨语，我想学一些更受欢迎、就业选择面更广的课程，也许这一次选择，就是我人生最后一次改变命运轨迹的机会。然而，理性告诉我，我这样的想法是把自己本科4年的经历和积累白白丢弃，用自己的弱项去和别人的强项比拼，这样的做法风险极大。这片土地告诉我，它正在飞速发展，中非关系也越发多元化，而真正了解非洲的人却屈指可数，机遇无处不在。

我想很多同学在选择专业时都会举棋不定，这是非常正常的。但选择时请务必记住"不抛弃、不放弃"——不抛弃自己的积累，不放弃自己的优势！国外很多专业，尤其硕士专业的设立，有着相当强大的跨学科背景，我们完全可以抓住自己的强项，再通过研究内容靠近心仪的专业，进行不一样的弯道超车。

专业选择有了眉目之后，学校的挑选恐怕才是各位最关心的问题。

"我能不能去成自己的梦想之校？"当然可以，对自己有点信心，胆大心细，放手一搏！你看看我，如果说我曾有一天想过自己会去牛津剑桥上学，那才是对你撒谎。

我一开始的目标学校，其实是排名在二十位左右的某所人文社科学院，而不是那些名头很响的综合性大学。但是随着选校的深入，我发现很多名震江湖的学校里也有适合自己的专业，于是，我大着胆子给爱丁堡大学的一位教授写了一封邮件，介绍了自己的背景，并询问是否合适该校的非洲研究硕士课程。对于我，那是登月的一步，教授回信说我的背景完全可以申请他的博士项目，并且会帮我寻找奖学金！

我终于明白一句老话，"做了，总有一丝成功的机会，而不做，成功的机会永远为零。"之后，我对照着牛津、剑桥、伦敦政经、爱丁堡等学校的官网和

电视剧《士兵突击》的名词。用得恰到好处。

申请指南，一点一点地准备需要的申请材料，也请远在北京的同学，帮我开具各种证明和推荐信。在无数次修改后，我在决定申请留学后的第三个月，从非洲寄出了自己的第一份申请材料（期间我还在加纳考过一次雅思，但是由于考试之前得了疟疾，成绩不是很理想，于是所有材料中都没有自己的雅思成绩。）。

不放弃个人优势，建立与背景相关研究计划的策略得到了认可，我陆续收到了各个学校的录取通知书，梦想之校牛津大学，更是向我抛出了无条件录取的橄榄枝。站在撒哈拉沙漠的边缘，我无法表述人生将被写上更多可能的那种激动之情。

寻找智慧的旅途

我爱牛津古老而沉静的气息，在所有人都在欢呼创新和革命的时候，牛津像一个安静的骑士，守卫着自己的学术传统和价值，有条不紊地前行。

还未开学，我们就穿上了黑色的学士服，在古老的谢尔东尼亚剧院中举行了入学典礼，宣誓成为这里的一员。

飘逸的黑色学士服在学校创立之初，是为了区分学校人员和牛津市民，而现在，它更是教会学生们对学术保持敬畏之心。牛津的很多学院，不仅每天的晚餐需要穿上学士服，就连与导师探讨课题时，也需要穿上学士服。而最壮观的，是每年六月期末考试，所有人都需要正装加学士服，去考试院完成期末考试。

那是一场"惊险"的测试。6月的牛津，我打着白色领结，穿上整套西服，套上学士服，坐在有百年历史的教室中，听着墙上古老的钟发出的催促，一点点完成那些试卷上的考试内容。学士服上需要佩戴康乃馨，第一门考试科目是白色，最后一门是深红色，中间所有科目都是粉红色，这代表着随着考试的进程，学生胸口沁出的鲜血，染红了那一朵提神的白色康乃馨。

有人说，教育传承学问，而更好的教育，是激发智慧。不论是在牛津，还是剑桥，引经据典只是课程内容的一小部分，更重要的是那个激发你思考和批判的大环境。我一点点学着如何重新认识和构建那个我曾经熟悉的世界，包括这世界中小小的我。

老师和学生之间经常会再现苏格拉底与柏拉图的追问讨论，很容易把我这样的学术幼齿逼到退无可退，哑口无言。上完第一节课之后，我和班上另一位来自日本国际发展署的同学面面相觑，我俩的眼中写满了惶恐，我们知道这一年要过苦日子了。

或许我进入牛津是申请策略的成功，但从牛津毕业的那一年，可是扎扎实实的努力，毫无运气和技巧加成。

我并不是一个聪明人，选择的科目偏偏又是一个跨学科的人文社科科目，没有任何中文参考书可以参考，没有任何中国同学可以探讨问题，一切只能靠自己。老老实实读文献、认认真真听讲座、记不住的单词一遍遍背、弄不懂的理论一个字一个字理解，整一年的付出仿佛都无法保证顺利毕业，我这个乐天派的狮子座都觉得自己可能得了抑郁症，每天都担心自己熬不过毕业这一关，努力付之东流，对不起父母无条件的支持。

在焦虑和克服焦虑的循环中，短短一年的课程，我还完成了去尼日利亚的一个月田野调查。当我从撒哈拉旁的北尼日利亚回牛津之后，我每天一边写论文，一边看着高纬度小岛的太阳晚上十点落下，凌晨三点升起。直到交完论文，又马不停蹄地开始准备复习考试，每天只有不到5个小时的休息时间，一撑就是两个多月，直到我的学士服上佩戴着鲜红的康乃馨，最后一次走出古老的考试院。

结语

刚上高中的时候，老师会把当年考上好大学的师兄师姐请回课堂，分享学习中的经验和教训，而那个时候，我们除了对他们考上的学校有着无限的憧憬和羡慕之外，他们所说的弯路大坑却几乎没有听进去，免不得要栽好几个跟头，体验好几遍酸甜苦辣。轮到我们走回课堂给师弟师妹分享经验之时，不论我们说得如何情真意切、掏心掏肺，他们脸上流露出的，是和我们当年脸上一样的神情。

但是别怕栽跟头，人对世界和人生的探索总是伴随着憧憬和羡慕，一次次重新开始，充满希冀地朝着人生中的每一个大坑跳下去，再艰难地爬出来，拍拍尘土，奔向下一个远方。

那么，我祝愿大家在人生的道路中有跳坑的勇气，爬出坑外的毅力，和绕坑而过的智慧。

迈过去了叫"坎"
迈不过去才叫"坑"

✈ 小贴士
你说牛津那么美，我说是的

基督教会学院是牛津最有名的学院，因为《哈利·波特》，因为《爱丽丝梦游仙境》……粉丝们可以抓紧来圣地巡礼了。

《哈利·波特》中的饭厅

有爱丽丝的玻璃　　　　学院内景一张

莫顿街是一条非常幽静的小道，路边遍布了古老的学院，在六月的期末考试中，学生都会穿上正装，套上《哈利·波特》中一样的学士服，佩戴上不同颜色的康乃馨（随着考试进程，由白色变成大红色），到这里参加考试，考完之后，又接受原本该是鲜花和圣水的奶油面粉牛奶的洗礼。

继续往前走，穿过一个建筑，右转，这个时候你就看见著名的叹息桥了，一个连接哈福特学院的威尼斯风格建筑，很有名，可以拍照。

> 牛津漫步，
> 处处皆景。

艾克赛特学院值得一看，钱锺书先生的学院，学院大门在图尔街上。电影院旁边就是科学史博物馆，里面有爱因斯坦的黑板，有牛顿用过的望远镜……博物馆对面是牛津的三一学院，没有剑桥的三一学院有钱，不过夜晚很美。

伦敦大学学院
付宇

伦敦·大学·学院：这里有一个更大的世界

人为什么要上大学呢？为了一纸毕业证、认识更多的人、学一些可能这辈子都用不到的知识，抑或是找个地方谈恋爱，这是个令我困惑已久的问题。或者可以进一步把这个问题扩大：人在做每个影响人生的决定之时，应该考虑的因素是什么呢？

佛家说众生皆苦，喜怒哀乐每种情绪背后都是苦的。但我觉得，人来这世界走一遭，总还是要有点收获：看很多风景、见很多人、经历很多事情……等到自己离世的那一刻，不会因一生周旋于某个小圈子、未曾一览世界之广阔而懊恼，也不会因一生碌碌无为、平淡得没有一丝故事而悔恨。对于我来说，伦敦大学学院就是一个不后悔的选择。在这里，我看到了一个更大的世界。

大学

中学时期的我大概永远不会承认，我是一个在"争强好胜"比赛中永远精力充沛的选手。从小考、期中、期末，到成立校内社团、赢得每一场辩论赛，再到当学习委员、当团支书、当班长，似乎生活的全部就是同学、老师和学校，人生的意义就是不断去拼去争，去成为第一名。

从A-level4门课程拿到全A，到SATⅡ拿到满分，再到自我陈述中，用激情洋溢的语言去描述我对经济学的热爱；甚至我还在高二暑假，只身一人拎着箱子去哈佛大学选修了只有大二大三的学生才会选修的中级宏观经济学课程……我积极准备大学申请，在多伦多大学、中国香港大学、伦敦大学学院、爱丁堡大学等这些录取书中，我选择了位于伦敦的伦敦大学学院(UCL)。

UCL全称University College of London，建校于1826年，位于伦敦市中心，是伦敦最古老的大学，也是排在牛津剑桥后英国第三古老的大学。它是伦敦大学（University of London）的创建学校，与牛津、剑桥、帝国理工、伦敦政经合称G5超级精英大学，诞生了32名诺贝尔奖得主和3名菲尔兹奖得主，2017年在QS排行榜上名列世界第7位。

在这里，学生离各个领域金字塔尖的人更近：著名的导演诺兰在UCL就读时，创立了UCL电影社，热爱电影的学生漫步在校园里，就是漫步在《盗梦空间》等知名电影的取景地；印度国父圣雄甘地和日本国父伊藤博文在UCL度过了他们的大学时光；戴密斯·哈萨比斯在 UCL 获得了计算神经科学博士学位，他与 UCL 计算机系讲师大卫·席尔瓦，共同创办了机器学习与人工智能公司 DeepMind，研发出 AlphaGo 惊艳了世界；如果你喜欢闲暇时间看看娱乐版新闻，你会惊喜地发现，林依晨是你的同学，王思聪是你的学长，甚至现在学校里还流传着思聪学长当年的八卦……列举这些，无意于炫耀，只是这些辉煌的学校历史带我翻开了 UCL 这本书，除了冷冰冰的排名外，一个学校还可以如此丰富而有趣。

慢慢地，我发现 UCL 真的是一个多面的大学，甚至有很多矛盾的元素在此共存。在同一个校园、同一条街上，就在高盛、摩根士丹利、美林这些顶级投行的校园招聘台的旁边，你就能看到左翼马克思主义社团在宣传当天晚上的《共产主义宣言》读书小组，看到为争取教育平权的积极分子在宣传游行活动，他们一左一右，保守与激进，交织在 UCL 主广场。

在我既不了解伦敦，也不了解学校的大一，我收到了一张号召大家参加选举的传单。通过一系列的校园演讲，我最后被选为 UCL 的六个代表之一，并以 UCL 唯一一个国际学生代表的身份，参加了一年一度的全英学生代表大会。这是英国一个国家性质的会议，每年英国所有高校都会派代表参加表决，所有被通过的议案都会直接提交给英国议会，做进一步的讨论。UCL 从建校之初就崇尚平等教育，因此为国际学生争取教育权平等、为全英学生争取高等教育权平等，成了我和我所在团队在大会上的责任。

在大会上，我做了有关国际学生教育平权的演讲。说实话那一刻我非常紧张：这是我第一次参会，第一次在这样正式的场合对着这么多来自各个学校的精英做演讲。我不知道他们对国际学生的福利是否关心、是否了解，或许在一众动议中，这些本国人并不在乎那不到10%的外来人。当我拿着准备好的演讲稿，用一系列国际学生学费、签证、工作遇到的实际问题开场后，我的演讲数次被掌声打断，前排的代表站起来给我鼓掌，整个演讲的效果超出了我的预期。上午的会议结束后，就在我吃一个三明治的时间里，很多参会人员认出了我，并热烈地赞赏我。我没有听全大家讲了什么，但我依稀觉得，我可能做对了什么。

我明白其实这并不是因为我的演讲有多么精彩，而是终于有一个人站出来直面国际学生的福利问题——这个一直以来被边缘化的话题。UCL的魅力不仅仅是倡导平权，更重要的是，它给我提供了一个机会用实际行动做出改变。

从获得机会为自己所在的群体做微薄的贡献，到最后亲自参与一个可以改变国家教育历史进程的事件，这只是我受UCL影响，勇敢走出的第一步。后来，我开始慢慢打开自己为自己设置的屏障，去努力接触更多有趣好玩的人和事。

为少数人发声
用行动改变世界。
需要点赞。

学院

我在 UCL 学习的专业是经济学，UCL 的经济系是英格兰地区第一个经济系。UCL 的经济系课程偏微观和计量经济学，2000 年詹姆斯·赫特曼教授就因对计量经济学的突出贡献，获得诺贝尔经济学奖。UCL 经济系对学生的数学能力、统计学知识要求较高，所学的内容对未来在金融领域的工作帮助比较大。"四大会计师事务所"之一的普华永道也与 UCL 颇有渊源，它的创始人之一埃德温·华特豪斯是 UCL 的毕业生，这才是"真·学长开的公司"。

不仅仅是经济系，也不仅仅是 UCL，似乎出国读了不错学校的人最终都只有两条路可以走：金融和咨询。学院的确可以对这两个方向就业提供非常多实质性的帮助，但是 UCL3 年真正吸引我的并不是这些，而是来自不同学院、有着不同背景、读着不同专业的朋友。在一次次布鲁姆斯伯里团体 0.618 的头脑风暴里，我看到了更大的世界。

先说说这个小组名字的来源。在 20 世纪，UCL 所在的布鲁姆斯伯里区域住着一群执各行业牛耳的人：经济学泰斗凯恩斯、意识流作家伍尔芙夫人、诗人爱德华·福斯特、里顿·斯特拉奇，他们组成了布鲁姆斯伯里团体，定期聚会举办讨论活动，并深刻影响了 20 世纪的艺术、文学、社会学和女权主义。我们不敢在大神们的头上造次，叫什么布鲁姆斯伯里团体 2.0，又不甘心叫0.5，所以才用上黄金分割比例数字0.618，想出这样一个奇怪的名字。

这注定是一个只有在大学才能有的小组。我们不聊未来、不聊学业，不像普通朋友一样去聊生活的乐事与苦闷。我一直觉得没有用的东西往往才是最奢侈的，比如哲学、艺术、诗歌。每个周五晚上都是我最奢侈的时刻：几个来自各个学院的好友聚在一起，聊马克思、聊萨特和波伏娃、聊哲学家之间的爱恨情仇，一起喝酒、一起写诗、一起在 UCL 永久展出的哲学家边沁的遗体旁聊他的哲学理论。一个组员论文的题目是中国电影里的葬礼文化，她便找时间跟我讲那些我看电影时都没有关注过的微小细节所传递出来的文化变迁；有组员学地球物理，就跟我们讲地震的原理……

说实话，我们不过就是一群本科生，所以聊的东西对比专业学者，一定是浅显的。那次写诗是我人生中第一次写诗，单纯是因为一个组员提出试一试，我才会拿起笔，现在想想写得也没多好。但就是这样一个个信息量和语言密度极大的夜晚，填充了我漫漫 3 年的大学时光，在低头学经济学之余，也有那么片刻去仰望星空。UCL 这所综合性大学将我们这些迥异的人凑在一起，这里不关乎学业与就业，只关乎我们所想看到的，那个更大的世界。

伦敦

"假如你有幸年轻时在巴黎生活过，那么你此后一生中不论去到哪里，她都与你同在，因为巴黎是一席流动的盛宴。"海明威在回忆录《流动的盛宴》中这样形容巴黎，我觉得伦敦亦是如此。伦敦是英国的政治经济中心，散布在城市中的几百个博物馆和伦敦西区遍地的剧院，亦彰显着辉煌灿烂的文化。在 20 岁的年纪里，在伦敦做一个记者，应该是我此生最大的幸事。

于我而言，记者并非一个职业，而是一张通行证，带我看到更大的世界。对于很多人来说，伦敦是由那些久负盛名的景点组成；而伦敦之于我，她的美妙来自于这座城市里来来往往的人。在工作拍摄间隙，我获得机会用他人的视角重新审视这个世界，审视地缘政治，甚至去审视这些只在政经新闻板块才出现的人物。在那个时候，政治经济不再是课本和历史书上的文字，而是咫尺外活生生的人。

离伦敦著名奢侈品百货公司哈罗德百货只有一条小巷的厄瓜多尔大使馆里住着一个"见不得光"的人——阿桑奇。因为我那时实习的媒体正好是中国唯一一家采访过阿桑奇的媒体，所以，我接到了一个特别的任务：为他准备一份生日礼物。

WikiLeaks，中文名称维基解密，是一个国际性非营利媒体组织，这个网站专门公开来自匿名来源和网络泄露的文件，深刻影响了相关国家的政治和外交。2012 年，它的创始人阿桑奇来到厄瓜多尔驻英国大使馆寻求政治庇护。为了生命安全，他没有从这里踏出一步，甚至为了防止被射杀不敢靠近窗户，无法接触阳光，换言之，他是一个"见不得光"的人。

经过讨论和反复筛选，我和同事最终敲定三样礼物：蛋糕、手表和一份手工制作的贺卡。其实我很清楚他可能只会看到最后一样：这个世界上想让他消失的人太多了，一个外来的蛋糕是危险的，一个未经仔细检查的手表也是危险的。所以最后，我只用一张最普通的纸，画上几幅水彩，写上生日祝福——大概只有这样才够安全。

当我和同事一起把三样东西交给阿桑奇的助理时，她很感谢我们还记得他的生日，并精心准备了这么多东西。望着她略显消瘦的背影以及使馆那栋小小的楼，我心中又出现了那个贺卡上的内容：一幅水粉画，两座高山，中间一条小河上一叶扁舟，意在两岸猿声啼不住，轻舟已过万重山；打开贺卡，里面画着傲雪梅花图，中间写着中英双语的祝福：致永不妥协于不公正的你，祝你幸福健康有爱。

在我看来，维基解密，绝非一个纯粹的信息披露或是媒体组织，它背后有着错综复杂利益集团的驱动，我也不认为阿桑奇是一个除恶扬善的英雄，他只是在兢兢业业地实现他的目标。但是我依旧很喜欢、很好奇这个组织和阿桑奇这个人，他们承载着这个世界的另一面。也许只有把向阳面和背阴面努力拼凑到一起，我们才能依稀辨认出这个世界模糊的轮廓。

当然不是每一天都是如此充满戏剧性。五光十色的伦敦，让我有机会去无限接近那个我一直很憧憬的世界。从小弹钢琴的我，在伦敦有幸专访了要举办专场音乐会的李云迪；从小跳舞甚至考上舞蹈学院一度决定走专业道路的我，在离开舞蹈快10年时，也能有机会专访来伦敦巡演的杨丽萍；在19岁最"爱慕虚荣"的年纪，我受邀在伦敦时装周第一排看秀，并专访品牌设计师；爱看音乐剧的我，也在当地一本杂志上开了自己的专栏，对话伦敦西区风口浪尖上的那群人……

衡量这个世界大概有两种维度：广度和深度。凭借记者这个身份，加上伦敦这个城市，我可以在很小的年纪就接触更高级别的人。但所有的一切都提醒着你，你与他们不一样，你正在看一个并不属于你的世界。那一刻我突然觉得，我可能并不想永远做一个新闻记录者，而想有朝一日成为一个真正有新闻价值的人。相信那时会有一个相同但又不同的世界等着我。

结语

年初我的家人因病去世，在殡仪馆遗体告别的那天，我看到了很多个陌生人的葬礼，总共三个大厅，每10分钟一场。每一场都是相似的流程，总结一个人的一生，然后伴着家属的哭泣声，肉体在高温下化于无形。有的人有光辉的一生，有的人有平凡的一生，我突然很想知道人们在我的葬礼上会怎么形容我的一生呢。读万卷书、行万里路、阅人无数，我想这就是我一生想实现的目标吧。而在我刚刚成年的3年里，18岁到21岁，UCL和伦敦这座城市，成为了我人生的一个完美起点，因为这里已然有一个更大的世界，等着每一个人前来挖掘。

✈ 小贴士
知名景点

1.《神探夏洛克》里咖啡馆的拍摄地——Speedy's cafe：就在距离学校300米的小巷中，每一次卷福来拍戏的时候，都会有大量的UCL学生围观。这是一家真实运营的咖啡馆，经常有福尔摩斯迷来这里"朝圣"。里面的食物味道不错，推荐专为《神探夏洛克》打造的夏洛克鸡肉卷。

《神探夏洛克》的拍摄现场

2.113KTV，这是一个距离学校不远的华人KTV，在LSE旁边也有一个。据不完全统计，每一个LSE和UCL的学生，在内心深处都有一个跟113有关的故事。没错，这里就是一个在绿茶兑芝华士的味道里，还飘散着无数年轻人故事的地方。

113KTV

3.摄政公园，一个有湖有天鹅的皇家公园，风景优美，占地面积很大，里面还有伦敦动物园，这是我最喜欢跑步的地方，经常跑着跑着看到笼子里多了几只新进的可爱的羊驼。伦敦有着漫长的夏天，约上三五好友去摄政公园野餐，绝对会成为一个美妙的回忆。

摄政公园

4.布鲁姆斯伯里区，是伦敦一个很有历史的区，就在UCL所在的位置，周围有很多名人故居，包括约翰·列侬、凯恩斯、达尔文、伍尔芙夫人、摩斯等，在这

摩斯故居

个区要注意墙面上的蓝色圆盘，上面写着这里曾经住过的名人，漫步其中经常有意外之喜。

5. 文兴酒家。这是中国城每到饭点必排队的一家中餐馆，也是每次去必能遇到UCL同学的一家神奇的店，是中国城公认最好吃的粤菜馆之一。如果你在伦敦读过书，那你一定来这里聚会过。中国城餐馆的拥挤、装修的复古都在这里体现得淋漓尽致。

中国城还有家店叫锦里，喜欢川菜的也别错过。

唐人街的文兴酒家

6. 鸦片酒吧。这是中国城一家很有特色的酒吧，整体装潢仿照清朝的大烟馆建造，里面的调酒师也很有意思，经常设计出别出心裁的鸡尾酒，非常有特色。

鸦片酒吧

伦敦政治经济学院
何若东

伦敦政治经济学院的"第三条路"

何若东的文章
一如既往。
夸自己的学校却
好些带有思辨性。

写在前面

我常听人说伦敦政治经济学院（LSE）是一所"好学校"，又或有人认为它低于牛津剑桥。每当听到这些观点，我总会心生质疑，他们所谓的"好"与"坏"是如何界定的？如果参考《卫报》等媒体的大学和专业排名，我仍然好奇排名的标准是什么？众所周知，LSE在一些方面的确出色，比如毕业生的起薪在英国大学里排名第一，学校在社会科学领域连续5年排名世界第二，但因此这所学校就能被称为"好"吗？

带着探究LSE"好在哪里"这个问题，我开始构思这篇文章。2012年从牛津毕业的我来到LSE攻读第二个硕士学位，并在之后的4年里一直与母校保持联系。我想通过自己走上"第三条路"的经历，呈现出我所理解的走出"第三条路"的LSE，提供一个不同以往观察LSE的角度。

时代变革中的LSE

　　LSE上一任校长克雷格·卡尔霍恩于2015年接受采访时提到，"LSE面对着新自由主义经济模式，不可能不去适应市场环境。我们必须面对一个事实，那就是越来越多的学生缴纳高昂的学费来到LSE学习金融和经济类专业，他们想要在毕业时去到高盛这种地方，拿到6位数英镑的起薪。"

　　没有任何一所大学能够脱离时代存活，在融入时代的过程中，LSE选择了权衡。市场逼着所有大学去挖掘自己的优势，而LSE则把自己在社会科学领域的优势发挥到了极致。过去的10年间，LSE总共新开设了24个本科和授课型研究生学位，本科学位达到40个，研究生学位则为197个。相较之下，牛津的这两个数字分别是34和95，剑桥则是35和112。每年秋天，众多学生为了LSE这块牌子踏入这所学校，如果你是为了镀金而来，得到一纸文凭并不算十分困难。

　　不得不承认，LSE越来越像商业机构，其运行逻辑与毕业生向往的投资银行和管理咨询公司相差无几。近些年，LSE靠着招牌和伦敦地缘优势大量扩招学生，学校收取高额的学费用于支持学术研究，好的待遇和工作环境不断吸引着享有国际声誉的教授来到LSE，知名学者让LSE的名声不断攀升，从而吸引更多的学生前来学习。对于学校来说，这是个良性循环，一方面财源滚滚，另一方面学术声誉也持续提高。如果把学校看作是商业公司,在卡尔霍恩校长所说的"新自由主义市场"的背景下,这的确是个很好的商业模型。

这背后体现着LSE的精明。学校不再将自己树立成某一类型的大学,它不是一个培养金融人才的实用型学校,也不是建校之初左派知识分子追求社会平等的学术机构。如今,LSE具备前所未有的多元性。拿我念的文化与社会硕士来说,班上既有我这样研习文化社会学理论的读书型选手;也有想扩展自己对于博物馆、画廊和拍行的了解,今后进入艺术品机构工作的人;同时也不乏对文化媒体感兴趣的同学,通过加深在文化领域的思考,计划从事记者、写作、新媒体等职业。

LSE走出了自己的"第三条路"。这个术语是前LSE校长、社会学理论家安东尼·吉登斯在布莱尔执政时期提出的政治理念,现在的LSE也在用相似的模式进行改革。2016年年末,我回母校听了一场演讲,演讲者是创办了英国最大财务咨询网站moneysavingexpert.com的校友马丁·路易斯。这个号称全英被谷歌搜索次数最多的人把LSE的学生归为两类:一类是想成为亿万富翁的成功人士,另一类则是想要改变世界的野心家。在被问到自己属于哪一类时,路易斯聪明地说:"我是第三种人,我很成功,但是我要让这个世界变得更好。"我想,每个LSE的学生都在找寻自己的"第三条路",但每个人的选择却不尽相同。

LSE让我学会接受自己

我与LSE的第一面

2011年从牛津本科毕业后，我面临三个选择：去牛津读社会学硕士、去LSE读文化社会学硕士和去挪威奥斯陆读社会科学硕士。我在三个项目之间犹豫不决，决定前往各个学校考察一番再做定夺。

老实讲我对LSE的第一印象并不好，学校挤在伦敦中心的一小块区域里十分嘈杂。那时候的我一心读书，对伦敦的浮华生活并不向往。当天带我参观的朋友对金融充满热情，在步行于金融城到LSE的途中，他向我疯狂介绍周边的建筑和故事。我当时对金融没有任何概念，根本搞不清他说的摩根大通、瑞银集团、普华永道和拉扎德是什么。在当天考察结束后，我意识到，这里不光是我向往的学术殿堂，也是那些渴望财富的人齐聚一堂的地方。7年过去了，那个曾经不喜欢伦敦的我早已开始欣赏她的美丽，也认清了金融城林林总总的那些商业公司。这些年我对金钱的态度在悄然发生着变化，这个过程痛苦至极一度让我内心扭曲，但蜕变之后我开始拥有更广阔的人生。

再回首恍然如梦

2011年我最终还是去了牛津，但我内心深知LSE的课程与我的学术兴趣最匹配。我在牛津的成绩并不出众，不足以让我申请到心仪的博士项目，于是2012

年我又来到LSE准备大干一番。

我从未把LSE放在牛津之下，也不敢轻视这所大学在社会科学领域的地位，但顶着牛津的出身，来LSE报到当天我还是带着点优越感的。我从小就是个古典派，对历史文化崇拜万分，所以牛津吸引我。一年前我在牛津学院里说过一句被广为传颂的话，"在牛津不谈场恋爱简直是一种浪费。"古老的建筑、美丽的公园、颇有味道的图书馆、严肃的牛津辩论社、富有仪式感的入学典礼……这一切都让我醉心其中，而LSE却没有带给我这种感觉。LSE的周围就是伦敦，浓重的商业气息和服务类产业是这座城市的脉搏，这里要多元和复杂很多。一言以蔽之：牛津是贵族的和知识阶级的，伦敦则是现代的和资产阶级的。

LSE的一切充满平民化，即便地处世界上最华丽的城市之一——伦敦的中心，即便众多校友是各大公司的首席高管，即便这里走出了太多的各国政要，即便那鲜红背景中间亮着的三个白色字母LSE被全球学子奉为精英的象征，但我仍然克服不了对LSE的偏见。回过头看，我必须坦白：浪漫化牛津是我做过的最不浪漫的事，而固执地看低LSE是我做过的最固执的事。如果说我还能提供些人生经验，那就是：请你们一定要认清自己，认清的过程越短越好、越早越好。认清自己并且在道德层面允许自己的追求，这样才能走上你所期待的人生轨迹。

传统意义上的两条路——就业，学术与价值观
关于就业的两种选择

我对 LSE 的学生有一个粗浅的归类，尽管贴标签不完全客观，但这的确提供了一个观察视角。第一类是"找工作狂人"。疯狂找工作不光出于对现实的考虑，更由他们基因里固有的优秀、上进和在竞争中脱颖而出的能力所驱使。他们在学生中所占比例巨大，代表了当代 LSE 的精神，LSE 在全英国的大学里毕业生起薪最高的光荣地位，就是由他们一手建立起来。我曾经认真想过为什么 LSE 的学生在找工作时能常年压制牛津剑桥，我的答案是：因为他们不够专注。没错！他们不甘于坐在实验室和图书馆里踏实做研究，而更愿在闹市里闯荡天下。LSE 人想得更大、要得更多。

乌克兰小哥弗拉基米尔就是其中的一位优胜者。我俩刚相识时他 17 岁。我上一次见他是两周前，在他所工作的德意志银行门口的咖啡馆，他西装革履，提着棕色公文包，皮鞋擦得锃亮，举手投足间展示出一副银行家的气质。他的说话风格没有改变太多，甚至还是带着点俄式口音，但却多了很多老练和世故。弗拉基米尔来自离切尔诺贝利不远处的一个小地方，他本可以去牛津大学读那里的本科王牌专业——政治哲学经济，最终却选择了 LSE 的全额奖学金项目读了国际关系。他对国际关系和政治学理论很是着迷，但家庭和生存的双重压力迫使他不得不在本科毕业时工作。

像大多数的 LSE 学生一样，他当时面临的就是在金融系统（多数是投资银行）、管理咨询公司和商业律师事务所之间做选择。

弗拉基米尔在 3 年的本科学习里选修了金融、管理和商业的课程，这让他在毕业时顺利拿到了德意志银行管理咨询的职位。这并不是他的第一选择，在一家投资银行里，公司投资银行部、交易和销售部的工作才是薪水最高最光鲜靓丽的，同时也是直接给公司带来收益的部门。就在那天临分别时，他告诉我自己下个月就要跳槽去到黑石做交易所交易基金方面的工作。

我把第二类人称之为"游学一族"，LSE 里一年制研究生很多属于这一类别。从现实来看，游学的确是一种不错的考虑，LSE 一年制研究生课程十分紧凑，初来乍到的学生们又必须兼顾生活和适应英语环境，由于签证的限制，他们在一年课程结束后必须很快离开英国。既然如此，借着来英国的机会周游四方自然成了一种划算的安排。毕竟，增长见识也是人生中非常重要的一部分，它能让你产生新的思维。旅游经历能提供源源不断的灵感，而当下有关时尚、旅游、甜品、艺术设计等行业的创业者很多都是旅游达人。创业在当下的 LSE 是一种风尚，但不是每个人都明白"创业"的真谛。创业的核心是"创造"，创造新的理念、新的商业模式、新产品、新服务，才是创业的本质。LSE 校史上不乏伟大的企业家，他们为社会创造了新事物，而财富是对他们最好的奖励。这样的企业家是我们这代人需要学习的。

其实职业是多种多样的，除了我详细介绍的这些，全世界大小机构、企业、公司、团体、组织等都在为毕业生提供就业机会。每年 LSE 都会举办国际组织招聘会，联合国、欧盟、经济合作与发展组织、亚洲发展银行、世界银行、世界基金组织、联合国教科文组织等都会出席。国际组织往往有着自己崇高的目标，为这些目标奉献才能是十分有意义的。说到底，你通过某种行为和技能把你坚信的东西表达出来，并赢得货币奖励，这就是职业。

LSE 的最后一类人是那些"想要改变世界的疯子思想家"。这个群体人数不多，基本都来自于哲学、社会学、人类学和政治科学专业，我在很长一段时间里也是这个群体里的一员。其中一位学术大佬就是我的老师奈哲·托德，一个也许是 LSE 最接近疯子思想家的人。

他本人教授的古典和现代社会思想这门课，自己的研究课题是"钱的社会问题"：钱的文化意义是什么？是社会产生了钱吗？钱在社会中和群体的关系是什么？未来会有钱吗？电子货币的到来意味着什么？这些都是他每天思考的问题。不难看出托德是一个很深刻的人，他总是会探索常人看不到的问题，但他有时也会显得有些怪异：穿着总是不搭，眼里总是充满窥探。

但不可否认，托德的思维极其精妙。他能复述出西美尔《货币哲学》中的段落，对本雅明的《历史概念论》里"救赎"的概念有十几种解释；他讲起话来身上好似附着一圈光环，自信和不可一世的气息油然而生。他的神态是学究式的，眼镜架到鼻梁下端，头稍稍低下，然后用那犀利的眼神透过眼镜的上沿盯着每一个人，他的感染力能让每一个学生为之疯狂。两个学期的时间里，我和其他同学跟着托德一起思考涂尔干的社会功能主义，研究西美尔对现代城市货币经济和冷漠态度的批判，对比卡尔·马克思和马克斯·韦伯对西方现代理性资本主义发展机制判断上的趋同……用哲学和社会思想讨论人类和社会的种种问题，这是我一生中干过的最酷的事。

我的老师奈哲·托德

很多LSE的"疯子"都喜欢聚集在图书馆对面的乔治四世酒吧。在酒吧里的聊天大多是朋友间的无稽之谈，没有现实依据，也不符合逻辑，但众多伟大发明、政策和影响人类社会的理念就是从漫谈中开始。我在LSE最棒的几次聊天均发生在2013年暑假，我搬去的新宿舍里住着来自数十个国家的学生，宿舍是一个完美的交流平台。饭后闲谈，我们从国际黑市交易聊到种族冲突，从种族冲突聊到宗教，从宗教聊到阿拉伯冲突……LSE实在太多元，依靠伦敦国际化格局，你在这里很容易认识全世界各地的人。

那是最美好的时代，那是最糟糕的时代，那是智慧的时代，那是愚蠢的时代。简言之，那是个不真实的时代，每个人都在绽放着自己的光芒，每个人都在疯狂享受着学生时代末尾的狂欢。

就业与学术这两种看似不同维度的价值选择，不管你选择哪一个，都可以在LSE获得前行之路上的指向标："探究万物之源"，LSE的校训道出了一种以问题为导向、以探究事物本源为主旨的精神。在LSE，所有本科生必修的一门课是LSE100：知晓万物之源。在课堂上，

所有专业的学生聚在一起，通过不同学科知识讨论诸如"如何看待贫穷和不平等的关系""市场是否应该被限制""环境资源是不是公共利益"等宏大问题，让知识服务于问题本身。

所以你现在也许能理解为什么一个小小的LSE能够常年在社科领域的各种排名上名列前茅。LSE的占地不过是伦敦中心区域的那几栋楼，但从这里却走出了18位诺贝尔奖得主、34位国家元首、11位百亿美元级别的富豪；LSE的13563名学生中70%来自海外，代表着全世界160个国家和文化；LSE每年举办超过200个公共演讲，演讲人从曼德拉到克林顿应有尽有；LSE的教授们用自己的专注和对知识的热情努力维持着学校的优势地位……这架机器运行得严丝合缝，永不停息地探索万物的起源。

我的"第三条路"

我至今都很难理解自己在LSE时为何没有卷入"找工作的浪潮"中去，这实在是跟LSE的气质不太吻合。我想除了自己一心想要走学术之路成为一代大知识分子外，对找工作其实一直是惧怕的：害怕开始这个过程，害怕自己为时已晚，害怕没有提前做准备，害怕不知道从哪里开始……对工作和行业的一无所知让我一直躲避找工作这件事，我甚至会告诉自己，工作意味着被困死在一件重复的事情上，这意味着思想的枯萎和生命的结束，这是绝对不能接受的。我那时的"工作观"极其片面和错误，这警告我今后永远也不可以在没有了解一件事物之前就轻易下结论，这是懦弱的表现，这是心理渺小的写照，这会让一个人的世界观变得越来越狭小。

2012年到2013年，我怀着巨大的信心在LSE学习，但同时背负着更大的压力。每一堂课、每一次发言、每一篇论文、每一次考试我都竭尽全力，生怕没有发挥到极致，但终究还是没有申请到自己中意的博士项目，这对我来说无疑是个天大的打击。2013年从LSE毕业后，我在伦敦飘荡了3年，这是我人生中最低落的3年，事业进展不顺。我选择在2016年开学季回到LSE，重新思考自己的职业规划，这一次我没有一股脑地再把自己限定在学术路线中，而是转向自己的"第三条路"。

我曾经笃定地认为思想家是这个世界上最智慧的生物，但这些年接触的各式各样的人和事让我重新审视我的想法。金融人士也许永远写不出艾略特那富有洞察力的诗篇，但文人也很难在高压环境下准确无误地整理出一套华丽的项目任务书。每个领域都有着自己的智慧，各有千秋。不过，人的本质不会变，无论我需要如何包装自己去跟这个世界打交道，我始终会怀着一颗知识分子的心。2017年，在英国度过了10年光阴之后，我回到了祖国。

这是我自己的路，是我的"第三条路"，而这条路才刚刚开始。世界这么大，人生选择如此丰富，我不再把自己限定于某个位置，知识分子、商人、企业家、学者、自由职业者、自媒体人、中介……这个时代最大的特征就是没有边界，没有权威，话语消失了，所有一切都在重新被定义。在这个创造力和想象力无穷大的时代，每个人的"第三条路"都能走得无比精彩。

写在最后

朋友们，如果你最后来到LSE，我一定要恭喜你，这也许不是最好的选择，但它绝对不差。好好利用LSE和伦敦的资源，你能在此实现你的梦想。我希望你们每一个人都能从学习中获取快乐，找到知识美丽的一面。你们尽可在未来去体验大千世界的花花绿绿，而在大学期间请你们与学习作伴。学习就好比亚当和夏娃在伊甸园时最初的状态，一旦偷吃了禁果，他们从此便知道了善恶与美丑，也就再也回不到最初那个状态了。同样，学生时代的单纯是非常难能可贵的，一旦丢掉了就再也找不回来。如果你不想错过人生中最美丽的篇章，那就去学习吧。

如果你渴望成功，学习也是必须的途径。投机时代已经远去，当代社会如此透明，在未来实力决定一切。但如果你真的成功，请保持一颗谦逊的心，"力量越大，责任更大。"

最后，我从一个社会学硕士的角度来写这所学校，难免有所偏颇。书写LSE是一个无比浩瀚的工程，我展现了它其中的一部分，剩下的则需要由你们去补全。

✈ 小贴士

地点推荐

LSE地处伦敦中心位置，周围地标性建筑数不胜数，耳熟能详的地点自无须介绍，下面我挑选的几处地方代表了伦敦的不同方面。我按照主题将它们进行罗列，希望你们有机会去到这些地方细细体会。

知识艺术之地

汉普斯特德荒野

这个地方不那么为人熟知，但却是伦敦范围内我最喜欢的区域之一。高雅、独特、原始，闹市中保留着的一处僻静的高地，这里的价值可想而知。画家特纳和康斯太布尔曾在这里作画，音乐家埃尔加曾在此居住，旁边的海格特公墓里还躺着卡尔·马克思……这里曾居住了大量的艺术家、文人作家，现在则是影视明星、体育明星、政治家、律师、法官等上流名人

汉普斯特德荒野

们的居所。汉普斯特德荒野身上独特的美是难以形容的，比起奢华的伦敦西区，它显得朴实和聪明。《纽约客》杂志曾经评价道："汉普斯特德荒野是现代英国知识分子们的城堡，豪华但是不闷。"

Walker Slater 男装店

伦敦的男装全世界出名，大热电影《王牌特工》更展示了英国绅士的独特服饰品位。Walker Slater 是一家来自苏格兰的男装店，所有服饰都由羊毛和粗布制成，很有质感。店里的三件套装具有足够的英国绅士风格，各种搭配饰品也很齐全：烟斗、怀表、拐杖、英式便帽、毛织领带应有尽有。总而言之，伦敦绝对能满足你对于绅士着装的一切要求。

Skoob & Hatchards

几乎每一个伦敦的书店都有自己独特的味道，我挑出来这两个书店介绍给你们。Skoob 是位于国王十字车站附近的一家二手学术书店，附近大学的老教授和学术疯子们经常光顾这里，他们一个个戴个大眼镜，挑书的时候感觉是在经历着神圣的仪式一样。位于毕卡第利街的 Hatchards 里则总是挤满了游客，这是伦敦最老的书店，1797 年由约翰·哈查德建立。这里装潢很漂亮，每一层都有座位供你在这里待上一天，读书静坐。

讲真，为什么去南安普顿读书

南安普顿大学
王渔琦

当知道我要去南安普顿读硕士的时候，伦敦的朋友们都表示不解：

伦敦这么好，干吗跑到南安去呢？

我说，伦敦这灯红酒绿的花花世界，繁华得不适合安心做学问……

然后这群损友都露出了"小样儿装什么装"的鄙夷表情。

其实问所有留学生为什么要去某某学校读书，大概最标准的答案就是因为这所学校的某个专业排名高（当然还因为这是能申请到的最好的学校）。

是的，南安普顿大学是个有点偏科的学校，综排虽然不算特别靠前（也就算个世界百强吧），但是电子与计算机工程威名赫赫，始终在英国位列前三，毕竟有英国国宝——万维网之父蒂姆·伯纳斯·李作为南安普顿大学的当家台柱子，各种网络协议的编写者、发明人，也有很多在这所学校任教。

学术上的强悍直接带来的结果，就是就业率和雇主满意率高得不像话，让每一个工科人都趋之若鹜。

作为一个一直想读网络专业的孩子，有什么比能最近距离接触到这些大神更有吸引力的呢？

所以，这是我一开始选择南安普顿去读网络技术的唯一原因。

校园夜景

不只是技术的学校

然而真正学起来，又是另一番感触。

可能很多人认为，计算机网络，那就意味着代码，《硅谷》里不修边幅、成天面对电脑码代码，甚至与社会稍稍脱节、理性思维僵硬到不像话的程序员，就是我们的标准形象。

可是我的老师在开题的第一天就告诉我，看似网络由计算机和冷冰冰的代码组成，但是在计算机和服务器的背后，都是一个个有着复杂背景、复杂性格的人，他们所构建的庞大脉络，才是网络真正的未来。

那个时候，社交媒体正开始以爆炸式的速度发展，人工智能和语义网初见雏形，一个越来越充满复杂人性的网络时代，就这么到来了。

马斯洛需求层次理论中，从基本生理需求，到最高的自我追求，在这个"人性"的互联网中都能找到对应，人的惰性被各种服务 APP 所满足；沟通与社交的需求由互联网通信所填补；在朋友圈收获的赞和知乎上得到的认同，都是从网络中获得的归属感和尊重；自媒体、意见领袖、网红所获得的社会地位和心理满足，可谓是自我实现在互联网上的集中体现。

所以你看，对互联网的研究和开发，真的不只是代码，说到底，这更像是一门包罗万象的社会科学，只是最终落脚在计算机和代码之上。

很多人问我说，你怎么能从一介码农，成功转行到数字营销，再去做公众号的推广和文案、品牌广告和策划？

大概这就是原因，对于"以人为本"的所有学科来说，都是共通的。用互联网产品满足人性，与用富文本和多媒体打动观者，本质上没有什么区别，体现形式不同而已。

我想这是在南安普顿大学读书学到的一个最重要的道理。

说了这么多，我就是想说明，脱离了群众基础的程序员，一辈子也当不了马克·扎克伯格。南安普顿大学的电子与计算机工程之所以这么厉害，也和对技术与人性的双重尊重脱不了关系。

古老又年轻的城市

南安普顿充满人情的还不只是课程，这座既没有高楼大厦又没有历史古迹的城市，也是英国一个独特的存在。

假设你有一天的时间来英国，大概会直奔伦敦；如果有一周，也许你会顺便造访爱丁堡和高地；如果你有一个月，估计利物浦布莱顿北爱尔兰都会转到。

但是，就算你有一年的时间，都不一定会来南安普顿专门旅游一趟，这一点，问问我那些哥们儿姐们儿就知道了，如果不是作为轰趴（home party 家庭聚会）组委的我在这里，他们才不会屈尊跑来呢。

因为这里并没有什么特别知名的旅游景点，购物中心也完全不够高大上，对游客的吸引指数，还不如同为海边城市但是面积小个好几倍的布莱顿。

明明南安普顿也有悠久历史的呀，还是英国最重要港口之一，怎么就成这样了？

我曾经写下过这么一段话：

南安普顿，自中世纪以来就作为英国的重要港口城市存在。

近千年风云变幻，

历史吹散南安普顿旧日种种繁华，

只有海浪依旧拍打着岸边，

低语着那些语焉不详的传说。

五月花号的驶去，

泰坦尼克号的不归，

看海边千千万万艘船朝来夕去，

也许唯有岸边的大小船只，

才能真正洞察这片海域的古往今来。

坐在校园里小憩

南安普顿城市的一切都与海洋有关，更被人称作海洋之城，从英格兰的海上大门，五月花号开始美国的历史，到泰坦尼克号的启航，到世界大战时的军事重港被轰炸成一片平地，南安普顿在历史上可谓是留

我相信看完这段推荐，很多看过《泰坦尼克号》的朋友应该都想去南安普顿缅怀一下历史

下了浓墨重彩的一笔。

在南安普顿漫步，历史的零碎痕迹俯拾皆是，无论是散布在城市内的各种泰坦尼克号纪念碑、二战时轰炸后剩余的残垣断壁，还是都铎时期，甚至罗马时期的建筑遗迹，都能让你感受到这个看起来年轻又沉稳的城市背后的厚重历史。

但是生活在南安普顿的人们，并没有苦痛沉重的心情。南安普顿当地人尤其地闲散和舒适，因为气候非常怡人，交通也方便，所以很多英国老年人选择在南安普顿养老。但由于南安普顿大学和索伦特大学的关系，城市人口中有四分之一都是学生，这又让城市充满了生机和活力。

我想，厚重的历史，轻描淡写的记忆，塑造了这个城市和居住在这里的人们闲适淡然的生活。

站在现在的南安普顿港眺望壮阔大海，看巨型的邮轮停靠在港口，才能感受到时间神奇的力量。

小贴士

吃吃吃是头等大事
吃货必尝风味餐厅

南安普顿作为港口城市，有各个国家的人在此定居，也引入了那些地方的美食，更是对英国菜进行了改良。所以不用担心在南安普顿无法品尝美味，只不过不是传统英国菜罢了。

伯吉斯路是一条充满回忆的路，不仅因为我曾经就住在这条街上，还因为它算是离学校最近的小商业中心。街上有很多便宜又方便外带的中餐馆、炸鸡店、快餐店，因为与学校离得近，南安的同学都会经常光顾这里。下课后饥肠辘辘时，可以坐下来吃一个人的火锅；赶着上课时，可以买一个汉堡奔向教室；和同学讨论时，可以选择约在一起边吃简餐边讨论。

家乡味道——川味园（Szechuen Kitchen）：乘U1C从南安普顿大学出发需30分钟左右，距离市中心仅有400米远，是在市中心吃饭的好去处。菜品以川菜居多，据说大厨都来自伦敦的著名川菜馆，在英国的中餐馆中味道算相当可以的，价格属于中等。

更高大上的家乡味道——大上海（Shanghai 1814）：南安市中心新开的高级中餐厅，不论是高大上的装潢，还是精致的摆盘，和许多中餐厅相比与众不同，二层还提供KTV。虽然名字叫大上海，但是餐厅以粤菜为主，也有川菜等。周末还可以来他家品尝早茶，蛋挞、肠粉、虾饺、奶黄包、凤爪等应有尽有。

大上海内景

英式味道——牧牛者餐厅（The Cowherds）：来到 The Cowherds 就仿佛来到了英国人古老的小木屋，在南安普顿公共的路口，这里是当地人度过周末的最佳选择。这家餐厅的每张椅子都不相同，还有烧柴的老式壁炉，冬天在这里听着柴火"噼噼啪啪"的声音，饮上一杯热乎乎的特调红酒简直是绝佳的享受。The Cowherds 的食物则是传统的英式正餐，有牛排、羊肉、各类海鲜等可以选择，保证都是最新鲜的食材。

牧牛者餐厅内景

万国风味——蓝岛（Blue Island）：这个"蓝岛"自然不是那个蓝岛，这是南安普顿最著名的一家希腊餐厅。关于南安很奇怪的一点，就是这里的希腊人非常多，包括学生还有在这里工作的人，所以一家正宗的希腊菜餐厅就成为了他们的大本营。尽管店面非常不起眼，但吃过的人都交口称赞，更何况价位非常低廉，人均只要 17 英镑就可以吃得非常好，持国际学生证还有 20% 的折扣。希腊菜最有名的就是各类海鲜，而且这边的海鲜都是物美价廉，值得 5 星推荐。

咖啡屋——何塞咖啡厅（Josie's）：一日之计在于晨，早餐吃好了才能有精力走遍南安普顿，那我就给大家介绍个早餐很出名的地方——Josie's。很可惜，这家店并不在南安普顿市中心，而是在东北小镇毕晓普斯沃尔瑟姆，距离南安普顿有20分钟车程，所以推荐有车的朋友可以去试试。Josie's的英式早餐很有名，量大味道好，有许多慕名而去的游客。当然除了高热量的英早，也有更多法式早餐可以选择。

南安夜生活

说到英国的夜生活,当然要去一次夜店了!有人说,想要真正体会到一个城市年轻人的精气神,就要从体验这个城市的夜生活开始,对于那些精力充沛、不想宅在宿舍的同学们,应该是有很大帮助的。

迪吧的最佳地点——伦敦路:就好像三里屯是北京夜店扎堆的地方,南安普顿的伦敦路,也是夜店扎堆的街。对于这种地方,最适合不过的就是所谓的 club hopping——像大牌一样在各个夜店串场。据我所知,这条路上的夜店不下四家,包括比较亲民安静的 Varsity、靠灯光和流行音乐吸引人的 Kelly's Bar、主打慢摇和电音以及地下音乐的 Junk、舞池特别豪华酒水特别有趣的 Popworld,还有靠主题派对和私人租用出名的新 Ninety Degree Club,都是广受南安普顿年轻人好评的夜店,而且家家都有不同的风格。它们离得这么近,就意味着你可以在一个夜晚把它们全玩一遍,呆够一家就换一家,这就是伦敦路的英国式玩法!

The Edge:在英国一定要体验"腐文化",那汉普郡最有名的 Gay Club,就是 The Edge,到了周末,你可以在这里碰到从伯恩茅斯和朴次茅斯专程赶来嗨皮的人。尽管最有名,但 The Edge 的面积并不大,两层楼外加一个小院子,很容易就被慕名而来的人挤得满满当当、水泄不通——作为夜店当然是人越多越好,大概不会想去一个只有几个人包场的夜店。其实来 The Edge 玩，很多人的目的完全是奔着音乐来的，每到周末，The Edge 会请著名的 DJ 来这边掌管音乐，轻松就可以嗨翻全场。

买在南安

西码头购物中心（West Quay）是南安最大的购物中心，虽然奢侈品牌无法与伦敦的商场相比，但是完全可以满足我们的基本需要，吃喝玩乐全部包含，这里大概会是你在这里读书期间最常去的地方。

像大部分留学生一样，中国超市也是必备——旺家超市和 Ukcnshop，旺家超市在离学校很近的伯吉斯路上，却有一种置身国内食品超市的感觉，可以和亲切的老板聊聊天，可以买到像火锅底料、调料、陈醋、香油等中国食品和用品。Ukcnshop 也在伯吉斯路上，除了实体店，同时也有线上商店，如果你懒得出门，在网上订一些零食直接送到家也是十分方便的。

西码头购物中心

玩在南安

必玩体验：除了南安普顿老城门、南安普顿公共公园、海市博物馆、都铎建筑博物馆等著名的景点外，作为生活学习在这个美丽海港城的我们还能感受到截然不同的南安普顿。

在美术馆里装文艺：南安普顿大学是英国比较少拥有校园的学校之一，校园内植被丰富，每个专业楼的建筑风格都非常独特。其中约翰·汉萨德美术馆是英国少数现代艺术美术馆之一，也是属于南安普顿大学的一部分。和一般画廊只陈列创意不同，约翰·汉萨德美术馆更像是一个鼓励探索研究、最终实现创意的地方。它不拘泥于艺术的表现形式，而是挖掘现代艺术的无限可能性，从传统的绘画、雕塑、装置，到电脑CG、声光电乃至行为艺术统统收纳，其中不少都是新现代艺术家的作品。因为是大学的美术馆，所以这里也是一个带有教育属性的地方，来到这里随堂上一节现代艺术鉴赏课，绝对是超值的一件事。

约翰·汉萨德美术馆

在可调节的全皮座椅上观看欧美大片：虽然南安普顿大学有自己的影院，票价也较便宜，但是鲜少有同步上映的大片。所以当遇到感兴趣的电影时我们通常会选择市中心的电影院Showcase来观看。作为一家新开的影院，Showcase电影院不仅有更大的屏幕，最新的片源，还有更加舒适的可调节式全皮座椅，甚至可以完成有的同学在电影院躺着看电影的心愿。

Showcase 电影院

在音乐厅欣赏一场大师的演奏：特纳山姆音乐厅最初于1974年建成，于2012年改建，改建的音乐厅的礼堂由大学的声音和心灵的音乐表演振动研究所设计，提供更佳的音乐体验。在2016年，中国著名钢琴家李云迪就来到特纳山姆音乐厅，为南安普顿大学的同学们带来了一场听觉盛宴。

特纳山姆音乐厅

在新森林国家公园露营：南安普顿的新森林国家公园是个让人充满探险欲望的地方，不过少有短期旅英者会选择来这里玩，因为交通非常不方便。作为有充裕时间的学生，我会建议带上帐篷和睡袋，把烧烤炉塞到后备箱，开车去新森林野营。新森林国家公园的环境是英国野营首选地。早上起来就看到梅花鹿走过身边去小溪里喝水，那感觉棒极了。

南安普顿啤酒节

在南安普顿啤酒节上畅饮：5月份春暖花开，对于英国人来说自然是出门喝酒的好时节！众所周知英国人爱啤酒，所以啤酒节自然是热闹极了，汇集全国各地的最优选的啤酒，还有各种现场表演。在海边酒吧和陌生人一起把酒言欢，再来点儿海鲜零食下酒，每个人的心情都特别好。

在怀特岛体验最纯正的摇滚乐：夏天去参加音乐节是英国人的传统，南安普顿最有名的音乐节是"摇滚吧南安普顿"，在一天的露天音乐节上，你会体验到最纯正的传统摇滚乐，被周围狂热的情绪所感染。怀特岛音乐节更加著名，从南安普顿坐渡船只需要半小时就可抵达怀特岛，需要提前很久订票和订露营，不然会遇到一票难求的情况。怀特岛音乐节参演嘉宾一般都很大牌，为期4天的音乐节，你可以带着帐篷和睡袋狂欢4天绝无冷场！

在海边听老海军讲过去的故事：一年一度的海军节是具有南安普顿特色的节日，游行、特技飞机表演、老爷车比赛，你不仅可以坐老船出海，还可以听老海军讲讲过去的事儿，更有各种现场表演，有兴趣的朋友可以在这一天感受下曾经作为军事重港的南安普顿。在9月还有最有名的南安普顿船展——全世界最大的小船展，这就是游艇和帆船的狂欢节，你可以在这里看到最先进的快艇和最豪华的游艇，看军用船演习，提前试航一些概念船……当然，如果有钱也可以买一艘！

不来梅雅各布大学
贺梦婷

你曾在迷失的旅途中盲目追，
然后为自己醉

梦婷辗转于美国与德国两地求学中的种种时节令人印象深刻。

"两点之间直线最短"是我一直到17岁都信奉的人生哲学。从幼儿园开始，念长沙最好的小学、中学，考中国最好的大学就像是一条预设好的人生轨迹。任何偏离轨道的尝试最终都会妥协于脑子里"清晰的目标"。

直到高二的一次月考，精确的轨迹线第一次发生了偏差。由于填错答题卡，我的生物和英语两门考试的选择题成绩全部为零，年级排名第一次跌到了500名开外。可能我天生内心戏比较丰富，也可能骨子里就蕴藏着一点离经叛道，那天回家的路上，我想了很多，也重新审视了自己。我想，如果类似的意外发生在高考那天，我的人生会怎样？我一遍遍地问自己：我现在选择的道路真的是我想要的吗？我的目标真的那么清晰笃定吗？我在怕什么？怕那些世俗的眼光，还是怕让别人失望？当时的我就像鱼缸里的金鱼，当被问到"水怎么样",我却只能茫然地质疑问题本身。

十七八岁的年龄,是否值得就这样禁锢在所谓的"人生规则"之中?我开始探索除高考外的另一条道路。虽然前路朦胧,但自有迷人的神秘。6个月后,我拿到了第一张美国大学录取通知书。我相信缘分,也觉得有了它在聊天时更有谈资,就这样,没有什么犹豫,依傍在切萨皮克湾的圣约翰学院成为了我留学路上的第一站。

> 上帝为你关上一道门,又马上为你开了一扇窗。不是吗?

美利坚的天马行空

18岁的我,第一次走出国门,第一次来到人们口中的"西方世界",第一次知道在美国洗手间不叫WC,第一次听人们都说着并不是磁带里的英语,第一次坐只有接泊车那么大的飞机。当我还没来得及熟悉生活的一切时,学习的压力就随之降临。

圣约翰文理学院是美国第三古老的高等学府。自1937年起,学校一直沿用一种独特的教学制度——"巨作"制度。这种大学制度要求学生阅读和探讨众多对西方文明产生显著影响的学者的原作。内容涉及哲学、神学、数学、自然科学、音乐、诗歌还有文学。学者涵盖亚里士多德、莎士比亚、笛卡尔和爱因斯坦,等等。圣约翰的教授被称为"辅导员",在课堂中并不像多数大学一样扮演"演讲者"的角色,而是主要辅助课堂讨论的进行。圣约翰的师生亲近度及课堂讨论质量排名全美第一,学生在课后也随时可以找"辅导员"进行交流。为了鼓励这种交流,学校还特意创造了"Take a Tutor to Lunch"的独特项目,学生可以约上辅导员一起喝咖啡或共进午餐。

跟美国大多数大学不一样,圣约翰并没有现代课本,没有老师授课,甚至没有考试。学期成绩也只有当学生要求时才会公布,分数评定基于课堂讨论质量和研究论文。但不要认为没有考试和成绩评定学生就可以过得很轻松。到学期末会有一场称之为"Don Rag"的学期表现评估会。"Don Rag"来源于牛津大学,意味着教授"Dons"将批评"Rag"学生的表现。每个学期末,每位学生将与本学期5门课的辅导员同坐一间教室。学生本人只是一名旁听者,5位辅导员将轮流以第三人称的方式客观地总结及评估学生本学期课堂讨论与研究论文的质量。有时候辅导员们言辞之犀利,可以分分钟将坐在一旁的学生说哭。

上图是"Don Rag"之后我与5位辅导员的合照,原图已经找不到了

在圣约翰特别的学制之下,课堂的内容也与我之前18年所学及所接触到的相去甚远。第一堂数学课上,

我们就"什么是点？什么是线？什么是比例？"讨论了一节课。而像"三角形内角和等于180度""两点之间线段最短""勾股定理"这些在国内被当作公式公理的句子在圣约翰的课堂上都要被追根溯源地重新讨论。这种延伸到哲学、物理、生物、音乐、甚至语言课的课堂讨论机制加之文化差异，与我之前接受的中国传统教育一时间难以兼容，就如同把之前形成的世界观全部打碎，再重新建立。所以，在最初的一个月里，即便课后做再多努力，提前准备好台词，我还是只能全程"眼神参与"所有课堂讨论。幸运的是，圣约翰的辅导员们看到了我内心的挣扎，也体谅我作为国际生在美国课堂上感受到的文化冲击，他们时常在课后和我单独交流，细心呵护我自尊心的同时鼓励我在课堂上表达我的见解。

8年后的今天，我依然能清楚地记得我在课堂上第一次发言时老师和同学们充满希冀和鼓励的眼神，即便发言磕磕绊绊，大家都安静地听我说完，并报以热烈的掌声。在大家的鼓励以及我自己的努力之下，课堂上的我变得自信了，甚至还有点如鱼得水。最终我在期末所有学科上拿了A等。

在圣约翰，每一个声音都值得尊敬，每一个沉默都不会是单纯的茫然。研讨会让我意识到表达和倾听的魅力，也意识到讨论不为唯一答案，而是为每一种可能性提供途径。

我相信对于大多数圣约翰的学生来讲，在这样的讨论中，最大的收获就是学会了思考。一位已经毕业的学长写过这样一段话："通过对原作的阅读，我学到的是，在保持创造力和个性的同时，懂得谦逊，认识到自我性情和智性中的局限、褊狭甚至愚昧。"这位学长思考出了自我的局限性。而我在柏拉图的"年轻人不该学哲学"一句话中思考出了我未来的方向。

哲学在本质上是一种只有独立于实际行动的干涉，自律地进行才能进行得好的活动，但它又跟生活有着深厚的关联。哲学思考必须与丰富的生活经历结合才能做到真正的知行合一。因此离开美国到德国求学从根本意义上也是一次以体验及成长为主题的抉择，为的是经历。虽然我常常打趣地说选择德国的原因是足球（找美国同学看足球时被他们嘲笑说不能用手的比赛有什么意思。）。

德意志的躬行悟道

作为留学的第二站，德国的教育质量不需要过多的辞藻去夸耀。如果说在美国我学会了如何思考，那么德国的经历则教会了我如何生活。

来德国以前，提到德国人联想到的都是"严谨""自律"这样的词，而这些字眼多少缺了点感性色彩，不够平易近人。德国人确实特别重视规则，只要有明文规定，他们一定都会自觉遵守。如果明令禁止，他们绝不违反。在欧洲有一个段子，如果街上空无车辆，但人行道亮着红灯，站在那儿等的一定是德国人。

德国人的自律是刻在骨子里的。通常来说，足球和啤酒，只要其一就足以燃爆神经，更别说两者叠加产生的化学反应。然而我去过的所有德国球场，大到可容纳8万人的场地，进出场也从来没有见过不守秩序的德国人。即便有些人喝高了，弄脏了公共场所，他们也会清理好现场再离开。在德国人眼里，循规蹈矩是轻松的活法，具有契约精神才能获得更完满的自由，杂乱无章才会使人疲惫不堪。

不过，德国人的严谨从来都不是冷冰冰的。德国人在细节中透露着严谨，而严谨里又流露着温柔。一次和几个德国朋友准备过马路，旁边等待的是一位母亲和她5岁左右的孩子，而周围的街道空空荡荡。这时一位德国朋友说："这种情况我们确实可以穿过马路，但是旁边有小孩，他们还没有独立认知，应该给他们树立遵守规则的榜样，即便我们素昧平生。"

而我从来到德国的第一天起，就一直享受着德国人的温柔。在德国，我很幸运地认识了一个无比有爱的德国家庭，一对夫妇和他们的儿子。其实他们的儿子也是在他3岁的时候领养的，当时他的智力和身体都存在一些先天缺陷。3岁的时候还不会走路，他们花费了一年的时间才教会他如何使用刀叉。可是就是这么一个孩子，在他们的悉心照料下考上了德国大学最好的系。其实全部"家庭成员"远不止三个，最多的时候，包括我，他们家里还住着两个父母刚在非洲战乱中不幸丧生的小孩，一个来自韩国的高中交换生，一个来自津巴布韦的博士。在家中，我们都把这对夫妇当作我们的德国爸妈，每天一起吃饭，到河边散步，在小酒馆聊天，节假日一起自驾游览欧洲。他们给我讲述他们小时候的德国故事，德国文化生活的点滴。他们告诉我吃饭时刀叉摆放的形式代表着不同的含义；说谢谢时一定要望着对方的眼睛；握手时应注意的礼节；这些看似很小的礼仪细节对我未来的工作和生活都产生了深远的影响。

　　回国前一天，我坐上公交车游览这座我生活了5年的城市，算是一种特别的告别。上车时，一位德国小女孩微笑着为我扶住公车上的检票弹簧挡板。挡板的高度在我腰的位置，对于成年人来说弹力也不大，甚至在我印象里没有什么存在感。但挡板的高度正好和小女孩额头齐平，我想她可能之前被它打到过头而产生了同理心，会为身后每一位乘客扶住挡板吧。我立刻用德语说了两声谢谢，一句感谢小女孩，一句感谢她的母亲。这个国家可能还藏着许多我不曾察觉的角落，但当我无意间发现其中一点点时，也不禁觉得温暖。而一定有一种温柔，可以跨越不同的种族、文化，触摸每一个不能相互理解的生命。

　　7年留学时光，跨越三大洲，足迹踏遍近30个国家，距离超过20万英里。这段日子里，我感受到了无数生命的感动，生活的美好，也经历过很多常人没有的经历：从赫尔戈兰岛经历炸弹引爆，到爱尔兰钱包和所有证件被偷；从误闯巴黎13区，到出租车上的生死时速。我的人生哲学也潜移默化地发生了改变。我不会再为了"效率"而逼迫自己走上一条预设的轨迹。人生除了出生和死亡，中间的生命都需要自己来创造，意义都需要自己来填充。也许生活中的弯路是美好的；也许必然只是一种假象；也许随心所欲更容易得偿所愿，无心插柳更能收获惊喜。万事万物之于我们都是有原因的。人生的每一次选择，每一种体验都像散落凡间的点，总是可以在不经意间连成线，构成面，最后开出花。

18岁的我认为这个世界是主格的，总想让世界知道我是谁。然而，宣告身份是一件很容易做到的事，留下一段令人铭记的记忆才不简单。渐渐地，我发现这个世界是属格的，或许这也是《圣经》里"创世纪"的来源，创造一个我们都属于的世界。

✈ 小贴士

留学指南

1. 美国篇

圣约翰学院（St. John's College）

圣约翰文理学院一共有两个校区，一个坐落在美国东北部马里兰州的首府安纳波利斯，另一个坐落在西南部新墨西哥州的圣塔菲。大学4年相当于给予学生两次选择机会，学生在两个校区之间可以自由地转学或者选择到另一个校区交换一年。两个校区共享所有的教学课程，但由于地理位置不同，自然环境以及课余生活风格迥异。

丰富的课余活动

圣塔菲拥抱新墨西哥州北部基督圣血山斜坡，课余活动涵盖徒步、攀岩、漂流、滑雪及深山救援。

安纳波利斯依偎在马里兰州的切萨皮克湾，课余活动涵盖帆船、皮划艇、击剑及槌球等。

周边学校

人文气息浓厚的圣约翰学院马里兰校区与骁勇善战的美国海军学院的毗邻引得许多人将两者分别比作雅典和斯巴达。据传言，海军学院的指挥官在一次与圣约翰一位大一新生谈话中放言，"我们可以在任何一个运动项目中打败你们！""于是自1982年起，两校开始了一年一度的槌球比赛，这也成为了安纳波利斯这座静谧小城里最热闹的活动。具体比赛规则在此不做赘述。简单形容，这是一个犹如"观察草是如何生长"的运动。值得称颂的是海军学院严谨的态度，面对这样一个"激烈"的比赛，平日里会专门请职业教练训练，每年比赛都组织专业鼓号队助阵且盛装出席（美国槌球协会的白色西装配领带，一年一换。）。

而反观圣约翰学院呢，一周零星的参加两次槌球活动，中间也许还被哲学问题打断开始仰望星空。参赛队服也是一年一换，但是每个队员都有自己的风格。而且着装在比赛前一分钟才会揭晓，你无法预测圣约翰学院在什么时候就脱下了鞋帽，赤膊上阵。比赛态度相去甚远，比赛结果也出人意料。至今，圣约翰学院总共赢得了35次比赛中的28次，并且算上我在的那一年，圣约翰学院已经连续7年赢得了比赛。

输了槌球比赛不要紧，海军们还想在其他项目上跟我们比一比。因为美国学校规定不可以在室内吸烟，安纳波利斯的冬天又总是白雪飘零，冻得烟民朋友们瑟瑟发抖。寒风能熄灭手中的烟头，却吹不灭圣约翰学院的学生一颗爱思考、爱创造的心。在一场大雪之后，十几个圣约翰学院的学生连夜赶工，用一晚上就在学校中央草坪上完成了这个伟大的"Igloo项目"（完全用雪堆砌的冰屋，没有任何其他支架）。海军们也效仿着在校园里搭建，可惜还没封顶就坍塌了。圣约翰再一次赢了比赛！

用雪堆砌的冰屋

2. 德国篇

不来梅雅各布大学（Jacobs University Bremen）

留学的第二站，我来到了德国不来梅雅各布大学。为什么会选择这所学校呢？其实理由非常简单，我想来德国，但又苦于当时不懂德语，只能谷歌"在德国用英语授课的大学"，这个学校第一个跳出来。不来梅雅各布大学是欧洲唯一一所全英文授课，课程设置涵盖自然科学、工科、文科、商科及预备医科的私立学校。申请制度和流程跟美国大学一模一样，以至于我们这届有位同学到签证的时候才知道申请的学校在德国。全校1300名学生来自120多个国家，在校园内使用超过60种语言，即便是德国本国学生比例也不超过30%。所以完全不用担心在国外念书会被歧视，因为在学校里大家都是少数民族。在这里学习了5年最大的感受是把各个国家重要节日都过了几遍，带有各种民族特色的英文口音也都能听懂了。

《时代高等教育》称雅各布大学将在15年内挑战并颠覆传统的精英学府。对于一所历史不足20余载的高等学府来说，其优异的教学质量以及独特的校园文化，使得其毕业生不管在世界500强的公司还是在世界上的其他顶尖大学内都据有一席之地，其中耳熟能详的有谷歌、微软、空中客车、保时捷、梅赛德斯、法拉利、麦肯锡等公司，以及苏黎世联邦理工、牛津、剑桥、斯坦福、布朗、马克斯·普朗克研究所和其他名校。由于学校在全球拥有丰富的名企及校友资源，每当学生找实习的时候，教授问的并不是你想去哪家公司，而是你想去哪个国家。

我的德国家庭

由于70%以上学生为国际学生，学校为了帮助大家更好地了解德国文化和融入德国生活创立了特有的德国住家制度。通过填写问卷，学校会为每个国际生匹配合适的德国家庭。上图就是我和我的德国家庭的大合照。由于我们都酷爱旅游,我的德国家庭经常周末开着他们60年代的沃尔沃老爷车到周边城市自驾游。如果有长假,甚至会去荷兰、丹麦、瑞典等国家旅游。德国爸妈两人还曾用两个月时间开着老沃尔沃沿着"新丝绸之路"横跨欧亚大陆从汉堡开到上海。

学校一共拥有四个德式宿舍,各具异彩,使得校园文化更加丰富多彩。它们分别是第三学院(C3)、墨卡托(Mercator)、克虏伯(Krupp)和北方金属(Nordmetall)。四个不同的宿舍,有着四种截然不同的文化。每个宿舍也会根据自己的喜好,开展独具一格的活动来充实校园生活。每个宿舍都有一个主任,这个主任是在校教授。他和他的家庭也住在宿舍里,像大家的父母一样,作为同学们的人生导师。每个学生拥有自己单独的房间,但同时与另外一名不同国籍的学生成为室友住一套间。如果你的身高超过1.85米,还可以获得加长加大版的床和房间。宿舍里餐厅、运动区域、桌游室、多功能媒体厅、洗衣房等一切你生活中需要的设施一应俱全。毫不夸张地说,即便不出宿舍大门也可以生存一个月。

马黛茶饮(Club-Mate)

德国的大学并不像当时美国大学那样没有考试。每当考试周的来临,日子就需要一些鸡血的调剂。这时,Club-Mate饮料就成为图书馆自习室必备神器。Club-Mate在黑客界负有盛名,被称为黑客界的"续

命水"和黑客界的硬通货币。坊间传闻，预测一个黑客组织的大小就是通过它们 Club-Mate 的订货量来评断。

黑客界的"续命水"

足球，足球，足球！

如果你也热爱足球，那德国一定是你不容错过的地方。在德国的这些年，我几乎跟着主队走遍了欧洲球场。有时候学校还会分发免费球票给学生去现场观赛，在餐厅偶遇国家队队员，跟前德国国家队队员一

足球比赛

91

起上课,路边偶遇皇马主席老佛爷的桥段也经常上演。

德国人也挺神奇的,平日里除了个别大都市以外,街上都是冷冷清清。在小城镇走半天看不见一个人也是正常的,很多人平时都是上班回家两点一线,偏爱家庭生活。但比赛日就不同了,你会发现比赛开始前几个小时里,市中心镇中心村中心突然间不知道从哪里冒出来一大堆人,他们个个精神振奋面带红光,跟打了鸡血似的。他们穿着主队的球衣,浩浩荡荡杀向球场。即便没能去现场,比赛日当天的酒吧也肯定都是座无虚席,大伙一块儿喝着啤酒为主队加油呐喊。

邂逅丹麦

哥本哈根大学
德措

直到硕士快毕业的时候，我也从来没有考虑过要来丹麦这个国家读博士。来丹麦完全是缘分，和哥本哈根大学的鲍尔教授的缘分。当时他来我所在的实验室访问，我负责在几天的学术活动中充当翻译和向导，在接触的过程中，我被这个可爱的丹麦老头的个人魅力所打动，以至于在他问我以后的研究计划时，我非常兴奋地表示想到丹麦做我的博士课题。

我和我的博士生导师鲍尔教授

踏上丹麦的第一感觉就是冷，实在是太冷了。当时正是1月，我骑着新买的自行车，像其他风雨无阻骑车的丹麦人一样，在漫天风雪中骑了7公里才来到哥本哈根大学报到。

哥本哈根新港

相对于其他英语国家的大学来说，哥本哈根大学曾经相当封闭，但随着近年来丹麦推行高等教育国际化，加之其在欧盟内部又拥有相对良好的财政状况，越来越多的国际学生、学者选择到丹麦求学工作。

"那时候中国人很少，在丹麦街头要是遇到一个亚洲面孔，丹麦女孩子都会热情地迎上来搭讪。"一个20世纪90年代来到丹麦，在哥本哈根大学求学并工作至今的学长抱着他的两个混血宝宝对我如是说。而如今在哥本哈根大学留学的中国留学生数量激增，从原来的以博士访问学者为主，到现在越来越多的本科生和硕士生也来到哥本哈根大学学习。在整个欧洲的大学教育系统中，哥本哈根大学是国际化程度最高的

> 丹麦，
> 是世界上快乐指数最高的国家之一，
> 贫富差距极低，
> 这里求学、生活也是相当有趣的体验。

学校之一，在全校的 39000 名学生中，有 5500 名都是国际学生。而研究生的国际化比例更高，在 16818 名研究生中，有 3676 名是来自其他国家的学者，而这其中中国学生占了大多数。

每年圣诞节都本哈根大学的国际学者都会被邀请到这个有着几百年历史的学校礼堂共进晚宴，迎接圣诞，品尝丹麦的圣诞传统食物烤鸭、盐渍五花肉和酸黄瓜。

还记得我刚到丹麦的第一年，那时中国学生还很少，在街头要是看到一个背着李宁书包的亚洲面孔，我一定会激动地迎上去交换微信，而这两年随着中国学生的激增，在街头、商场遇到操着各种乡音逛街的同胞已经见怪不怪，只会平淡问好了。

我所在的院系是哥本哈根大学医学院的解剖系，它的院楼是一幢有着一百多年历史的古老建筑，墙上还挂着皇家猎场猎来的大小驯鹿角。我的博士课题在几个丹麦的合作课题组之间展开，需要经常骑车穿梭于哥本哈根老城几处不同研究所之间。在自行车的车轮上我渐渐爱上了这个安徒生笔下自然环境平静冷酷，而人民情感丰富温暖的国度，也解锁了我修理自行车的新技能。

哥本哈根大学医学院的科技日活动

丹麦是一个有着丰富近代历史的国家。整个国家密布着大大小小的古老城堡。有些城堡在我眼里可能只能称为乡间别墅，但是对于丹麦这种小国家来说，凡是大一点的古老建筑他们都称为城堡。现在这些城堡很多都被改造成了会议中心。在哥本哈根大学学习的这几年，医学院各个系、组、学院、专业的年会和学术交流会很多都喜欢选择在这些城堡中举行。有些城堡至今仍然是女王的行宫，只是在女王不在的时候开放给社会举办活动。每次到一个新的城堡参加学校年会的时候，我都会很兴奋，因为在这种富有历史感的环境里讨论科技前沿的体验是很多大学所不具备的。

丹麦人的中国情结

丹麦人对中国的好感是自古以来就有的。早在清代，丹麦就在上海设立了领事馆。现任女王玛格丽特二世曾数次到访中国，女王的丈夫亨里克亲王从小在越南和中国香港学习长大，通晓汉语和中国文化，还是丹麦收藏中国艺术品的"扛把子"。哥本哈根大学的知名校友安徒生，在其童话中，就有以中国为背景创作的童话故事《国王与夜莺》。2005年安徒生100周年诞辰时，丹麦银行还发行过一套印着汉字"夜莺"的通用10克朗货币。

在哥本哈根市中心坐落着世界上最早的主题乐园趣伏里，游乐园里遍布从19世纪末就延续至今的中国

元素，那些近代欧洲人对东方世界的幻想和不失真诚的模仿，让你仿佛置身 20 世纪 80 年代一个中国二线城市的少年文化宫。而早在 19 世纪末就有三十几个清朝人来到趣伏里，办东方风情的马戏团，开设茶馆。他们也成为了哥本哈根最早的一批东方移民。

趣伏里的中国塔以及各种中国元素装饰的小路

哥本哈根大学：成就了无数的"玻尔"

对于理工科的学生来说，最熟悉的出自哥本哈根大学的学者当属尼尔斯·玻尔。这位构建了原子轨道模型并创立了现代量子物理学的"哥本哈根学派"诺贝尔奖得主，为现代物理学打开了新世界的大门。但很多人不知道的是，玻尔除了是与爱因斯坦比肩的顶尖学者，还是一个职业足球运动员。1922 年，尼尔斯·玻尔获得诺贝尔奖时，丹麦报纸普遍采用的标题是《授予著名足球运动员尼尔斯·玻尔诺贝尔奖》。

玻尔 18 岁进入哥本哈根大学，很快就成了哥本哈根大学足球俱乐部的明星守门员，他习惯在足球场上一边心不在焉地守着球门，一边用粉笔在门框上推演着公式。大学四年级时，由于在俱乐部的出众成绩，

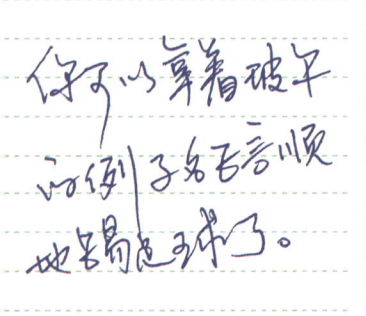

物理还和科幻迷心中的圣地——哥本哈根大学尼尔斯·玻尔研究所。在研究所外有一个装置艺术作品，一个投影仪会将欧洲粒子对撞机实验的实时图像转换后以光点形式投射到研究所的外墙上，以示对玻尔这位量子力学的先驱致敬

玻尔被选入国家队。

　　来到哥本哈根大学学习后，我才发现玻尔的故事并不是一个天才的个例。哥本哈根大学非常提倡在每日7小时科研工作之外，一定要有自己的业余爱好或者其他文体项目。著名学者胡适曾说过这样一句话："你看一个国家的文明，只需考察三件事：第一看他们怎样待小孩子；第二看他们怎样待女人；第三看他们怎样利用闲暇的时间。"我在哥本哈根大学的同事，有曾经的泰拳亚军，有曾经的国家游泳队选手，有操纵帆船的熟练水手，还有驭术了得的骑士。我的博士生导师鲍尔教授是世界胚胎移植协会主席，是蜚声世界的著名科学家，然而他同时也是一个画家。他出生在丹麦著名的艺术小镇斯卡恩，他说等他退休了，他应该会回到他的故乡，做一名画家。

我的绘画人生

我与鲍尔的结缘,除了科研外,最早也有对对方艺术气质的赞赏。我的博士同学米娅,她在得知我也是一个画家后,就对我说:"锴,不要羞于展现你在科研之外的另一面。"她也和我分享了很多她的艺术创作故事。原来她也是一个画家兼时尚设计师,在她博士二年级的时候,她曾经被邀请到美国的一个时装设计工作室设计并展示她的服装作品。

米娅推荐我去申请哥本哈根在建地铁围栏装饰项目,我抱着试试看的心态填表,申请,最后居然获批。当被哥本哈根地铁的项目主管一口一个艺术家的称呼时,这感觉实在太棒了。创作完成后,当地媒体居然还以"活跃在哥本哈根地铁围栏装饰上的国际艺术家"报道了我的创作。

在完成第一个创作项目后,在哥本哈根科研之余,我开始了我的新创作周期。我陆续创作过餐馆壁画、书籍封面、画廊纯画作,还在有数百年历史的科灵城堡举

当地媒体对我的艺术创作的报道

办的南丹麦文化节上举办了我的画展。在我博士二年级时，哥本哈根大学举办了一次"科学与艺术的融合"展览，我以中国传统的伏羲女娲创造人类文明的故事结合DNA双螺旋的构想创作了一幅画作《伏羲和女娲：生命和文明的起源》。在展览后，我在解剖系的秘书对我说："锴，我们都很喜欢你的画，请把它留下来吧。"于是我这幅画就一直挂在了我们解剖系的图书馆内，在这幢有着100多年历史的古老建筑里，见证着哥本哈根大学新的历史。

挂在解剖系图书馆内的我的画作

✈ 小贴士

不得不体验的丹麦生活

1. 同性恋游行

丹麦应该是对同性恋最包容的国家了。丹麦早在20世纪就在法律上允许了同性婚姻，而整个社会对同性恋的容忍度也很高。我的几个同学都很自然地公开表示过他们的同性取向。美国驻丹麦大使甚至还在哥本哈根市政厅和他的男友举行了婚礼。一年一度举办的哥本哈根大游行，还以各个学校企业为单位进行支持同性之爱的大游行，哥本哈根大学也会有同志朋友们组队游行狂欢，那天大街上的热闹程度堪比圣诞节市政厅广场的狂欢。

哥本哈根大游行

2. 黑面包

用原谷物制成富含粗纤维的黑面包，是维持丹麦人健硕体格和消化正常的第一良药。到现在，我每天的食物也离不开黑面包了。丹麦同学和我说，如果丹麦人离开祖国外出留学，有什么家乡的味道是一直怀念的，那一定是黑面包了吧。黑面包在某种程度上也体现了丹麦的国民特质：粗糙、简单，但是自然、健康。

3. 生蚝

对于刚来丹麦留学的的同学，最大的不习惯应该就是吃了。因为动物福利的关系，这里的猪肉不放血，超市菜市场不允许卖活鱼，蔬菜来来去去只有那么几样。大多数丹麦人对于青菜的理解就是拌沙拉酱生吃。为了满足口腹之欲，我渐渐学会了在初春生蚝鲜美的季节里挖生蚝。如果地点选对的话，生蚝根本不用挖，直接在地上捡。前段时间就有一个很火的新闻：丹麦大使馆求助，丹麦生蚝泛滥。对此，中国吃货简直是群情激昂、义不容辞，放话要"吃到你灭绝"。中国人对待生蚝的花样很多，丹麦当地人则主要是就着柠檬汁生吃。

左图为挖生蚝，右图为烹饪生蚝

马德里康普顿斯大学
游一楚

想把我说给你听

游一楚
一个坐着火车去
国外上学的少年，
解读旅行的真谛。

    不管是朋友也好，微博网友也罢，他们经常会说，很羡慕我的生活。名校毕业，周游世界，把生活过成了他们梦寐以求的样子。而我对此从来只是淡淡一笑。因为你们只看到了现在的我，并不了解以前的我，更不知道我是如何一步步成为现在的我。我并不认为现在的自己有多优秀，现在的生活有多光鲜。但回望过去，从那个小小的，出身很一般，调皮胆怯的小男孩到今天的我，确实已经在不知不觉中走了很远，也成长了很多。我不想标榜自己，更不会熬心灵鸡汤，我只想认认真真地把这一路的故事说给你听，也说给自己听。

初生牛犊不怕虎

    从小我就不是一个省事的孩子，打从对事物有记忆起，我发现自己的每一个成长足迹都是刻骨铭心的。也不能说是大风大浪，但多多少少有那么些跌宕起伏的情节。而高考的失利成了我17岁永远的一块伤疤，打击是巨大的。但也因此让我选择了一条从此改变我整个人生轨迹的路——去西班牙。

马拉加，是毕加索的故乡，是自我放逐的绝佳目的地，是最具流浪气质的安达卢西亚，跟我这一颗放荡不羁的心刚刚吻合。塞万提斯在这里写就了《堂吉诃德》，唐璜从这里开始了冒险之旅，这片阳光灿烂、充满了阿拉伯风情的土地，的确不同于欧洲其他地方。这里浓缩了西班牙的精华，地中海的明媚阳光、碧蓝天空、绚烂花朵和宜人气候。斗牛、弗拉门戈、白色的村庄、热情的女郎，这里就是最西班牙的西班牙。而我就是在这开始谱写了自己的奋斗狂想曲！

避开英语而学习西班牙语，在 7 年前是一件新鲜的事，毕竟当时在整个中国，西班牙语的毕业生也不会超过 1500 人。虽然包括父母在内的质疑声有很多，但我已毅然决然地准备前往西班牙，而母亲在我走前只对我说了一句话"你去了之后一切都得靠你自己了！"

没有经历过背井离乡独自在外打拼的人，的确是永远无法想象其中的辛酸。不久前，我看到朋友圈里疯传的一篇文章《你还记得你出国后的第一滴眼泪

学习

吗?》是呀！回想起当初，实在有太多令人回味的情节。抵达西班牙那天是我18岁成年的日子，还没来得及享受成年的喜悦，就经历了被房东爽约。当时的我，拖着两个行李箱在机场徘徊，孤独无助，没有家人，也没有朋友，只能一个人偷偷地抹眼泪。除了生活上的磨难，学业上也是困难重重。繁重的学业使啃着三明治复习到图书馆关门成为了家常便饭。大三备考德语的时候，我每天学习超过12个小时。高效、高强度、不走神、不偷懒。上课在背单词，吃饭在背单词，如厕在背单词，连睡觉都在默背单词。不上网，不闲聊，没有任何娱乐，甚至连洗澡都觉得太浪费时间。82天的自我封闭式的德语学习，让我如愿以偿地申请到欧洲大学交换项目的奖学金，拿到了前往德国慕尼黑应用技术大学的交换名额。

留学生活就像一个调味瓶，酸甜苦辣都有。只有努力融入到当地文化里，才能感受到甜。感谢它成就了今天的我。

不一样的西班牙体验

西班牙除了圣诞节外最重要的节日就是圣周。圣周，是纪念基督生命最后一周的事迹及其复活的节日。在这个节日，最不可缺少的一项活动就是人们会把马拉加教堂里所有的神像（包括圣母玛利亚的坐像、耶稣受难的神像等）都抬出来游行，供人参拜。这些神像有的出自雕刻名家之手，有的是拥有百年历史的古物，是西班牙人的精神寄托。

作为为数不多的外国人，我很有幸曾经也去抬过神像。当时是圣周游行的前几天，我突然接到一个马拉加大学同学打来的电话，邀请我一起去抬神像。就这样我获得了一次意想不到的非凡体验。

游行日的早上，我先来到教堂，换上做礼拜的黑色基督教服。然后和包括我朋友在内的其余四五十个抬神像的当地人一起，来到要抬的耶稣救赎神像旁各自就位。紧接着，一位传教士走过来，向我们传授要领：抬、举、走，全部都由走在圣像前列的那个人手里的小铃铛来指挥，不同的铃声次数代表着不同的动

圣周穿着基督教服准备抬神像

作。我反复演练着每一个动作，生怕在路途中出什么纰漏。游行正式开始了，抬像人一起用力托举，3000多公斤重的圣母玛利亚像拔地而起。当我们抬着的耶稣救赎像经过街道时，沿街群众开始激动地大喊大叫，有的信徒嘴里还吟唱着赞颂耶稣和圣母的歌曲，整个场面庄严而又虔诚。整整10公里的路程，是耶稣的一次救赎也像是人们精神的一次救赎！

拾起背包，唤醒自由

　　初到西班牙的我，对所有的事物都充满了新鲜感。好奇心驱使我想去探索世界的各个角落，所以第一年我就开始了零零散散的出行计划，那一阵我管它叫旅游。和小伙伴们一起，有说有笑，那是学习时光外最好的放松方式。而为了去往更多的地方，我开始自己挣旅游费用。我教西班牙人中文，在咖啡厅做服务生，进国际青年组织，等等。但渐渐地，我发现仅仅以旅游的方式来认知这个世界实在是太遗憾了。旅游应该变为旅行，不仅仅是走过一个地方，而是用脚步去丈量未知，用真诚去感受心灵。于是我开始了我的背包客之旅。

　　谷岳搭车去柏林，法国人卡卡骑车回巴黎，英国冒险家格拉汉姆·休斯不坐飞机也能走遍全世界两百个国家，而我在德国交换的那一年，独自完成了一趟梦了14年的欧亚火车穿越之旅。那真的是鼓足勇气，耗尽力气，放肆去追寻的一次。在我的眼中，火车它从不是一个只被铁皮包裹着的冷血机器。它是我每次旅行中陪伴我的朋友，我青春里不可分割的一部分。有人问为什么是火车？我觉得火车跟旅行是绝佳搭配，它不像飞机那么快，也不像骑车那么慢，这样刚好。我喜欢当下快节奏时代里夹杂的"慢精神"，时光不会催促，就是在旅行中让每一段时光成为经典，沉于心底。

那一年，我旅行国家的总数超过了50个，我痴迷于旅行一发不可收拾。我随十字军的脚步东征过巴尔干半岛，凭三毛的灵感前往过撒哈拉腹地，忆苏联往事毫不顾忌地去过切尔诺贝利核电站，也亲临过巴以冲突的弹丸之地。我在旅行中学习，也在学习中旅行。

在我看来，世界上没有说走就走的旅行，旅行的过程并不总是一帆风顺的。如果你觉得，随便买一张单程机票就可以潇洒地走世界，那你就大错特错了。也许你误会了旅行和旅游的区别，说走就走的那是旅游度假，旅行并不能说走就走。真正热爱旅行的人很明白自己为什么需要这样一场旅行，通过旅行可以重新审视自己，也更能看清未来的道路。

一场修行一场梦

从德国交换结束回到西班牙，我很意外地与《一站到底——世界名校争霸赛》结缘了。从面试到被选中再到前往南京参加录制，一切都像一场梦一样。也许对别人来说这就是一次简简单单上电视露脸的机会，

旅行

但对我而言它是一个证明我多年努力的舞台。而且要感谢这次电视之旅，让我有机会与优秀的同辈们交流学习。所谓"近朱者赤，近墨者黑"，这句古话不无道理，这群来自苏黎世理工大学、伦敦政经大学、日本早稻田大学、清华大学等名校的同学们，给了我很多的启发。我想，我也是时候最后一搏了。

没有一点犹豫，我快速地决定了我的下一个目的地，西班牙最顶尖的公立大学马德里康普顿斯大学。这个拥有700多年校史，诞生过7位诺贝尔奖得主，西班牙综合排名第一的学校，一直信奉：自由之光照耀万物。这难道不是我崇尚自由的绝佳之地吗？

为了这个目标，我开始了"两耳不闻窗外事，一心只读圣贤书"的大四生活。我准备申请康普顿斯大学的MBA，但是从旅游管理转型商科并不是一件容易的事情。要怎么样才能在一千多人的申请者中脱颖而出？也许只有埋头努力了。那一年，我考了GMAT，考了 IELTS，努力提高 GPA，但结果充满了偶然性，每一个人都像在买彩票，期待公布结果发现自己中奖的那一天。很幸运的是，我中奖了。

在参加完本科学位授予典礼之后的 9 月，我如约来到了马德里，来到了康普顿斯大学，来到了心中最理想的 MBA。要知道全班 35 个人来自 13 个不同的国家，中国人只有两个，而我就是其中的一个。强烈的民族自豪感油然而生，同时我也知道我会在这里找回属于自己的一片蓝天。

转战商科又是一次艰难的战斗，从企业管理到市场营销，从商法到财报，每一次都是全新的挑战。那个当年埋头自学德语的我好像又重新回来了！一年后我又以优异的成绩被推荐到英国杜伦大学商学院交流。都说杜伦的学生都是曾经一心要去牛津、剑桥但没去成的。换言之，许多不幸没考上牛津、剑桥的尖子生，

求学于英国杜伦大学

都"流落"到了杜伦。我在杜伦结束了我总共6年的留学生涯。那段杜伦岁月至今还历历在目。开学典礼上大教堂的钟声还在我耳边鸣响,穿上黑袍像哈利·波特般穿梭在校园的日子也好像只是昨天。

写在最后

从一个三本生到排名世界前一百的名校研究生,从中国到西班牙,从西班牙再到德国,再从德国到英国,我的每一次选择、每一个决定,甚至每一次哭、每一回笑,都是刻在己身的烙印。我想奋斗的结果应该就是我现在活出的样子。奋斗就是这么个过程:当时不觉累,事后不会悔。走一段再回头,会发现一个更强的自己,如凤凰涅槃般重生。

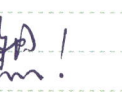

绝大多数人都喜欢把奋斗跟"苦逼"画上等号。而我觉得用来描述奋斗体验最贴切的形容词叫作"燃"。我"被迫"奋斗的那6年,是青春中最"燃"的时光。一个本来眼界最远到眼睫毛的、平凡甚至平庸的生命,因为奋斗带来的正能量,突然对未来有了更大的渴望。这份渴望鞭策着自己,一次次去更新对自身上限的认知,让自己知道自己可以有多强。奋斗并不一定会让我们直接富有,但是奋斗有一个百分之百会发生的好处,叫作成长。成长后的我们,自然会升值。如果,你的人生还没有燃过一次,应该找个自己喜欢的事情,试一试。

现在的我已经能够心平气和,毫不勉强地感谢我所经历过的一切。我感谢自己的选择，每一次都是最好的安排。无怨无悔，不骄不馁。我消沉过，痛哭过，但万幸的是还能鼓起勇气，重整旗鼓。现在的我，还在路上，还在努力，从未停止，也永不停止。我自己的人生，需要握在自己的手里。

埃及散句

小贴士
马德里：一场美食的嗔痴

马德里是很多旅行者提起最爱的欧洲城市时，最喜欢称赞的。而想要成为马德里的一分子，融入这座城市的角角落落，光是观光是不够的，你需要去切身感受，去体验至拂晓的美丽夜生活。

"要不是非得在纽约工作，我会住在马德里。"1983年，安迪·沃霍尔如此评价这座迷人的城市。在马德里永远不缺的就是吃，光学校周边的美食就足够让你沉醉。但其中最让人垂涎三尺的还是那价廉物美的西班牙菜。

1. 小吃 Tapas

如果第一眼印象能决定你对某物的爱憎，那么我

Tapas

想所有的小吃都是在"色相"上做足了功夫。甚至可以说，它代表着一种生活文化的美学。在西班牙语中，Tapas是盖子的意思。Tapas的诞生要追溯到17世纪。当时西班牙南部的安达卢西亚人喜欢在野外用餐，喝酒时也常常会配着一些下酒菜，因为酒的果香很容易招引蚊虫，所以他们常常会用片面包或者是杯垫盖在酒杯上以驱赶蚊虫，上面再放上一些小点心，久而久之这种小菜就被称为Tapas了。而随着时间的流逝，Tapas也渐渐从下酒的小点心演变成一种全国风靡的西式料理风格。

香辣味马铃薯、火腿炸丸子及蒜蓉香辣虾都是Tapas的精品。与多数以料理为主、酒类为辅的饮食方式截然不同的是，Tapas与酒，是以酒为主，Tapas为辅，每份菜分量都是少少的。

2. 冷汤 Gazpacho

西班牙烹饪的精髓在于选取上好的食材，并且尽可能地不干扰它们的原汁原味。沙拉就是这之中最好的代表。简简单单的时蔬配上新鲜的金枪鱼再浇一点

当地的橄榄油和果醋便成了每餐的头盘必备。

除了沙拉，在西班牙菜肴里还有一道撒手锏——蔬菜冷汤。集西红柿、黄瓜、青椒、大蒜、橄榄油、果醋、水、面包以及其他时令蔬菜简单混合制作而成。炎炎夏日，马德里市民喜欢食饮一些凉汤来达到解暑降温的目的，在所有的冷汤中，最受欢迎的非冷面莫属。然而，这种冷汤最早却不起源于马德里，而是起源于更加炎热的西班牙南部。在西班牙南部的田间地头，当地的农夫为了在劳作时不至于中暑，发明了这一道清热降暑的菜肴。除了解暑降温，毫无疑问它更是一道相当健康的美食。在马德里最适合吃这道蔬菜冷汤的地方便是位于Chueca酒吧街的各式小餐馆，一碗蔬菜冷汤配上一杯莫吉托酒，给燥热的夏天带去一丝凉意。

3. 海鲜 Mariscos

在几个世纪前，海鲜逐步成为了马德里饮食文化中最受欢迎也是最重要的组成部分，海鲜文化一直延续至今。说到海鲜，西班牙当然有它骄傲的资本，且不说它是整个欧盟第二大的海鲜出口市场，"海鲜饭"

115

更是西班牙的招牌国菜。与法国蜗牛、意大利面齐名，被评为西餐三大名菜。黄澄澄的饭粒，名贵的香料藏红花，饭中点缀着无数的虾子、螃蟹、黑蚬、蛤、牡蛎、鱿鱼……热气腾腾，令人垂涎。

　　海鲜饭固然美味，但下面我要介绍的是马德里最大众的海鲜——鱿鱼。据说，产自地中海的鱿鱼比其他任何地区的鱿鱼都肉肥，味美。去马约尔广场吧！去那，穿插在大街小巷里扑鼻而来的香味永远是炸鱿鱼圈的。炸鱿鱼圈，顾名思义就是用面粉包裹鱿鱼油炸而成，地地道道的地中海美食。随便走进一家餐厅或者咖啡厅都会提供这道菜，跟当地人并排坐在一张桌子上，没有位置就站着。新鲜炸好的鱿鱼圈，吃之前滴几滴柠檬汁或者找服务员拿些番茄酱，一方面可以去油炸的油腻，另一方面可以增加点酸酸甜甜的不同味道。或者夹着美味的法棍，再配上一杯啤酒，堪称绝妙的美味。在西班牙，跟啤酒绝配的不是炸鸡，而是鱿鱼圈！

炸鱿鱼圈

美洲篇

美国

约翰·霍普金斯大学……119
麻省理工学院……160
斯坦福大学……183
纽约大学……237
杜克大学……271

哈佛大学……129
芝加哥大学……172
耶鲁大学……200
哥伦比亚大学……261

加拿大

英属哥伦比亚大学……280

关于约翰·霍普金斯大学的那点事

约翰·霍普金斯大学
蒲熠星

我把我的微信签名改成中二无比的一句"我已看穿我的一生"的时候，我是真的这样想的。那是我正式开始准备申请留学的时候。

"信息不对称"这五个字横贯了我的大学生涯。在中学时期习惯了问题都有标准答案的我满心焦虑，好像我做任何决定之前，都没有时间去找到解决问题的全部条件。但指针在走，人也在走，每一个决定在我焦虑之后也似乎并没有留下太深的痕迹。

我能感受到我的变化，比如我开始接受问题没有标准答案，甚至没有最优的选择。自以为的最优解，是它最能安慰自己。即便是这样，我依然不能停止焦虑，因为很多事情我都想不清楚，或者说，没想清楚。

不知道你们是否也会时不时有这样的焦虑，反正在我写上面这200字的时候，我就是怀着这么一种焦虑的心情，但是这个风格我有点续不上了，我还是聊点别的内容吧。

我申请的硕士是金融硕士（MSF），全称是 Master of Science in Finance。这其实是一个有一点尴尬的专业。其一，衡量一个商学院的水平，其实主要是看这个学院的 MBA，像 US News 上研究生金融方向的排名都是以 MBA 学位为导向的，而 MBA 基本上都是需要工作经验的，这对于申请者来说是个硬门槛。其二，金融的硕士项目很多都不是纯金融，而是会跟计算机、数学或者经济等挂上钩，比如有的数学学院会有金融数学，有的工程学院会有金融工程。

于华盛顿史密森尼博物馆

所以金融硕士这种不需要工作经验，不太涉及计算机、数学这种偏量化内容的硕士项目，其实不太符合美国社会对商学院的认知，因此很少有美国人会在本科毕业后直接去读一个金融硕士，绝大多数都是工作几年之后去读 MBA。在很多美国人的心里，其实是没有金融硕士的。这也导致了美国大学开设 MSF 项目的商学院太少了。

约翰·霍普金斯大学的 MSF 项目

综合排名前十的学校里，开设 MSF 项目的商学院除了普林斯顿、MIT，再下来就是约翰·霍普金斯大学了。其中普林斯顿的金融硕士应该是唯一一个没有争议的项目，可以说是金融硕士里唯一一个能完全被老美价值观所接受的项目，MIT 的金融硕士项目相比普林斯顿口碑会稍微差上那么一点点，那么剩下的 MSF 项目，是肯定有争议的，项目水平到底怎么样也就见仁见智了。争议点无外乎两点：一是作为商学院的项目却不要求有工

约翰·霍普金斯大学商学院

参加华盛顿大学生春晚表演街舞

作经验；二是国际学生多，而造成这个现象的原因其实上面也已经说到了。

约翰·霍普金斯大学商学院的项目，内容设置本身不错，真的愿意学的人还是能学得到东西，能够有所收获。只是，这个商学院的确太年轻了。国际学生确实很多，但我也的确没有看到素质很差的学生。学院里有清北复交等国内名校的同学，也有本科毕业于普渡、香槟、UCLA的朋友。能不能有所收获，还是看个人。

约翰·霍普金斯大学的MSF项目课程不会太量化，但部分课程也会涉及基本的数学和计算机内容，比如金融建模、公司金融、财务分析，等等。约翰·霍普金斯大学的教学方式跟国内最大的区别是特别强调案例教学。部分课程会分配某个公司或者某个案例给你，比如金融建模做估值模型就给了我一个听都没听说过的铁路公司。部分课程会让学生自选公司或者案例，投资学我就选了美国第二大移动运营商 AT&T，因为届时刚刚曝光 AT&T 收购华纳这个事情，我个人很感兴趣，就选了这个公司。课业压力总的来说并不算太大，但如果想学东西总会找到很多事情去做。

申请 MSF 最基本的注意事项

申请商学院所需要的材料不外乎就是简历、个人陈述、推荐信、语言成绩和 GMAT 考试。和其他留学项目相比，最大的不同就是把 GRE 换成了 GMAT。GMAT 简单来说就是商学院的研究生考试，作为审核申请者的指标之一，好一点的商学院一般都会要求 GMAT 成绩，像伦敦大学学院（UCL）虽然作为英国 G5 之一，但之前有段时间商学院项目不需要 GMAT 成绩也是因此受争议了很长一段时间。跟其他材料一样，GMAT 分数并不是硬性指标，不是说这个考试过了多少分就一定能上什么样的学校。但一般一个项目会在网上公布之前历年录取学生的平均 GMAT 成绩，可以作为一个参考。约翰·霍普金斯大学 MSF 的平均成绩似乎是六百八十九的样子，因为中国学生比较擅长考试，所以一般来说你得考得比这个成绩高……我当时只考了 710 分，但我准备时间也只有一个月，不过基本也够用了（因为客观来说，GMAT 上 700 分意味着你基本上打败了全球 90% 的考生），就没再继续考。我的确是没有做好计划，所以复习时间很短，希望后来人引以为戒，早做准备……

关于语言成绩，其实有托福跟雅思两种选择。一般来说，申请英国考雅思，申请美国考托福。但其实我当时了解到的情况是，英国那边明确声明了不认托福成绩，但美国这边 Top100 的大学里基本上有 90 所大学都是认雅思成绩的（现在具体是什么情况还请自行了解一下。）。所以当时英美两国学校都申的我选择的是雅思。两门考试的难度，如果不考虑单科成绩的话，主观上雅思的确要比托福简单一点，因为总分 7 分这个水平对于中国学生来说，难度的确不大。但在英国，很多好学校都是会要求单科成绩的。像剑桥、牛津肯定需要 4 个 "7" 没得说，伦敦政治经济学院（LSE）、伦敦大学学院（UCL）、帝国理工可能部分专业会允许一两科 6.5 分（大概是这么个情况）。而对于大部分中国考生来说，阅读听力因为可以靠刷题，拿高分上 7 分是没太大难度的，关键就是口语和写作上 7 分就相对非常困难。但是，在美国，我观察到的情况是，绝大多数认雅思的学校，都没有对雅思小分的要求，7 分总分足以应对大多数学校，所以我其实很纳闷为什么申请美国学校考雅思的人这么少（这部分情况可能并不客观准确，欢迎指正。）。

GPA 当然越高越好，但也并不是说有多少分以上就一定能进什么样的学校，这也是参考指标之一，不过大学里还是尽量好好学习，这个指标越好看越好。个人陈述尽量要有自己独特的想法。商学院相对会更

巴尔的摩校区门口

加看重工作经历（实习），实习公司有名固然好，但也不是必要条件，最重要的是一定要从简历上明确地看出你做了什么样的事情，得到了什么样的结果，尽量用数字直观地表明。推荐信一般来说是学校的老师出一封，之前在实习公司指导实习的老师出两封，不一定是要很牛的人，但一定是要了解你的人。以上大概就是申请 MSF 最最最最简要基本的注意事项。

我的华盛顿生活

约翰·霍普金斯大学商学院的 MSF 项目有两个校区可选，巴尔的摩和华盛顿哥伦比亚校区。这两个校区到底哪个好，这个问题真的见仁见智，一千个商学院学生有一千个哈姆雷特……巴尔的摩是商学院主校区，很多商学院的活动也会优先在这边举办（但跟约翰·霍普金斯大学的主校区不在一起），华盛顿又是美国首府，两地其实隔得也并不远。但以过来人的经验来说，华盛顿不好的地方在于，生活成本真的太高了。

约翰·霍普金斯商学院的华盛顿哥伦比亚校区位于华盛顿市中心，离白宫就10分钟的脚程。说是校区其实就只有一栋教学楼，压根没有校园的感觉。由于没有校园，所以，也是不会有宿舍的，都得自己租房。在DC租房一般有两种选择：住在市内，或者住在弗吉尼亚州的阿灵顿，也就是里根机场附近。住在市内的话，一间一室一厅的公寓基本上是2000美元／月的价位，一般是两人合租，一个睡卧室一个睡客厅，人均1000美元左右。市区内大部分公寓都自带洗衣机、烘干机，房租涵盖了水电空调等，但房间都非常小，部分老旧一点的公寓会便宜一点，条件也相对稍微差一点。阿灵顿那边听上去很远，但离市区也就十多分钟的车程，并且有地铁，还算方便。阿灵顿地区房租相对便宜一点，人均800美元左右可以租下来，关键是房间很大，我同学的卧室比我整个家都大上一圈。但基本上不包水电，大部分没有单独洗衣机，而是一个楼层一个洗衣房，就像美剧里面一样。

华盛顿是典型的东部城市。东部沿海是美国最早被开发的地区，也是经济、政治最先繁荣的区域。华盛顿的城市规划很紧凑，公共交通也很发达。除了西边的乔治城，城区里建筑风格都很统一，走在外面压根看不出房子是用作什么的，饭店外面装修的像银行一样。整个城区其实很小，地铁也很方便。如果是在洛杉矶，没有一辆车基本上寸步难行，因为建筑很分散。

但在 DC 不一样，没有买车的必要，我同学买了也很少开，城里停车比打车贵。还有一个问题是，城里是不需要开车的，但中国超市在很远的地方（弗吉尼亚州往西），没有车的话是肯定去不了的，我跟我舍友之前是蹭舍友同学的车一起去。

再下来就要说到吃的问题。这边的外卖是很贵的。首先食物本身就贵，还要加上配送费和小费。下馆子也贵，美国这边只要跟人工沾边的东西都很贵，在外面如果不是麦当劳、赛百味（DC 城里没有必胜客和肯德基）这种快餐，一个正常餐厅里吃个汉堡，算上税和小费人均 15 美元算便宜的了。如果是去吃中餐，平均一人一个菜，人均就得 20 美元往上。所以自己做是最实惠的选择，我也是在不得不做饭的情况下才感觉到自己准备一日三餐是件多麻烦的事情。这也是我为什么念念不忘中国超市的原因，因为那里可以买到速冻水饺。刚去 DC 的时候我跟舍友都不会做饭，吃了一周清水挂面加酱油。一周之后在尝试了各种美国超市里买的奇奇怪怪的速食后，炒上了鸡蛋，开始摄入动物蛋白。一个月后，炒上了培根，终于正式吃上了肉。不过我对做菜的理解仅停留在把食物弄熟并且跟调料搅拌均匀的层面上，因此，我做的所有菜，猪肉、牛肉、鸡肉、鸡蛋，不管是烧还是炒，都是老干妈的味道。

这些就是我的一些经验分享。前 200 字很走心，但写起来太累。而且对于我这种业余人士，写作灵感这种东西真是可遇而不可求。

其实长久以来，我总是有一种一手好牌打烂了的感觉，回首去看觉得所有事情都有提升的空间。但事已至此，话也出口，生米煮成熟饭，斜船到了桥头，也只有扛着不完美的过去，硬着头皮走下去。

最后感谢耐着性子看完这 3000 字流水账的你们，希望你们可以把握手中的机会，在合适的时间点把事情做到最好。

> 能够承认并接受自己的不完美，这本身便是一种成长。

哈佛大学
王渭博

努力强大自己，你不要成为别人

在搜索引擎上打出"我如何才能进入哈佛"，网友们往往会告诉你：家里要财力雄厚、本科清华北大，甚至还要吹拉弹唱样样精通……但说出这话的，多半都是对哈佛不甚了解的人。就像你总是能在朋友圈看到诸如《哈佛的二十条校训，句句扎心》此类有关哈佛的鸡汤励志文，但实际上哈佛的校训只有一条——"要与真理为友"。

诚然，哈佛作为世界顶尖学府，有经天纬地之才的学子不计其数。但这并不意味着哈佛会将你拒之门外，就算你人生的起点毫不起眼，也不妨碍你追求心中更美好的世界。

我大概就是很多家长眼里"输在起跑线上"的小孩：初中成绩倒数，高中上的是美国最小的高中，大学上的是美国最便宜的大学，和国内从"地狱"般的高考中脱颖而出的名牌大学本科生在学习方面的基本

> 不管是哈佛的"二十条校训"，还是"凌晨四点的哈佛图书馆"，尽管都已经被证实为"善意的谎言"，但是哈佛学生的努力与拼命都是举世公认的。

功是不能比的，我只能用我全部的勇气，拿出所有的努力，朝着哈佛拼下去。

比如说，那时我经常听到同事们说经企管理研究生考试（GMAT）没有任何难度，只要是从中国来的学生都会拿高分。但是我在国内只读到高一，并且当时的理科成绩只能算中等水平。第一次参加GMAT考试由于经验不足，自以为准备充分，分数却给我当头一棒；第二次用力过猛，却也没得到想要的；在奔向哈佛的路上，我三战GMAT才考出了720分的成绩，但就是这样的我，也依然进入了录取率只有7%的哈佛商学院。

哈佛挑选学生主要看三点：学习能力、领袖潜质和个人品质。学习能力通过GMAT（哈佛的平均分在710以上）和本科GPA来判断，领袖潜质很大程度上考量考生的工作经验，而个人品质是难以用数字或资本来证明的，你首先要成为最优秀的自己，才能成为哈佛的一员。

虽然我的成绩还不错，但报考哈佛的人，个个都是GMAT700分以上，GPA3.5以上，我这些成绩根本不值得炫耀。所以我在简历中突出了我与众不同的优势：工作经验和社会活动。在联合利华，我是Degree、AXE和Dove三大拳头品牌的实习生；在戴尔，从公司内部统筹分析到美国区物流经理，24岁便成了掌管8亿美元的全球供应经理，3年升了两级。

我把这些都在简历中不过分张扬地表露了出来，让哈佛看到我节节上升的潜力，这也符合哈佛培养未来领袖的宗旨。

哈佛大学的名气之大、杰出校友之多，其实我在入学前早有耳闻，但是到了学校之后，我才慢慢地体会到它有多么大的价值。在哈佛的两年里，几乎每星期都有两三位经常在电视、杂志上出现的风云人物到学校来演讲。我印象比较深刻的有摩根大通董事长杰米·戴蒙、戴尔创始人迈克尔·戴尔、澳大利亚前首相霍华德、花旗集团总裁潘迪特、中国招商银行行长马蔚华……他们都是极具魅力的领导者，也时刻提醒着每一代的哈佛人任重道远，要勇往直前。

在哈佛商学院有这么一个笑话，如果当年录取了巴菲特，那我们就都有全额奖学金了。没错，巴菲特曾经申请过哈佛商学院，但没有被录取。可是，正是这位没有被哈佛商学院录取的亿万富翁，现在每年都要见一见哈佛商学院的学生。投身工商界的MBA们谁不想见巴菲特先生呢。因此，每年哈佛都要为此抽签，看看谁能有幸去见巴菲特。

可能是因为那一年新年有虔诚的祈福，在全年级大部分人都报了名，并且还要进行二次筛选的情况下，我居然被选中成为25个能够去见巴菲特的学生之一，假如当时我发条微博，得有好几万的转发量来蹭运气了，可惜当时微博还没有兴盛起来。要知道，和巴菲特共进午餐是需要在拍卖会上拿出百万美元才能享受的活动，能够当面聆听他的教诲，那可是收获了一大笔无形资产啊！

在中国，学校一般以学生的期中、期末测试成绩来判定学习的优秀程度。但哈佛商学院既不用百分制，也不用 ABCDE 的等级，而是把所有人的成绩分为一二三等，而末尾约 10% 的同学，即使是 90 分或者更高，也只能拿到三等。因此，在哈佛商学院，学习成绩"及格"这个概念是不存在的，即便在你看来自己已经足够优秀，还是不一定拿得到毕业证书。三等成绩拿得太多就会被扫地出门，但哈佛又不会公开每学年究竟是哪几位学生拿到了三等成绩。所以，如果想顺利毕业，就要时刻提醒自己不能松懈。坊间传闻，哈佛的学习气氛很奇妙，大家既拼命学习（因为稍有不慎就可能得III而滑落"深渊"），而又团结互助不会出现两极化（"优生差生"之分），因为大家都不知道谁得了多少分。现在，我想大家应该都能理解是怎么一回事了。

我个人对哈佛商学院"残酷"的评分制度，其实异常感激。因为没有它，我就不知道什么是精神上的压力，也锻炼不出沉着抗压的心理素质，我说不定还会觉得拼尽力气换来的哈佛求学不算完美。

最后我想说的是，在美国留学的中国留学生们，毕业以后很多人会选择在美国找份工作，拿到绿卡，然后在美国定居。部分精英们"留学"的最终目的，就是"留活"。我为我们的国家感到惋惜，因为中国需要人才。但我也十分尊重每个人的选择，我们的国家现在越来越强大，会有越来越多的优质人才选择回国，不远的将来定能成就聚集天下英才的盛世图景。

1998年申请留学签证的时候，我就和签证官说，我在学有所成之后要回国建设，作为一个男人，履行承诺是最重要的事。我在美国的15年中，前前后后有过6次拿绿卡的机会，但都被我放弃了，因为我始终想着为祖国效力。即便我没有显赫的家庭背景，没有万贯家财，但对我而言，我留学的目的就是为了能更好地为国效力，我想通过我学到的尖端的知识和经验，哪怕是一点点也好，能让我们祖国因为养育了我而自豪。

这就是最好的于智博，你不要成为别人。

✈ 小贴士
我眼中的哈佛

虽然哈佛图书馆没有网上盛传的那么"高朋满座"，

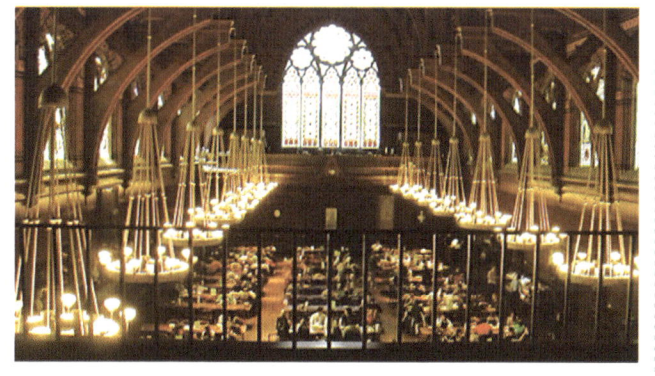

哈佛图书馆

但在哈佛，用功读书的人还是占绝大多数。由于哈佛是开放式校园，图书馆经常会有游客前来。所以，在这里，你会看到未来世界上最优秀的人所组成的风景。

不夸张地说，现在无论是哪一所国外名校，都能看见不少华裔面孔。华裔学生普遍都比较用功，他们拥有出众的学习能力和优秀的思考习惯，做什么都不会太糟。

在哈佛，每个人的兴趣和思想都会最大程度地得到尊重，如果遇到外国同学和你吐槽中国的雾霾、堵

和哈佛的同学们在一起

车等等问题，不妨坦诚接受，然后大方回应，就算有观点的冲突，也不会妨碍你们日后成为好朋友。

下面这张照片是当年从哈佛毕业时的留念，我是唯一一个身披国旗的毕业生。

这面国旗当时在美国已经跟了我 12 年，从 1998 年到 2009 年。国外求学的 12 年，我变得更强大，也发现了自己更多的可能，但我从未忘记，我爱我的国家。

哈佛毕业照

哈佛大学
郭原池

从中国诗到哈佛梦

让我们从一个美丽且浪漫的爱情剧开始。小时候偶然看过一部韩剧，叫作《爱在哈佛》，从此，我开始对这所伟大且神秘的学校心生向往，每一株草，每一束花。我愿以我的诗、我的照片、我的心向读者展现不一样的哈佛，不一样的哈佛梦。

秋

初秋的哈佛校园

第一次来到这里是8月底进入9月，秋悄悄来了，我第一眼接触的哈佛就是金色的秋。丰富的色彩，枫叶如金子般的绚烂，路上绿色夹着金黄的"毯"，映入眼帘的便是直到高远的蓝天与淡云。嫩绿的叶衬着金黄色的花蕊，黄绿分明，妆点秋意。瞬间你会为之震撼，很美，难忘。想必苏轼老爷子的"一年好景君须记，最是橙黄橘绿时"就是说的这个吧。

查尔斯河是马萨诸塞州东部的一条长约192千米的河流，源自霍普金顿，向东北方向流过23个镇、市后，在波士顿注入大西洋。河流的名称来自英格兰的查理一世，它是哈佛大学、波士顿大学、布兰戴斯大学和麻省理工学院的母亲河。通常我下了课会一个人静静地沿着查尔斯河畔散步，从河的上游走到下游。真的，这里的美让人不能相信自己的眼睛：一排排婀娜多姿的树儿在水上欣赏自己的身影，这是秋的景吗？让人感觉进入了梦幻仙境。你看那金色的查尔斯河畔，落日的影子荡漾在水中，真的好美，那一对对情侣好甜！

查尔斯河

渡舟朝雨烟逸阁，黄云曙色晚钟和。

毕竟早秋九月景，映日更若四时同。

夕阳惟照水天线，晚风拂柳间水舶。

鸿雁不闻河畔语，岸边游子吟离歌。

今日乐相已共醉，岁月如梭易蹉跎。

——郭原池作于秋9月

查尔斯河畔

晚秋，那醉人的景色

　　然而，金秋时节匆匆流过，比较引人注目的也只有即将化为泥土的霜叶和树上孤独的残花。我能做的，只是收藏秋天的最后一缕香，还有独特的景。晚秋之时，天气渐凉，落叶欢送着秋的远去。放眼远眺，诱人的枫叶红的似火、黄的似金，落叶如金色的地毯铺天盖地。于周末，邀三五好友或携几位亲人，趁着初冬的寒意还未来临，和着晚秋的脚步，置身于画中，领略秋的诗情画意。哦！10月就要准备期中考试了，good luck……

晚秋

早闻桥湾景，遂愿登凰台。

目极环水伺，舟楫摇曳开。

欲涉残阳处，烟波天烬外。

秋韵文字故，清风捎叶来。

——郭原池作于秋10月

晚秋的哈佛校园

冬

秋过了便是冬。作为美国东北部最古老的城市，波士顿有着典型的美国东北部气候特点。这里的冬天保证可以带给你最纯正的大雪纷飞！波士顿地区的冬天奇长无比，平均每年冬季都有五六个月，2017年波士顿的冬季气温更是徘徊在0摄氏度到零下10摄氏度之间。在波士顿如果看到下雪或下雨，气温是会上升的，很奇怪吧！但是事实就是如此，雨雪正是由于大西洋上温暖潮湿的海洋季风吹进了内陆造成的。雪一直下，早晨醒来，雪积了厚厚的一层，在阳光的照耀下，闪着明晃晃的亮光，晃得我睁不开眼。2017年冬天的雪比以往冬天的雪更厚、更松软，脚踩在雪上，发出一阵好听的清响，正是李白笔下的"地白风色寒，雪花大如手"，美妙的感觉让整个人都陷入诗情画意中。

冬天的哈佛校园

139

冬天的魅力仿佛都是围绕雪展开的。若是享受够了热闹，波士顿随处可见的公园亦随时静候来访者。观赏在夕阳中折射出比钻石更光亮的冰面，我略有感慨。距离闹市区不过一条街，沿着查尔斯河，到了离哈佛不远的沃特敦就有如此恬然安静的秘密土地，周身的气息也与商业街上的游人不甚相同。一座城市确实是如人类一般有着各种表情。

雪夜

寒风连夜枫花落，深夜未眠君知否。

踏冬侵夜万里路，尘染浓雾泪欲流。

楚歌泛起少年事，唯愿今宵无离忧。

安湖万里无多远，来年归华事若何。

——郭原池作于冬 11 月

冬天是寒冷的，因此推门走进哈佛附近的星巴克，端起一杯热得发烫的拿铁，再回到图书馆，看见里面的灯火通明和小伙伴们的认真，会有莫名感恩的心情。所以我说，这里的冬天也并非是难熬的时节。哦！对了，别忘了期末考试要来了！

可能是我想家了吧，所以当考完期末考试就写下了这篇《玉龙吟》。

玉龙吟

平沙飞雪起，万里枫寒地。

古途烽火路，天涯霖萧崎。

日暮诗化雪，悠音呼飘西。

今宵玉龙处，归鸿漫辽伊。

——郭原池作于冬 12 月

冬天夜晚里的哈佛图书馆

春

岑参用"忽如一夜春风来，千树万树梨花开"勾勒出冬季的春景，而此刻一觉醒来，春天是真的来了，大地焕然一新，显露出一片片绿。一场雨滋润了它们，滋润了大地。雨滴敲敲打打，似一首悦耳的曲子配雨中的欢乐场景。多么坚强的生命啊！春真的来了。4月的波士顿，春暖花开，全市的木兰花、樱花、郁金香绽开，景致华丽。徒步到科普利广场，广场前种植许多郁金香，衬托出广场边三一教堂的历史悠久、建筑雄伟。漫步到后湾区的联邦大道，马尔伯勒街，可欣赏美丽的庭院花朵，其中粉色、紫色的玉兰树，在风中摇曳，令人眼花缭乱，美不胜收。弥尔顿说"风儿带着异样的寂静，轻柔地把江河湖海亲吻"，就是这种恬适的美感。

这里要讲讲学习。春季学期的开始往往意味着新的征程。在多伦多的家里美美地度过了圣诞节后,我在一月回到了波士顿,先是联系了几个老友相聚,随即便开始准备新的学期。这里的教授通常在第二节课便布置下很多很多阅读任务,连夜啃书又要不期而遇了。想到这里,只有窗外美丽的景色能慰藉疲惫的心灵。

玉兰奏

走马临轩顾,玉兰潇湘途。

停君烟雨下,叨扰清幽谷。

春泥聚香凝,芬馥轻风露。

瑶池清照影,冰泉留莺足。

醉聆一首曲,怀空仙词赋。

风弦声动辞,琵琶寒月肤。

——郭原池作于春 4 月

春季校园里的花

夏

这个季节好,因为放暑假了。波士顿的夏天通常晴朗炎热且潮湿多雨,我认为是临海的原因。夏季的波士顿最"丰盛",所有游览景点都对外开放,绿树葱翠,繁花烂漫,但由于气候比较湿热,不少初来的人难以适应,我感觉倒还好。天气一放晴,在波士顿能做的最有意思的事莫过于划船了。

夏景

瑟瑟暖风拂面，文雨侧依荷边。

春心画迎伶鸟，临水玉棠姻牵。

美人清镜庭畔，芳沁意美清闲。

——郭原池作于夏6月

倾城河边

遥望明月瑟倾城，浅夜未深聚霓虹。

今朝今昔何秋月，淑钟已应晚来风。

定心广志何惧兮，勿许杯中琥珀浓。

建阁登台一帘梦，文若君兮晨曦中。

——郭原池作于夏7月

✈ 小贴士
在哈佛的日子

最后，请让我为小伙伴们介绍一些哈佛人的日常生活以及活动吧！

音乐会

海顿曾说："当我坐在音乐厅里面的时候，我对最幸福的国王也不羡慕。"的确如此。那就去纪念馆吧，听一场音乐会，闭着眼睛去聆听美妙的音符。值得一提的是，这里的纪念大厅拥有一个60英尺高的哥特式穹顶、两扇彩色玻璃窗、28块白色大理石纪念雕刻，纪念的是在美国内战中伤亡的136名哈佛毕业生。

另外，阿道弗斯·布希厅则是聆听顶级管风琴音乐的好去处。

纪念馆的音乐会

阿道弗斯·布希厅

创业吧!!

作为一个 90 后有志之士，这个不能不提，哈佛为学生提供了一个非常靠谱且免费的创业吧哈佛创新实验室（Hi）。在这里，不仅仅有很靠谱的老师会帮你整理思路，还有志同道合的小伙伴一起交流。我就是在这里遇到了我的团队。

哈佛总统创新创业大赛

哈佛还为创业者准备了很多赛事，尤其是一年一度的哈佛总统创新创业大赛最为吸引人。我刚刚收到了德鲁校长的信函，宣布第七届比赛正式开启，今年的主题是"让世界变得更好"。作为常青藤之首的超高级别创业赛事，评委由各业大牛担任，强手如林，赛事自身也会在美国行业圈得到很高的曝光率。如果同学们考进哈佛，千万别错过这个比赛。有创业的心，那就来战吧！

常春藤春晚（CSSA）

每年到了中国新年的时候，小伙伴们都会聚在一起庆祝这个中国最大的传统节日。同学们会进行表演，有中国传统民族舞蹈、精彩的武术表演、热力四射的街舞表演、相声小品，我的好朋友小乔博士会弹奏古琴，当然还有我的诗文朗诵啦。大家在一起热热闹闹地庆祝新年，远在海外的游子靠这个来思念大洋彼岸的母国。

常春藤春晚现场

哈佛大学的留学感言
如何从 0 到 1

哈佛大学
刘爱舟

> 这些年的经历和成就，是如何备战、如何做到进哈佛的

入学哈佛是我 10 岁时的目标，但更重要的是之后 12 年追求这个目标的坚持。在哈佛读书时，我承受了更多的压力，也享受了无数的荣耀和精神洗礼。在我的同学中，我并不是天才，也没有超乎常人的天赋，但我一定是最努力的人。在追寻下一个目标的路上，我依旧心怀梦想，求知若渴，虚心若愚。

我的妈妈是位小学语文教师和优秀班主任，完美主义处女座的她对我的要求格外严格。从小，我的家规规定决不允许早恋，每天晚上 8 点之前必须回家。每个学期开学前，都要定一份学习计划和一份荣誉计划。比如本学期各门成绩要求，期末拿到三好学生、优秀学生干部，每个学期要争取在全校大会上发言。所以，我当学生干部的领导能力和组织能力就是那时培养出来的。

南外不仅仅是一所中学，而是学霸科学校。

在南京外国语学校的学习中，我参加的学校活动比较多，常常是学校各项活动的主持人。每天早上进校门，看着南外教学楼上霓虹灯的一行字"做有中国灵魂、世界胸怀的现代人"，然后开始一天的学习。"做有中国灵魂、世界胸怀的现代人"这句话不仅是校训，也是我对自己的承诺，引导着我日后在美国的学习和生活……

2011年，我从南京外国语学校毕业后赴美国留学，获得波士顿大学商学院工商管理和心理学双学士，并以优秀毕业生的身份获得奖学金攻读新媒体硕士。之后，我很荣幸地收到了哈佛大学录取通知书，攻读计算机专业，获得计算机信息管理硕士。

波士顿大学硕士毕业照　　哈佛大学硕士毕业照

回想起17岁那年，在飞往波士顿的飞机上，我感觉自己走向了自由之路，时间和空间都解放了。现在回想起来，我其实很感谢这些严格的家规，一个人在年轻的时候可塑性是最大的，学习能力也最占优势。

我也很感谢南外的老师们对我综合能力的培养，以及初中在美国加州和高中在加拿大温哥华的短期学习交换，这些机会让我从小在异国他乡成为了一个有世界胸怀的中国人。

在美国的生活和学习对我影响深刻的事与感悟
感悟一：本科教育中国求精，美国求广

我没有上过中国大学的课程，很难做出比较。但是，我认为中美教育培养的重点是不一样的：中国教育求精，美国教育求广。前者看一个学生这门课学得有多好，后者看一个学生知识面有多广。美国大学的本科课程设计是为了防止各学科知识的隔绝，培养学生综合素质，而研究生的课程重视培养专业人才或者某一领域的专家。

美国大学的本科教育要培养的不是具有某种技能的人才，而是一个更完整的人：去培养一个学生的组织能力、合作能力、领导能力和创新思维。在美国留学时，很多时候我觉得自己像一块海绵不断吸收着知识的精华，我很珍惜每一节课，感恩每一位老师。有一位哈佛教授埃里克·辛诺威曾告诉我："看一个青年怎样安排他的时间就能预言出这个青年的前程怎样。在人生各个阶段，你必须仔细考虑你的优先事项，着眼于长期成就而不是短期成功。"我一直相信，人的时间和精力都是有限的，每个人一天都只有24个小时，所以首先需要确定目标，有效利用时间去优先学习和

参加重要的活动，才能在各个角色中脱颖而出。通常美国本科4年，要学32门课，一个学期选4门课，但是我本科是工商管理和心理学双学位，所以我比其他同学多8门课，为了4年按期毕业，我一个学期最多学过6门课，除了实习之外几乎每一个暑假都在上课。

准备小组演讲，汇报项目进展　　　　哈佛纪念教堂

感悟二：美国硕士教育压力大

相比本科，硕士的压力更大。我进入哈佛大学后，睡眠时间更少了，有在炼狱的感觉，但对意志是一个很大的挑战。教授们时常会告诫学生要做好时间管理。在哈佛学习强度大，每个星期每门课至少有300页的阅读量，通常考核方式为考试、论文和演讲。在考试前，同学们会自发组成学习小组，梳理阅读，互相提问。我每学期至少要选修4门课，一年是8门课，修满13门课的学分并通过考试才可以毕业。尤其在学习忙的时候，我每天有4个小时在教室上课，1个小时用于听学校的讲座，4个小时用于作业与阅读，8到10个小时完成考试复习或者写论文，这样导致我每天只有4个小时的睡眠时间。两年下来，我熬过很多夜，常常可以直接透过窗子看到日出……

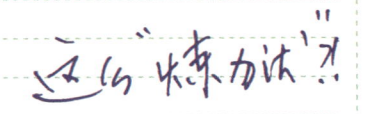

这所"炼狱"

哈佛学生的学习压力也来自学校的淘汰机制。哈佛共有6700个本科生，15250个硕士及博士生，毕业率为98%，这就意味着有大约2%的学生因达不到毕业要求不能毕业。哈佛研究生毕业要求是不能有一门课成绩低于B-（相当于百分制的80分），每门课成绩并不只是论文和考试（平均共占到总成绩的40%），也包括了小组项目（平均占到总成绩的40%），每堂课的参与度（平均占到总成绩的10%—20%），这就要求学生均匀用力、不能放松。

哈佛大学的毕业答辩演讲与教授合影

前联合国秘书长潘基文在哈佛的讲座

感悟三：社交圈

无论我有多忙，我总会提醒自己要把一些时间留给与同学社交，波士顿是一个精英汇集的地方，拥有哈佛、麻省理工、波士顿大学等优秀学府，而哈佛的同学和往届校友是这所学校最大的财富。

我每个学期都会选择加入几个哈佛的社团，努力工作并担任领导人的角色。我曾担任波士顿学生会文艺主席，现任哈佛中美经济交流协会主席，协会定期会邀请中国企业家、经济金融学教授及学者来访哈佛，举办专题讲座，与哈佛学生、哈佛商学院教授围绕中美经济现状展开讨论，组织策划了"哈佛中国论坛"和"哈佛名家讲坛"。哈佛得到学校认可的学生社团有300多个，平均每100人里面会有一位社长。

　　课堂或课外，我喜欢倾听。哈佛教授很少按书本讲课，他们喜欢分享他们的故事和真实案例引导学生思考和讨论。假如我要解决一个问题，我会先听取我朋友或者老师的意见，看看我和他们的想法之间有何差异，再思考怎样平衡这些差异，找到问题的最佳解决方法。

在哈佛纪念教堂里，我作为哈佛中美经济交流协会主席发表演讲

2016年，我荣获美国亚洲小姐冠军

校园之外，我获得了2016年美国亚洲小姐比赛总冠军，并包揽最具智慧、最佳主持人、完美体态三项大奖。赛前的培训主要是在舞蹈学校进行，包括学习站姿、当众演讲和主持等，在最炎热的夏天频繁的培训让不少人放弃，我是参加培训最久的那一个。入围决赛后，又要在零下20多摄氏度的冬天，从波士顿驾车340多公里赶往纽约参加训练和彩排。

2017年，我作为亚洲杰出青年华人受邀出席白宫参加特朗普总统的就职典礼相关庆典会

2017年，我获得美国亚太公共事务联盟（APAPA）青年领袖奖，并且作为亚洲杰出青年代表受美国政府邀请去白宫参加特朗普总统就职典礼。

感悟四：自我约束、管理和丰富的课外活动

我建议刚刚出国的同学要对学校的活动与学生组织社团的资源进行整合，多参加一些感兴趣的、高质量的讲座和论坛，拓展自己的朋友圈。以下是我推荐的一些哈佛资源。

1. 波士顿哈佛俱乐部

要成为哈佛俱乐部的会员，首先必须是哈佛毕业生，再由俱乐部经理批准，才能成为正式会员。俱乐部内设有会议室、餐厅、图书馆以及宾馆。美国的三

有什么想说的话，别忘了在空白处随手记上几笔，然后用手机拍个照，发送到邮箱haobooksj@163.com，说不定书的下一次增订改版中就会出现你的精彩留言哦！

波士顿哈佛俱乐部　　　　与校友在俱乐部聚会

位总统肯尼迪、罗斯福以及奥巴马都是哈佛俱乐部的成员，随处可见他们的画像和照片。定期，哈佛俱乐部会举办校友聚会。

2. 哈佛研究生协会

哈佛研究生协会综合了哈佛 12 个院系，每年会举办传统的毕业舞会和酒会。每学期，协会会举办讲座和论坛并邀请企业和政界精英来学校与学生交流。

哈佛面具舞会上与三位麻省理工朋友的合影

感悟五：哈佛精神

哈佛校园里不见华服，不见浮夸，只有各个角落看书的学生和匆匆赶往不同的教室的学生。

哈佛是一种象征，不仅是最高学府的象征，更是意志、精神、理想的象征。哈佛园里，有一扇有着100年历史的校门，校园内的门楣上刻着"进来是为了增长知识（Enter to Grow in Wisdom）。"校园外的门楣刻着"离开是为了更好地回报祖国和人民（Depart to Serve Better Thy Country and Thy Kind）。"百年来，这两句铭文见证了无数哈佛人的成长，它们提醒入学的我树立目标，鞭策毕业的我不断努力以实现成就。

哈佛的这两句"铭文"，揭示了大学的意义。

此校门为纪念哈佛1890年毕业生塞缪尔·德克斯特

✈ 小贴士
哈佛指南

哈佛大学是美国最早的私立大学，于1636年建立，比美国1776年建国早了一百多年，所以有"先有哈佛，后有美国"的说法。这里先后诞生了32位国家元首，48位诺贝尔奖得主和48位普利策奖得主，也缔造了微软、IBM、Facebook等一个个商业奇迹。

1. 哈佛园

从哈佛大院到查尔斯河畔，每一个角落都有故事和历史，依旧被人津津乐道。标志性的威德纳图书馆、约翰·哈佛铜像和哈佛纪念教堂坐落于哈佛园。每年5月，毕业典礼都会在此举行，红色的哈佛旗帜、黑色的毕业袍装点着整个哈佛园，上千名哈佛教员、职工、学生、校友和家长都会齐聚在这里。

毕业典礼的发言讲台临时搭建在哈佛纪念教堂前，学生坐在哈佛纪念教堂和威德纳图书馆的中间，校长和毕业典礼发言代表面对学生和威德纳图书馆发表演讲。

哈佛园中心草地和哈佛纪念教堂 　　毕业生从各个院系走向哈佛园

毕业典礼的哈佛园中心坐满了学生

我与同学们在毕业典礼上

2. 约翰·哈佛铜像

约翰·哈佛的铜像有一个传说，如果为铜像擦鞋，自己就能够考上哈佛，如今他的鞋子已经被擦得发亮。但建议大家不要直接去摸铜像的脚，最好留一些距离，因为哈佛有另一个传统，入学的男生会在铜像脚上撒泡尿。

铜像上写到哈佛大学是由约翰·哈佛创办的，实际上哈佛大学是由殖民时期的马萨诸塞州的立法机关仿照英国的剑桥大学所创办的一所宗教学院，约翰·哈佛是一位牧师，他去世之前将自己一半的积蓄和收藏的400本图书捐赠给了哈佛大学，学校为纪念他，在1939年将学校更名为哈佛大学。

约翰·哈佛的铜像

3. 威德纳图书馆

我最喜欢威德纳图书馆和它背后的故事。

威德纳图书馆位于中心区哈佛大院最显眼的地方，是世界上藏书最多、规模最大的大学图书馆。威德纳图书馆地上有6层,地下有4层,加上哈佛其他几个图书馆,哈佛共有2040万卷藏书,4亿份手稿。

它的正门竖立着12根罗马立柱,正门内刻有一块碑文,内容是:"哈利·埃金斯·威德纳,哈佛大学学生,生于1885年6月3日,1912年4月15日与泰坦尼克号一起沉入大海。"1915年,他的母亲为纪念他捐赠了这座图书馆,并以威德纳命名,这是爱的纪念。

威德纳图书馆正门的石碑　我在威德纳图书馆前拍摄的毕业照

威德纳图书馆内部

哈利·埃金斯·威德纳22岁毕业于哈佛大学,从小热爱读书,对藏书着迷。27岁时,哈利与他的父母登上了泰坦尼克号。当时,泰坦尼克号撞上了冰山,哈利在把母亲送上救生艇后，他和父亲又回到舱里去寻找遗漏的《培根散文集》，不幸的是他再也没回来，葬身大海。回到美国的威德纳夫人向哈佛大学捐赠了哈利的藏书，并捐赠200万美元用来建造威德纳图书馆。作为条件，她要求学校永不能改变图书馆原貌，同时图书馆的威德纳纪念室用来存放威德纳的3500卷个人收藏，至今莎士比亚的对开本和古腾堡《圣经》仍在纪念室展示。100多年后，图书馆的工作人员每天仍会在纪念室威德纳的书桌上放上鲜花，这是遵守当初的承诺，也是对威德纳家族的尊重。

麻省理工学院
宗国

读博的那些事儿

宗国在举日中让我知道了什么叫飞秒。还有把大家放进冰箱的奇妙解答。

我来麻省理工学院（MIT）攻读物理博士已经整整 3 年。前些日子我跟朋友谈天，聊到如何用三个词来总结在这里的生活。我绞尽脑汁，最后憋出了三个词：实验、实验、实验。

仔细回想一下，这 3 年我的确是每天披星戴月，奔波于各个实验中。一瞬间，感觉自己在这期间失去了很多。然而静下心来想想，所谓失去的并不一定是我所需要的，而我得到的或许才是内心所追求的。因此，在这个时间的节点上，谨以此文记录这几年在 MIT 的心路历程，并把其中的思考感悟分享给那些梦想、即将，或者已经读博的朋友们。

纠结的选择

3 年前来 MIT 读博是一个纠结的选择。并不是纠结 MIT 这个学校，而是纠结是否要读博，并且纠结是否要读物理这个方向。

任何的纠结都来源于有同等诱惑的选择，而那时的诱惑就是在硅谷做一名软件工程师。我当时在位于硅谷心脏的斯坦福大学读本科，兼读计算机硕士。在学校旁边的小镇散步，随便一位路人就很有可能是深藏不露的编程高手。无论广大码农如何调侃自己，硅谷的软件领域对于我还是具有很大吸引力的：很多本科生大三暑假就手握数个年薪十几万美元的录用通知书；在相对高薪的待遇之下，还能和一群绝顶聪明的同事不断创造和应用最前沿，甚至革新人类生活的科技。且不说惠普、雅虎、谷歌等是如何在斯坦福诞生这种老掉牙的故事，记得我大一时有两个住在同一楼层的学长，天天在键盘上噼里啪啦"闭门造车"。大概不到一年，在线公开课平台"Coursera"就诞生了，而如今它已成为全球最大的开放式网络课程平台之一。

能和志同道合的朋友一起从事创造性的职业是非常令人兴奋的。那我怎么就选择来MIT攻读物理博士了呢？说到这，我不得不提对我当时影响很大的一篇博文——《给明年依然年轻的我们：欲望、外界、标签、天才、时间、人生目标、现实、后悔和经历》。博主刘丹尼从宾大沃顿商学院毕业后写下了这篇在24小时内被浏览了十几万次的文章，其中提到了一个简单却十分有效的寻找人生目标的方法，我在此转述：

1. 寻找一个绝对安静、不会被打扰的时间和空间；
2. 准备几大张白纸和笔；

3. 在白纸上方写下这个问题："你这辈子活着是为了什么？"

4. 在纸上写下任何经过你脑海中的答案和思绪。它们可以是几个字或者是几句话，可以仅仅是"赚钱"，也可以是"拯救人类"；

5. 不断地重复第4步，直到你哭出来为止。

没错，就这么简单。但是当我真正身体力行这些步骤的时候，才发现找到能让自己哭出来的答案是多么地困难。当我念出最终答案的时候，来MIT读物理博士成了自然而然的决定。在这里，我把我的答案分享给大家。可能你会觉得这个答案非常空洞或不切实际，但它起码可以每天早晨把我从床上拽起：

我希望能够在最基础的层面上创造和传播知识，这些对知识的探求将让人类更全面地了解自然、更深入地挖掘潜能、更自由地体验生命。

在我当时的认知系统中，物理不仅仅是一门让很多人望而生畏的学科；它更多的是人、自然、哲学的三体合一，所以我认为物理研究是我对知识探求的最好诠释。直到如今，每当我细细咀嚼几年前写下的文字，我还是会心潮涌动。没错，基础物理研究这条路虽荆棘丛生，但我将是世界上最幸运的人。因为不知哪天，我将成为世界上第一个观察到某些神奇现象的人，我将成为第一个揭开大自然神秘面纱的那个人。在大自然面前，人类是微不足道的，所以我希望能成为人类在某一领域的领路人，把我们对大自然的未知化为人类的财富。

极客的世界

我带着对未来生活的憧憬在 3 年前踏入了 MIT 的校园。

说实话，MIT 对于我来说并不陌生。本科时的很多朋友都来自 MIT，并且斯坦福、MIT 两所学校的关系很近：几年前两个学校甚至在各自的咖啡厅搭建了一个"虫洞"（一个看起来很高大上的视频通话系统），这样美国东、西海岸的师生们就可以随时交流了。

然而，初来乍到，我还是感到了不少的文化冲击。比如我问一个在迎新活动中认识的朋友：

"你是哪个系的？"

"8 系，你呢？"

"8？"

"物理系的代号呀！"

"哦，那我也是 8 系的。我是搞凝聚态实验的，你是哪个方向？"

"同行，我是做分子束外延的。正好，我有个关于单层铁硒的问题，不知你是否了解……"（接下来的学术讨论在此省略）

又比如有一天我在 MIT 迷宫般的校园里迷路了：

"请问史塔特科技中心，就是那个特别著名长得奇形怪状的建筑该怎么走？"

"前方左拐下楼梯从 13 楼到 10 楼，然后左拐沿着无尽长廊走到头。再左拐穿过 8、16、26、36 楼右拐就到 32 楼（史塔特科技中心）了。"

史塔特科技中心

MIT 人对数字情有独钟的例子绝不仅限于专业号和楼牌号。每年的 3 月 14 日是学校的"Pi Day"，这天不仅仅有无数免费的 Pie 可以品尝，而且也是发放本科生录取通知书的日子。校园的大门口还放了一个巨大的人形雕塑，而整个人却是由数字和字母组成的。

校园门口的人形数字雕塑

慢慢地我接触到了更多的同事、同学，发现很多 MIT 的朋友骨子里就带有一种说不出的"与众不同"。正如那些数字雕塑、Pi Day、专业号和楼牌号，所谓的"与众不同"并不是什么天才特质（当然 MIT 也不乏有很多鬼才少年的存在），而是一种对某些事物独有的好奇、专注与热爱。与他们聊天你会猛然发现这个世界居然这么神奇，并且后悔为什么曾经的自己没有细心观察、聆听和感悟。在小标题中我把这些"与众不同"的人们称作"极客"，虽然不尽恰当，但我实在想不出另外一个标签来表达那份可爱的执着。

MIT 的极客们不是《生活大爆炸》中的谢尔顿，他们只是把某些事情做到极致的正常人：为了防火灭火从消防队走进了 MIT 材料系的实验室、玩折纸玩出了一套数学理论和电脑软件、回答 Quora（英文版的知乎）的问题成了凝聚态物理界比很多大佬们还知名的学术女王……这些例子并不惊天地泣鬼神，但 MIT 正是因为这些极客的存在而生机勃勃。

我很庆幸我来对了地方。我不需要担心我写下的那条人生目标会被别人嘲笑，因为我身边的人也同样有着异想天开的、固执的追求。于是，我也就抛开顾虑，开始了那日夜常驻实验室的博士生涯。

无处不在的挑战

文章开头说我和同事们做起实验披星戴月，这一点儿也不夸张。记得有一次午饭过后钻进实验室，忙得晚饭也没有顾上，直到第二天凌晨才"爬"出来，结果发现窗外已是漫天飞雪。本人笔拙，但大家可以脑补一下波士顿冬天苍茫的雪景。由于那天周末，又是晚上才下的雪，市政并没有及时清理路面，于是我现在还清楚地记得那天凌晨三点在雪中骑车回家时的惊悚画面。

没错，读博、追梦是很辛苦的差事，我来MIT之前给自己做了充分的心理建设。即便如此，生活和工作中难免会遇到超出可控范畴的境况，或是令人烦恼，或是令人哭笑不得。

比如说我每天工作的实验楼，由于这幢楼上了年龄，很多附带的基础设施也老化了。有次我们一大早来上班，还没进实验室的大门就发现楼道里一片汪洋，而水就是从我们实验室里滚滚流出的。不出所料，实验室中的一个高压水管爆裂了，朝着整个房间里面价值几百万美元的仪器开始进行"人工降雨"。不光一批电器设备悲惨短路，我们光学组满桌上百个光学镜子也一起泡汤。在事后清理的时候，我们本来想用化学试剂把镜子洗干净，结果发现高压水管里的水不干净，存在重金属离子，而这些离子把镜面的镀膜都破坏了，根本无法修复。大家可以想象一下当我们组的导师得到此消息后是什么崩溃的表情。

理论上来讲，MIT应该有着全世界最好的实验条件，但现实和理论差距甚远。我所在的实验楼旁边是个建筑工地，周一到周五从早到晚重型机械进进出出。噪声不说，这些施工使我们整个实验楼有着剧烈的低频震动，而这些震动对于很多微米、纳米级别的精细实验有着致命的伤害。所以，很多时候我们都在晚上做实验、采数据，并且天天盼星星盼月亮赶紧到周末或者节假日，因为那时楼外的施工才消停些。

从MIT校园眺望查尔斯河对岸的波士顿市中心

说完实验室，再说说宿舍楼。我博一住在MIT最高宿舍楼的16层。宿舍楼沿查尔斯河畔而建，我每天从窗台眺望波士顿，可谓美不胜收。刚来MIT不久时，我不幸在打羽毛球时崴了脚，导致我拄着两根拐杖蹦蹦跳跳了一个月。有一天实验做到很晚，没有班车了，所以我决定"蹦"回家。其实距离也不是很远，一公里出头，我也就当锻炼了。终于蹦到宿舍楼下时，突然旁边的路灯闪了一下——停电了！幸亏备用电源及时启动，这也是为什么路灯又亮了的原因。我正在赞叹MIT备用设施非常靠谱的时候，突然发现：电梯罢工了！事情的结局是：我好不容易盼到了一个也刚从实验室"爬"出来回到家的哥们儿，他虽住在6楼，但是看到我手足无措的样子，非常热心地帮我拎着书包和一副拐杖，一路加油鼓劲看着我蹦上了16楼。到此，事件还没有结束。第二天一大早，电梯竟然还没有修好！我只能一个人再从16楼一路蹦到1楼。

MIT宿舍楼

现在回想起这些经历，已不全是痛苦和不快。真正令人烦恼的挑战从来不是这些具象的生活细节，而是在漫长的工作中逐渐衍生出的价值观危机。

我的同事曾问过我这样的问题："你觉得如何才能证明我们所看到的实验结果是真实存在，而并非我们臆想的呢？假设你从示波器上看到了一个数字，那只不过是屏幕散发了一束光子射入你的视网膜，然后经过大脑里无数错综复杂的电信号处理后，让你产生了读到这个数字的感觉。更何况谁也不知道这些关于光子、人眼和大脑的理论是否正确，因为它们也可能是人在意识中虚构的结果。"

我试图提醒他："物理的理论和实验是有数学作为逻辑基础的呀！"

他摇头："你仔细想想，数学不就是人类所想象出来的一整套公理、定义和逻辑的系统吗？"

虽说我不完全相信"物理说白了就是一场梦"，但这次对话的确让我对科学研究和知识探求的意义产生了不小的怀疑。按我同事的话来讲，这些知识不过是人类意识的虚构。按托马斯·库恩的话来说，当下的知识即是未来的谬论。这个价值观的危机，不仅让我觉得当年写下的人生目标是多么苍白无力，有时候它还会赋予我一种负罪感：如果这些所谓的研究真的没有任何意义，那我有什么资格去享受这世界上最先进的科研环境，有什么资格去操控那价值百万美元的仪器呢？

虽然我还未完全走出这种自我怀疑，但我想与大家分享一些我对于这个问题初步的思考：好奇心是人与自然接触时最本能的反应，因为这种心理出自人类对未知的恐惧。科研，尤其是基础科学研究的意义正是在于满足人类对自然的好奇心。作为MIT的科研从事者，我们掌握着很多最优质的资源，所以我们有责任去探寻那些未解之谜。虽然我们不能给出最"正确"的结论，但通过不懈的努力我们将试图减少对未知的恐惧，并有朝一日将其化为可被人类利用的财富。

结语

以上和大家分享了这些年一路走来的一些观察与思考。或许有些话题严肃了点儿，但我真心希望那些梦想、即将，或者已经从事科研的朋友们可以忙里偷闲，仔细梳理一下自己的经历，问一问自己走上这条道路的初衷。

✈ 小贴士

对于希望来到MIT和已经在来MIT路上的朋友，我最后提供几个小贴士：

1. 无论读博道路多么坎坷，任何时候都不要认为自己在为科学"献身"。虽然搞科研很辛苦（其他很多行业更加凶险），但这是你自己因为热爱这项事业而做出的选择。不存在所谓的"奉献"，因为在研究中你也找到了自我的价值和快乐。

2. 记住MIT的学生不是谢尔顿（个别例子除外），所以不要装作科学怪人。

3. 当今的科研不是孤胆英雄，而是团队合作。MIT的极客们之所以能有举世瞩目的发明、发现，是因为他们时刻都在分享交流最疯狂的点子。

4. 希望大家在毕业之前拿到MIT的荣誉海盗证书：只要学生完成了帆船、击剑、射箭、手枪（或步枪）四门课程，就可以拿到海盗证书。2016年在MIT毕业典礼上致辞的著名演员马特·达蒙就因在"火星上"的出色表现而获得了荣誉海盗证书。

5. 强烈推荐参加MIT一年一度的猜谜大赛。这是世界上最古老、最复杂的猜谜大赛之一，每年都有超过2000名的参赛者。如果你觉得自己的智商无人能敌，不妨在这个持续几天的猜谜盛会上试一试身手。每年猜谜大赛的目的就是通过一系列线索找到一枚藏在学校某个角落的金币，而每年金币的设计也蕴藏玄机。

猜猜这是什么单词

6. 要懂得如何在波士顿的暴风雪中还能享受冰激凌的美味。毕竟，来这里的人都抵挡不住 MIT 隔壁 Toscanini's 冰激凌店的诱惑。我保证从来没有接受过 Toscanini's 的优惠券。

芝加哥大学
于千帆

沿舟侧畔千帆过

于千帆的故事非常励志
他在节目中求婚 令全场感动。

新求学路上的摇滚

那一年

那一年你正年轻，总觉得明天肯定会很美，那理想世界就像一道光芒，在你心里闪耀着。

对留学最早的认识来自父亲所勾勒的一片宏伟蓝图，那时中国股市正在从1664点缓慢恢复，而父亲也正痴迷于一本名叫《遥远的救世主》的小说。他对我的期许就是希望我成为书中丁元英一样的人物，既能够在资本市场翻云覆雨，又要有心中坚守的一套处世哲学。而我也在日复一日的耳濡目染中被牢牢地灌输了国内金融本科，美国金融硕士，国外投行工作再到归国金融高管的成长路线并深以为然。

高中的我还很叛逆。台球、K歌、上网、逃课，一切和学习无关的事情都会被排到无限高的优先级，而学习就好像是娱乐行为的赠品。我一度最鄙视的就是学霸，总认为他们除了学习什么都不会。可一分耕

耘一分收获，我高考虽超常发挥，但离心目中理想的大学还有些距离。最终我选择了父亲的母校南开大学，并在调剂安排下进入了商学院学习工商管理。一年后，专业细分的时候我选择了最接近金融的财务管理。按照预先的规划，这第一步可以算是迈了出去。可许诺的万丈金光却似乎一点也没有透过缝隙。

曾经的你

每一次难过的时候，就独自看一看大海。

大学的生活对于一个自制力差的男孩子来说就是无拘无束的天堂。从小伴着游戏长大的我遇到了当时如日中天的Dota并沉迷于其中完全不能自拔。那一个个昼夜不分的日子过得刺激又乏味。宿舍的一隅成了我生活的全部空间，吃饭、游戏、睡觉，就是我每天要做的所有事情。生活目标的偏差和毫无意义的消遣所带来的空虚开始让我的情绪变得低落，低落的情绪则更需要游戏的麻痹，单调的恶性循环到了最后就是彻底的崩溃。那段时间我仿佛失去了生活的方向和动力。每天拼命地想让自己充实起来，快乐起来。可唯一能做的就是当内心痛苦烦闷的时候，戴上耳机，听听那首《曾经的你》。虽然身边没有大海，但我知道好男儿的胸怀就像大海。

恋爱 ing

摄于热恋期泰国旅行中

恋爱 ing，改变 ing，改变了黄昏，黎明，有你都心跳到不行。

还好遇见你。

一个仲夏的午后，一场难忘的恐怖电影，一顿故作大方而超量的必胜客，还有一首湖畔的《恋爱 ing》。你像一阵微风悄然飘进了我的生命，吹开了我的阴霾。从那以后，生活的意义被重新发现，年少的梦想也被唤醒。从此校园里少了两个落寞的身影，却多了一串欢歌和笑语。

带你到球场上奔跑投篮，我也重新爱上了运动。

和你一起收集了上百张影票，我们看过的烂片也越来越多。每天 8 点宿舍楼下雷打不动的见面，让我养成了吃早饭的习惯，也学会了按时作息。而图书馆里的奋笔疾书，是我们为了一起出国的梦想而奋斗。如果可能，我愿意付出一切，只为了时光能够停留，在那最普通的一天。

后来的故事就像电影《同桌的你》一样，我顺利地拿到了几所名校的录取通知书，可你却没有受到理想学校的青睐。那段时间每天在我耳边响起最多的就是那首《故乡》：

总是在梦里，我看到你无助的双眼，我的心，又一次被唤醒。

每当我想到你胖胖的小脸带着泪水的样子，我的心里就有无限的不舍。最后我做出了一个无比正确的决定，在国内陪伴你再战。因为我没法接受那样的全剧终。

顽固

一次一次你吞下了泪滴，一次一次拼回破碎自己。

成熟，或者说成长的一个标志就是我们明白了我们需要对自己的每一次选择负责，也要坦然接受它带来的蝴蝶效应。第二年重新申请，去年的名校没有一所抛来橄榄枝，面对着已经晚走一年的现实，我只能妥协。如果说第一年申请的时候踌躇满志，那此时已不配心高气傲。一鼓作气，再而衰，三而竭，古人诚不我欺。离开祖国飞向三万英尺高空的时候，心中少了些悸动，却多了些不舍。

初到美国，一切都是完全陌生的。虽然在国内常自诩为社会人，但是取到行李后就连怎么回家都不知道。在最初的日子里这样的故事数不胜数：在没有手机的情况下强行坐一小时火车转一小时公交去买家具，在地铁上没听懂司机的广播突然间所有车厢灯光熄灭车上空无一人，想出去购物却误入可怕的贫民窟……

终究是对新环境好奇的少年心性占了上风，开学后不久，我很快就爱上了这所学校和这个城市。尽管华盛顿或许每天都上演着无数权谋的斗争，但这座小城出乎意料地安静和祥和。教授们和中国大学里截然不同的授课风格也让我被瞬间圈粉。一切都在向着最好的方向发展，几乎满分的各科成绩，还有和小伙伴们建立的深厚的感情，以及我们一直在排练，却始终没能演出的乐队。

美国金融硕士，似乎这第二步也已经迈得四平八稳。可却总有一个顽固的自己活在我内心深处。这么多年总是很佛性，随遇而安，接受"一切都是最好的安排"的论调。可有时我又常会想，是否现在所有的就是我真正想要的，我又有多久没有为自己拼过一次？日夜的头脑激辩中，我最终做出了一个在旁人看来有些疯狂的举动，我要重新申请一座自己理想中的大学，并且为了这个目标奋不顾身。我开始努力读书，课堂上积极参与，只为了在申请中能够拥有更好的资本。但曹刿的魔咒似乎应验了，一直到4月末，我一份录取通知书也没收到。那段时间每天早上起来的第一件事就是刷一遍邮件，再到所有申请过的学校网站上去查询动态。现在想想那时的坚持，其实是一种看不到希望的期待。

一次次的坚持却带来一次次的失望，少年的梦想已经模糊不见模样。

倔强

摄于乔治华盛顿大学期间公寓后身篮球场，大汗淋漓之后

逆风的方向，更适合飞翔，我不怕千万人阻挡，只怕自己投降。

就在放弃的边缘，我最后一次抱着不切实际的幻想，向芝加哥大学投出了申请材料。其实每年的二三月份在留学申请的进程中应该已经是收获的季节，而我直到5月份竟然还在播种!

我走了一条少有人走的路，并且还是相反的方向。

但这一次，我对了。伴随着通知书而来的是3年来最热的泪，我终于理解了那句话：日复一日的坚持中，有着扭转乾坤的力量。

植物总会在自己最舒适的区域生长，而人类也是。面对着熟悉的环境，惬意的生活，投机的朋友和已经完成一半的学业，说出再见是一件很困难的事情。我们在生活中总是喜欢做加法，因为减就意味着割舍。但与新生活相拥就必然要和旧时光作别，纵有千般不舍，也只能昂起头，迎着风的方向。

每一刻都是崭新的

你曾有不平凡的心，也曾有很多的渴望，当你仰望头顶蓝天，才发现一切很平常。

来到芝加哥大学之后，对身边的一切又需要重新适应。最难的莫过于转行带来的阵痛。完全陌生的程序语言，难以理解的理论和全新的学习方式让我一整个学期都在追赶。然而当我度过了这段时期，并且渐渐熟悉新的领域之后，一切又回到了舒适区。当实现对自己的期许，踏上新的台阶之后，我们仍然会觉得稀松平常。这并非环境没有改变，而是我们自身的能力在不知不觉中已过万重山。而这种舒适感，抑或是满足感，会拦住99%的人。只有1%不甘平庸的灵魂，会继续不断攀登，走出一个又一个的舒适区，迎来一个又一个崭新的时刻。

所以当我后来为了实习焦头烂额的时候，尽管备受煎熬，我还是愿意把它看作是一场磨炼。我知道，越是痛苦的执着，成功后越会真正的喜悦。

异乡人

摄于迈阿密海滩，异乡有你的陪伴

小小的门口，还有她的温柔，给我温暖陪伴我左右。

此时此刻，已经顺利拿到芝加哥大学硕士学位的我早早锁定了世界最大期货交易所的数据科学家岗位。一份朝九晚五的工作，偶尔还可以发挥发挥创造力，一个温馨的小屋，身边还是她圆圆的脸蛋。幸福就是这平淡又充实的每一天。但我知道，今天永远都是残留的躯壳，未来的一切还变幻莫测。一颗创业报国的赤子之心，和一份对美好明天的祈愿，将支撑着我继续前行，于风雨中抱紧自由，迎接光辉岁月。

✈ 小贴士
留学慢生活

很多留学生在收到录取通知书之后，所做的第一件事就是在网上选择住所。对于像我一样作为研究生出国的同学来说，学校宿舍由于其稀缺性，一直是一个可遇而不可求、可望而不可即的选项。除了少部分幸运儿，大多数人会选择在学校周边与同学合租。对于坐落在城市里的大学来说，学校附近一般都比较便捷，也会相对安全。但有时也会有例外，比如芝加哥大学、南加州大学等，学校附近的治安非常不好，生活环境也会略显拥挤。这个时候我就要给大家提供另一个思路——到郊区去享受慢生活。

刚到芝加哥的第一个学期我选择了海德公园附近一个中国留学生最喜欢的公寓。但是由于三天两头的安全警报和一次险些目睹的枪击现场，我最终决定在学期结束时搬走。选择新公寓需要极其认真地调研，一方面房间卫生条件要好（美国很多公寓都有蟑螂），更重要的就是周边要足够安全，至于装修等则是稍微

次要的因素。通过比照犯罪地图，我的选择范围离市区越来越远，最终把目标定在了离芝加哥市区50公里处的郊区。这里人口密度远远低于市区，在驾车10分钟的范围内就有数家商超、快餐、公园、图书馆……小区里还配套有台球室、健身房、游戏室、泳池……因为研究生期间每周只有3堂课，所以除了上课，大部分时间我都可以像一个地道的美国人一样享受郊区的生活。家附近的图书馆一周开放7天，一切服务免费还可以预约自习小教室。不远处的篮球场永远都有空闲的篮筐，我再不用像在校园一样和别人共享有限的场馆资源。楼下的超市各式蔬果应有尽有，而价格仅仅是市区的三分之一。即使是我们的房租，也比市

周末去超市采购也是一种很好的放松方式

区里便宜一半以上。当然最重要的，一个优质的郊区，周围的邻居往往都有着体面的工作和幸福的家庭，所以治安会比人员组成复杂的市区里的一些社区好很多。如果你有车，郊区生活会成为一个很有趣的选择。如果你没有车，选择自行车加火车的出行方式也不失为一种独特的尝试。

斯坦福大学
刘心可

游吧，刘心可

"美国运动员赛特鲁德·埃德尔是第一个横渡英吉利海峡的女士。1926 年 8 月 6 日，她从法国内兹海角出发，在 14 小时 39 分钟后到达英国多佛尔。在她之前，只有 5 位男士成功地横渡了英吉利海峡。

在埃德尔下水后不久，狂风暴雨开始袭击海峡。海水如冰，雾也很浓，她几乎看不到她的救援船。在坚持不懈的努力下，埃德尔最终以惊人的意志成功横渡了英吉利海峡。英吉利海峡宽 21 英里，埃德尔总共游了 35 英里，耗时 14 小时 39 分钟。她不仅成为了第一位完成这一壮举的女士，还比此前由男子保持的原记录足足快了 2 个小时，这一记录保持了 24 年。"

我从未到过法国内兹海角，也未曾在英国的多佛尔回望欧亚大陆。

我只是曾在一片看不到岸的海域，孤独地游弋。

心可是2017去界名校年霸赛最特别的一位选手，她内心强大，笑对命运不公，我是流着泪听完她的故事的。

深海恐惧症

第一次得知我失聪的时候,是高一。

华西医院的医生轻描淡写:"神经性耳聋,没什么办法。有需要的话,去对面那条街配助听器。有一家店是我们这儿一个老医生开的……"

挤在华西的人山人海里,突然觉得周围的人群离我好远。

但中二少女完全不知道什么是害怕,当我偷偷在网上查到我的症状符合国家一级残障标准,可以领个证的时候,"一级"这个词还真让我小兴奋了一下,国家鉴定的最高标准!

痛苦当然是有的,像是参加一段豪华游轮旅行却突然中途落水,明明望得到甲板上的歌舞升平,却只有深海的波涛声将我包围。

偶尔也会有极端乐观和兴奋,比如第一次裸考托福,听力部分因精神崩溃扔掉耳机盲选,最后听力11分,总分居然有90分;比如被美国TOP12的文理学院里几所大学青睐,如被高露洁大学录取;比如我居然有读唇语这种能进FBI当探员的技能……

夸自己一下:"你真棒!"

历史系的光头帅哥们

除了兴趣爱好和遗传因素,我学历史主要是因为这是一门我不用过分依赖于听课,平时靠多读多写,也能学到很多有趣知识的学科。

选择历史专业的次要原因，是东亚史课的教授实在太帅了！光头高加索版丹尼尔·亨利，精通文言文、现代中文、古代日语、现代日语以及韩语，每天早上6点准时出现在健身房的椭圆机上看书，西方经典的教授开玩笑说他应该再带带我们学校的橄榄球队，搞不好有生之年我们也能跟州立大学一拼。

期末考的时候，他在讲台上批论文，把西装夹克脱掉，白衬衫解开第一个扣子，两只袖子撸起来露出青筋略凸起结实的小臂，我血液沸腾双手颤抖着写完了考题。

后来我发现，几乎每一个历史教授都是光头。他们知识渊博，且各有各的帅：有领带和袜子必须成套的留着白色中发的教授，一看就是斯莱特林学院派，背后暗暗效忠伏地魔，想要清除麻瓜、净化魔法师血统；也有只用先生、小姐加姓氏称呼大家，办公室比我房间还乱，把所有学生的论文摊开在地上跪着给差评的英国教授；还有上课让我们大家围成半圆，以方便他讲课时能让眼神在我们每个人脸上停留3秒，非常帅而自知的德国史教授。

有位有一截断指的帅气教授还会在我说话的时候停下来，让所有同学注意听："心可说到这本书的重点了。"

史学界的霸道总裁啊！

大学最后一学期，医生提到我的听力持续丧失可能是一种绝症引起的，症状表现为严重听力丧失，20来岁开始面瘫，肌肉丧失活动能力，然后全身布满肿瘤。

临近毕业，我反而开始动不动逃课，开4个小时的车去曼哈顿做检查，隔天再开回来。每天哭到凌晨四五点，肿着眼睛去上课，然后诚惶诚恐地等医生宣判。

还好虚惊一场，不想同情那时候的自己，但我也曾经打了一场无声的战役，在战壕里祈求过上天的怜悯。

游吧，姑娘，游吧

本科毕业一年后，我在哥伦比亚大学的医院接受了单耳人工耳蜗植入的手术。

在经过几个月的听力训练以后，我已经能听演唱会了。

虽然听力依然落后于常人很多，但一个小念头开始在我内心滋长——我想念书。

我终于可以承认，其实本科4年里，我没听清楚过一堂课。

埃德尔曾经说："我没有任何抱怨，我过得很舒适也很满足。我不是那种摘了星星还望着月亮的人，上天对我已经够好了。"

但这一次，我也想要月亮。

抱着我的"半颗星星"，2015年11月，我非常仓促地开始申请研究生。有4年文科的底子，GRE自然不在话下，然后拜托柯盖德的三位教授帮我写了推荐信。

其实一开始我并没有想过申请斯坦福，失聪对我的本科学习带来了很大的阻碍，我的 GPA 并不高，远在斯坦福东亚研究系公布的录取者的平均 GPA 之下。但我总觉得，也许这是我人生中最后一次申请学校，如果试都不试一下，肯定会后悔的。

所以我硬着头皮递交了本科论文的前 15 页作为申请材料，在申请截止时间前半个小时，交了申请费，按了提交键。

两个月以后，我拿到了几所常春藤学校的录取书，但"大奖"还未揭晓，朋友问我作何打算，我说："不急，斯坦福还没出结果呢。"

我曾经听说，如果你想要做成某件事，就绝对不能藏着掖着偷偷进行，要大张旗鼓地宣扬出去，你才更可能成功。所以我在发榜季，就主要靠壮着胆子跟大家说："不急，我的斯坦福录取还没来。"

虽然这对很多参加《一站到底》的选手来说，实在算不上什么大奖，但对我来说却是强心剂，让我确信新生活真的开始了。

斯坦福的优点数不胜数，但最让我感激的是，学校的无障碍教育办公室安排了专业的速记员陪同我一起上课，为我实时提供字幕，帮助我"听清"课堂内容。

速记员主要是帮助像我一样的聋哑和听障学生更准确地理解课堂内容和参与课堂讨论，她会非常迅速地将大家的发言内容转换为文本，我就可以像看电影字幕一样，在电脑屏幕上看到大家的发言内容。

美国教育体系中对特殊人群的关照太值得我们学习。

在美国，人力成本高昂，高技术人才更甚。经常陪我上课的速记员莎拉的时薪是每小时100美金，准备时间同样纳入计费，不仅如此，她还有最低3小时的收费要求。也就是说，就算我只是上一门50分钟的课，斯坦福也要为了我向莎拉支付300美金。

美国残疾人法案规定，教育机构有义务为残障学生提供相应的帮助，让残障学生能像其他学生一样理解课堂内容，参与学校生活。并且这其中产生的费用是由政府或者学校支出。

然而在法案实行了27年后的今天，许多残障学生仍然没想过，或是不愿意向学校寻求帮助，觉得自己这样的行为是在给社会"拖后腿"，但这个世界里的每一个人，都会多多少少有一点自己的小需求。

迈出国门的第一步，就是要先学习"我自己也很重要"这件事。

斯坦福的第十任校长约翰·汉尼斯曾经说过："斯坦福不会没有理由就录取你。你们以后都将成为引导世界的人，成为某一方面的领袖。"

无论你是多不完美的生命体，斯坦福都会告诉你，你很重要。

✈ **小贴士**
倘若你也热爱阳光

不知道是不是因为我们成都人五行缺阳光的缘故，

我特别喜欢看日落。那爱不爱看日出呢？理论上是肯定的，但我起不来。

斯坦福有个绝佳的落日观赏点，拉根尼塔湖，是一个常年干涸的人工湖。在降雨量正常的冬季，来自旧金山湾的水流会被引导到这里，学校也会进行人工填补，使学生能够进行娱乐活动。

然而，自20世纪90年代后期以来，湖泊并没有被人工填补，因为湖泊的围墙和保护措施都存在问题。由于湖泊不再常年蓄水，在冬季和春季，它就成了哺育许多两栖动物的重要温床。

傍晚时分，拉根尼塔湖常常有梦幻般的光线。喜欢运动的人可以利用湖边的风景，在长度为0.9英里的路上慢跑或散步。我常常在这个时候跑来拍照。不过为了避免尴尬，建议大家假装自己是游客，就可以肆无忌惮地搔首弄姿啦。

我在拉根尼塔湖边

幸运的是，时隔20年，今年春天，拉根尼塔湖又短暂地蓄了一段时间水。可怜丹青（朱丹青，一同参加《一战到底——世界名校争霸赛》的队友），在斯坦福读了好几年博士，也没见着水。

美国人酷爱远足，斯坦福又恰好有个绝美的步道（怎么什么都刚好有）。

有空的时候，朋友们也会相约驱车30英里，去半月湾。里兹·卡尔顿酒店选择建在湾区众多的美景里，你猜风景有多美。不过，湾区可悲的交通状况，在这里更是雪上加霜。

通往半月湾的路

斯坦福山脚下有个直径150英尺的射电望远镜。这个射电望远镜是由斯坦福研究所（现为SRI国际）在1961年建造。建造望远镜的成本为450万美元，由美国空军提供资金，最初的目的是研究大气层的化学成分。

后来，望远镜被用来与卫星和航天器进行通信。凭借其独特的双基地距离无线电通信，发射机和接收机是独立的单元，强大的雷达天线非常适合与传统无线电信号可能被中断的地区的航天器进行通信。

这个大碟子还曾经被用来把信号传给由美国宇航局派往太阳系外围的每一艘航天飞行器。它也曾被用于远程重新校准环绕地球的卫星。

射电望远镜周围的地区有一个备受欢迎长约3.5英里的休闲步道，平均每天有1500人到1800人参观，以其连绵起伏的丘陵和美丽的景色而闻名。

经验和教训告诉我，去这里玩，一定得包裹得严严实实，不然，各式各样的飞虫会"教你做人"。

在休闲步道可以拍出美美的照片

斯坦福是已知大型猫科动物的栖息地，在2011年1月，曾经就有游客看到了山狮。虽然目击事件极为

斯坦福校园里的警告牌

罕见，学校还是竖立了警告牌，上面写着"警告：如果被山狮攻击怎么办？揍回去！"

斯坦福大学
韩文

斯坦福：不重视音乐的体校就不是好的商学院

回想自己来美国之前的日子，生活的一切都基于考试与排名。没曾想来美国读高中以后，这样的状态照旧，而且以前拼的只是文化课的成绩，来美国以后要想成功，就需要在学校课程拔尖的基础上，同时称霸各个领域的课外活动。于是，带着乐队首席、校报主编、数学竞赛队长等身份，我继续到大学里去争第一。

然而，斯坦福帮我认识到，这一切多多少少都只是浮云。我再也不应该，也不能够万事争第一了。准确地说，我来斯坦福以后发现，一个人不可能在各个领域都鹤立鸡群，我需要的，是了解自己最喜欢、最擅长的是什么。同等重要的是，要大胆去尝试自己不擅长的东西。

餐厅和商铺已经有无数前人推荐过了，我就不再赘述。这里要讲的，是一些初次来斯坦福的访客，甚至是在校学生都未必常去的地点。它们让我每次前来都会有不一样的收获，希望你来斯坦福的时候，也可以有所启发。

音乐

小时候在父母的威逼利诱之下学起了小提琴，不知不觉就坚持了十几年。到了大学以后，趁着在学校有时间，还报名参加了声乐课。到斯坦福之后，偶然发现了我们学校隐藏在山顶的录音室，初次看到，俨然是一座百年历史的老别墅。这座名为"Knoll"的建筑，始于1913年，是一座哥特风格的西班牙式别墅，起初作为当时斯坦福校长威尔伯的府邸。

斯坦福的音乐教学楼，始于20世纪初，是一座哥特风格的西班牙别墅，俯瞰时是一只蝴蝶的形状

如今，这座蝴蝶形状的建筑已经变成了音乐系的录音场所。斯坦福的学生，即使不是音乐专业的，也有机会进到设备亮瞎眼的录音棚里，过把音乐人的瘾。当然，我最喜欢的，是和其他同学一起录制歌曲，欣赏他们的音乐，听他们讲述自己的音乐梦想。

来斯坦福的话，时常会赶上各种斯坦福以及周边地区的音乐活动，包括斯坦福十佳歌手大赛、春节晚会、中秋晚会，等等。参与人员主要是斯坦福的在校学子，

录歌的过程，反而是一种解脱，突然就忘掉了20余年的琐事

但是也包括许多北加州各地的华侨华人，比如一群来自谷歌的女工程师组成的舞团。

一直没有认真登台表演过的我，今年也报名参加了一次歌手大赛。从初赛复赛到总决赛，连续3周左右，每天都经历无数次的排练和编曲，还要设计舞台动作和道具。比赛成绩对我来说并不那么重要，但是我在乎的是，再一次冲出了自己的舒适区，大胆地让许多同学和老师指出我演唱的各种问题。并且，这些参赛选手，平时都是各领域的顶尖人才，无论是医学博士还是知名投资人都在一个舞台上竞技。

2017斯坦福十佳歌手大赛总决赛

运动

在美国，尤其是在加州，运动不止停留在竞赛层面，其实已经变成了一种社交方式。吃吃喝喝不再流行，加州人民更喜欢通过运动来联络感情，一起打球，一起划船，一起挥汗如雨。

先说高尔夫吧。斯坦福的高尔夫球场是全美最棒之一，而且传奇高尔夫选手泰格·伍兹就是斯坦福校队的成员，20世纪90年代时曾经代表我校连续数年获得全美最佳的成绩。旁边的餐厅Coupa Cafe直接能俯瞰整个球场，一边沐浴着加州的阳光，一边饕餮加州盛产的牛油果，也别有一番风味。

泰格·伍兹（左一）在斯坦福球队的合影

再来说个更厉害的：体操。听上去令人生畏的奥运项目，说起来无非就是各种上蹿下跳，单杠双杠。开学不久，我碰巧路过学校的体操馆，就决心去小试牛刀，毕竟此生也不可能再有这么折腾的机会了，想看看这高难度的体育运动是否如此富有挑战。没曾想，第一次去体操馆，就被墙上无数奥运选手的照片惊呆了，并且听说这里还是谷歌创始人之一塞吉·布林运动的场馆。平时的体操场馆隔三岔五也会开放访客，不妨进来尝试一下。至少可以去蹦床上折腾一会儿，也许还会遇到我和我的同学在给小朋友们上入门体操课。

练习体操项目中的我

斯坦福的游泳馆也是我最喜欢的地方之一。我的商学院同学杰森·邓福德，平时和我们一起上课吃饭赶作业，但是来斯坦福之前，他是肯尼亚的游泳冠军，也是全非洲最快的游泳健将，曾经和菲尔普斯同台竞技。生活里的杰森，走到哪里都无比的低调和平易近人，但是也会热情地邀请大家一起游泳。第一次我和大神一起入水的时候踌躇满志，结果没想到，对方是世界级选手。类似的经历在斯坦福常常发生，每次都会提醒我，自己和别人还相差甚远，切不可因为目前的小小成就就觉得已经走上了人生巅峰。

品酒

想到葡萄酒，可能先会想到被吐槽无数的"82年拉菲"，或是传说中的法国波尔多地区。但其实如今

懂酒的男人
最有品味。
我也是。哈哈。

的加州，早已是世界最大的葡萄酒产地之一了。位于加州北部，斯坦福校园附近的纳帕河谷，包揽了美国大部分的酒庄，也是自驾游的好去处。周五下课之后，三两好友，开着自己的小SUV，迎着阳光，向纳帕河谷出发。纳帕河谷的酒庄有无数家，但是我最喜欢罗伯特·蒙大菲酒庄。这位蒙大菲先生，可以说是纳帕河谷葡萄酒业的先锋。在他的驱动下，加州的酒开始摆脱廉价酒的名声，走上了高端路线。虽说酿酒是一

纳帕河谷的葡萄酒庄园

个传统行业，但是蒙大菲所做的事情，丝毫不亚于如今任何一位高科技创业者。他打破了传统，打造出一个崭新的品牌。来这里品酒，除了明媚的阳光与动人的景色，还能被蒙大菲的传奇故事启发。

结语

当我接到斯坦福录取通知的那一天，我意识到自

向纳帕河谷出发

己考入了世界上录取率最低的商学院项目——工商管理学硕士MBA，要比如雷贯耳的哈佛还要难进将近一倍。

那么，费了九牛二虎之力，挤进斯坦福商学院的大门，到底是为了什么？

这个问题，等到我快从斯坦福毕业的时候，才渐渐想明白：来这里，不是为了方方面面都超过别人，而是为了认识比我优秀，且以不同的方式优秀的人，从而受到不一样的启发。我希望每个来斯坦福的朋友，读书也好，旅游也罢，都有机会去尝试这些不一般的活动。在这里留下美好的回忆，带走一个更完整的自己。

耶鲁大学
周天歌

看不见的轨迹

天歌极具音乐才华，在节目中就展露无遗。

    17，是第七个素数，是物理学粒子物理"标准模型"中自然界基本粒子的数目。执念于数字的周天歌常坐在音乐厅的17号座位，那里并不是音乐厅声音最好的位置。她既不是数学学者，也不是物理学家，而是一位古典音乐作曲家。

    看到这里，也许你会说："哦，她是个搞艺术的。"

    周天歌会潜水、开飞机、骑马，姑且算是有趣。但她留学美国7年却不会开车，因而算不上特别聪明。为了有充裕的时间思考和发呆，她提高了学习的效率：本科4年课程2年读完，研究生2年课程1年读完，博士3年必修课1年读完。期间则去欧洲游学，做慈善活动，学习其他一切"无关学科"。

    看到这里，你是不是觉得周天歌有点酷？

    如果我告诉你，在过去的几年里，周天歌失过明，抓过小偷，斗过黑帮，在纽约地铁被人从车厢里把手机强抢出去，她冲出车厢又抢了回来。

你会不会感觉周天歌真的有那么一点点引起了你的注意？

既然如此，已经对着镜子讲了这么久，现在我就转过来。

19岁那年的冬天，我拉着一个大箱子出现在纽约肯尼迪机场，大脑一片空白。那是我第一次到美国，没有家人朋友同行，手握一张计划表，逐一参加所申请的音乐学院的面试。因为借住在费城的朋友家，为了节省开支，我都是坐上一夜的长途汽车去考试，再坐一夜车回到费城。那一年，美国遭遇了百年不遇的暴风雪，我碰上过大巴凌晨三点坏在山路上，全体乘客一起在雪地里推车的窘境；也曾因为忙于考试一整天没有时间吃饭，在傍晚时分的车站捧着热狗幸福地狼吞虎咽。

这就是我满世界奔跑的开始。

忙于面试的同时，我也在美国不同的州看到了不一样的风土人情：我遇到过至今过着17世纪的生活，既不用车也不用电的阿米什人；在汽车站和参加过越战的退伍老工程师聊天；在转车的无名小镇误入毒品集散地。很幸运，在两个月的奔波后，我几乎拿到所有申请学校的录取，并有幸成为我的"dream school"——曼哈顿音乐学院，当年在全球招收的两名作曲之一。

现在回想起来，我很感激自己在留学生活的开端就被丢到纽约这种"恶劣"的地方。所谓恶劣，并不只是飓风洪水龙卷风或者冬季零下40摄氏度的气温，更多的则是灵魂层面的炙烤。在这里，你能看到既得利益者们的纸醉金迷，更能看到真正逆流而上弄潮者们的脱胎换骨。"没有任何人或事在这个城市可以完全依赖。能在这里活下来的，都是内心真正强大的人。"凌晨5点，发着高烧，下着大雨，站在没有电梯的116街地铁口，拿着两只30公斤的箱子搬家的我这样想，"我已经离开北京的安乐窝了。在这里，我也必须快乐强大地活下去"。

坦率地说，留学的第一年多少有些艰难，音乐史课程上铺天盖地的德语、法语、意大利语、希腊文、拉丁文让我始料未及，然而这正是一种有趣的挑战。当一年后我可以用拉丁文读懂13世纪歌词里的宫廷内幕趣闻，那些将讲座录音听上5遍的夜晚都变得无比值得。另一个挑战则来自胃部，一种清贫带来的使心跳加快的饥饿感。在纽约的每一个周六，我都会带着干粮，花12个小时，徜徉在大都会博物馆炫丽的人类瑰宝之中，即便有时手里的干粮是在流浪者队伍里排队领来的扶贫救济粮。

曼哈顿音乐学院的严谨训练给了我扎实的音乐基本功和丰富的演出经验，就像好士兵需要战场练就一般，好的作曲也需要舞台实现成长。在这里，不断创作，不断演出，不断自省。他人的包容与"漠不关心"让我逐渐成长为"自己想成为的人"，而没有"成为其他人"的压力。

家，是我对耶鲁大学的称呼。来到这里是2014年秋，那时的我经历了美国和德国种种困境的捶打。夹着自己的曲谱于2014年的寒冷春天去耶鲁面试时，心里便油然而生一种异乎寻常的归属感。

我怎么能不爱耶鲁呢？这里满足了沉浸于英国法国文学的我对于大学的全部想象——巍峨的哥特式建筑、塔楼的钟声、庙堂般神圣的图书馆、墓地里沉睡的先贤，以及可以用烙铁打入我灵魂的校训"光明与真理"。耶鲁几乎给了成年的我一次重生与成长的机会。除了耶鲁音乐学院慷慨给予的全额奖学金使我可以更轻松的自由创作外，晚6点到早6点门到门接送的校车，全美最好的大学食堂之一，以及所有服务细节上无微不至的关照，更塑造了我的性情、价值观与信仰。

我的父母于2016年来耶鲁拜访时曾感叹，无论耶鲁被定义为怎样的一个大学，每个专业差异有多大，它首先是一个艺术学院。对此我深以为然。作为耶鲁音乐学院的作曲硕士，这片土壤最大程度保护了我作为创作者的敏感与悸动。各个学科朋友们对于音乐艺术的关注，也在同类大学中极为罕见。耶鲁本科生的群体里，鲜有既不在各类学生乐团里演奏乐器，又不在各类合唱团中演唱，或不对各类音乐课程感兴趣的学生。研究生院的诸位同僚，无论是物理化学生物医学实验室里的苦心钻研者，或是文史哲建筑戏剧之海中揽月者，都时常相聚于各类音乐会演出现场。

记得入学第一天，院长罗伯特·布洛克在新生开学典礼上便告诉我们，耶鲁音乐学院每年招收的新生都是来自世界各地的顶尖青年音乐家，然而耶鲁招收我们进来，并不希望耶鲁是我们整个音乐生命最大的亮点，而只是我们展翅腾飞的起点。

"我们更渴望听到的，是你们毕业后做了什么。"

不得不说，这确实是一所培养总统的学校。它刻入人心的社会责任价值观，使其绕开了"精致利己主义者"的教育双刃剑，并源源不断地向世界输送那些放弃华尔街高薪，而去非洲拉美中东做非营利组织，在各个国家创业做社会服务项目的"固执傻子"。

我在耶鲁音乐学院的第一堂课，并不是音乐专业教学，而是一个叫作音乐、服务与社会的课程。主讲教授塞巴斯蒂安·鲁思是一位青年小提琴家，他分享的第一个案例，是他如何在美国贫困高犯罪区域教授儿童音乐，从而显著降低当地犯罪率的故事。固化意识中，艺术家真正在社会架构中的作用是极小甚至微乎其微的，他的故事给了我强烈的震撼：在人们常常忽略的公民社会层面，个体的能量超乎想象。由此，我更加确定了自己的信仰：艺术家不仅仅是思想幽冥中的奇特生物，他们胸怀天下，更在行动上以天下为己任。

自此之后，我开始混迹于法学院、商学院、政治学院，以及种种世界学者、联合国官员、战地记者的经验分享会，并陆续参与到各种慈善活动中。印象比较深刻的一次，是受一个生物学家团队邀请，在纽约为自闭症儿童募捐的活动演讲。活动前几周，我开始走访纽约周边的自闭症儿童家庭，去聆听和了解孩子们和家庭的生活状况。这次体验是心酸而深刻的。在这些艰难的家庭环境中，我发现很多孩子有着不可思议的艺术天分。在这之后，我改变了演讲只为募得捐助的单一目的。一次捐助很难对这些家庭起到根本性帮助，在这些孩子的父母随着岁月而老去的时候，谁能接手照顾毫无自理能力的他们？我提出了大胆而疯狂的建议——呼吁艺术工作者们参与他们的教育，给这些折翼的小天使们插上艺术的翅膀。不知道是否与那次活动有关，近两年，纽约周边出现了大大小小的自闭症服务机构，这让我十分欣喜。

另一场关于艺术改变生活的感动来自于我的一部作品。这部作品的名字叫《我的99次死亡与重生》，是我独立创作的单人音乐戏剧，内容取材于我采访的不同女性在不同年龄遭遇暴力与侵犯的故事，并由我自己作为发声体，用第一人称的方式叙述出来。演出后三个月，我在脸书上收到来自一位美籍华裔观众的消息。她告诉我，她在看演出前经历了一次痛苦的被侵犯，精神濒临崩溃，但我表演的勇气给了她巨大的力量。她希望向我表达感谢，并且表示如果我需要扩充内容，她可以把故事无偿提供给我。通过艺术帮助他人改变命运，这正是耶鲁传递给我的价值观。

耶鲁到底成就了我怎样的价值呢？也许我应该这样回答：我相信世界上有那么一些人，终其一生的努力，不是期待于名利，只是想无限接近自己灵魂的满足。我也会艳羡那些光滑无波的生命，而于内心深处，我坚信有质感的人生需要沉重甚至于粗糙的打磨。经历一切后，灵魂仍可如飞鸟般，震撼而轻巧地飞过才是最最可敬的，而他的思想也必不会被任何牢笼所束缚。若一件事可以为我们所爱并誉为事业的话，那么我们所爱的便是做这件事本身的幸福感，与它可以带来什么，又有什么干系呢？

我爱那些欣然吮吸生命褶皱中所蕴藏的灵魂的甘甜，我也想给予这个世界许多的美好与爱。

小贴士

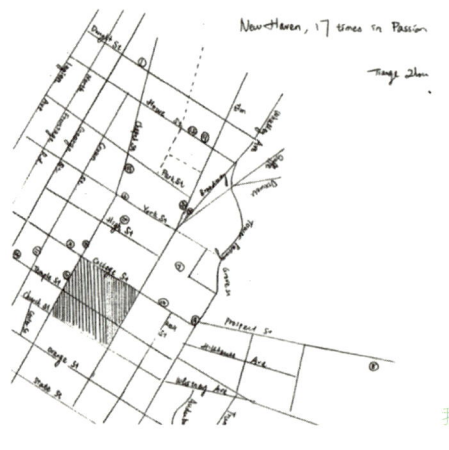

我手绘的纽黑文地图

最后说说我在耶鲁的生活。纽黑文坐落在低调优雅的康涅狄格州——世界上第一个汉堡包和棒棒糖的出生地。这个精巧多姿的小城市拥有17个舞蹈团、35个综合体育队、28个室内体育队、45个体育俱乐部、21个合唱团、4个大文化社团、8个喜剧社、9个学生戏剧团体、22个音乐团体、19个议政团体、36家学术出版社、23处剧院和音乐厅、24家书店、55座博物馆及图书馆，以及无数独特的美食。这里我爱的地方有几百处不止，如若细数令我怦然心动的空间，不如让我用手绘地图的方式，带你走近17个隐秘邂逅点。

No.17 Kasbah 花园餐厅

Kasbah 花园餐厅

这是一家完全由店主心情决定开门或者关门的阿拉伯餐厅，有着纽黑文独一份的羊肉煲。在这里窝在餐厅的阁楼上，品尝口味独特的摩洛哥茶，又或在沙发上小憩，做一场阿拉伯风情的好梦。

No.16 哈克尼斯塔

哈克尼斯塔

高 66 米的哈克尼斯塔是耶鲁的象征之一。这里的四季风情各有不同,我最爱新英格兰地区充满荣耀的秋季到来之时,夕阳下的塔身侧影。

No.15 伊斯曼剧院

伊斯曼剧院

我在这里看的第一部戏是耶鲁戏剧学院的魔幻现实主义巨制《大师与玛格丽特》。此后,每过几周我都会出现在这个剧场里。在戏剧拓展性的思维下,音乐灵感也以与众不同的方式在头脑中绽放。

No.14 "领结"电影院

"领结"电影院

一家堪称简陋的电影院，外观与名字一样优雅，也透着岁月的味道——属于几十年前的荧屏爱侣，属于西部片里的枪手，也属于被忘却的打领结的时代。

No.13 慢下来，你现在是在比利时时间

梅森与马赛尼斯咖啡店

"慢下来，你现在是在比利时时间。"这句话印在纽黑文著名的梅森与马赛尼斯咖啡店的玻璃上。因为玻璃上的这句话，也因这里是学校的中心地带，所以此地成为了学生小聚的固定地点。

No.12 深夜食堂：马蒙炸丸子餐厅

马蒙炸丸子餐厅

马蒙炸丸子餐厅开门至夜里三点，几乎是纽黑文营业最晚的餐厅。因为位置靠近美术、戏剧和建筑学院，大量音乐学院学生住在附近，这里的法拉费炸豆丸子便成了艺术工作者夜里补充灵感的必需品。

No.11 耶鲁中国学生学者联谊会

有什么想说的话，别忘了在空白处随手记录下来，然后用手机拍个照，发送到邮箱 haohaoksj@163.com，说不定书的下一次增订版中就会出现你的精彩留言哦！

参加联谊会的我

2014年深秋，我穿着一条红色的裙子，参加了耶鲁中国学生学者联谊会组织的人生第一场社交舞会。那就是我想象中舒缓而矜持的舞会的样子，弥漫着只属于少年的优雅羞涩与淡淡浅浅的悸动。

No.10 斯普雷格音乐厅

斯普雷格音乐厅

这里是耶鲁音乐学院的主音乐厅，座位上刻着许多著名校友的名字。在这里，我演出了室内乐作品《力学定律研究》与《本初之初》。

No.9 乌希礼堂

乌希礼堂

礼堂于1901年为纪念耶鲁建校两百周年所建，是耶鲁面积最大的演出场所，可容纳2650位观众。我的作品《献给阿多尼斯的悼歌》和《一个选择》都是在这里进行了首演。

No.8 神学院

神学院

耶鲁的运转节奏随着校园的海拔升高而逐渐变缓，大概因为宗教研究场所会让人心平静，海拔最高的神学院，总能悄然无声地使人从躁动中抽离出来。

No.7 斯特林纪念图书馆

斯特林纪念图书馆

我曾担任耶鲁音乐图书馆的古珍稀图书特别管理员，与有好几百年历史的牛皮、羊皮、草纸乐谱打交道。工作间隙，我喜欢到小花园里发呆，或是在那个有着时光机般神秘气质的走廊闲庭信步。

No.6 约克街 180 号

耶鲁大学的建筑学院楼，是建筑师保罗·鲁道夫轰动一时的作品。它之于我更是地下教室里的中国山水画之美。耶鲁大学艺术馆有7000多件亚洲藏品，作为课程学生可以看到许多未展出的珍贵字画。

约克街 180 号

No.5 川园

川园餐厅

每个留学在外的人都知道，乡愁最集中的体现是味蕾。川园的夫妻肺片是我的必点佳肴，我也曾在此

正是故乡味，一解愚乡愁。

数次偶遇住在附近的李昌钰先生。

No.4 佛与茶

佛之爱茶馆

这座寂静的新英格兰小城，也藏着一所地道的中国茶馆。清雅的红木桌椅，摇曳光影的灯笼，淡淡的熏香，以及慢而又慢的身影。我最钟爱的茶是铁观音，这家店把它翻译为佛之爱。

No.3 猫头鹰店

猫头鹰店

这家店主要出售的商品是雪茄，产自南美诸国，其次是零零散散的咖啡与美酒。这里出售各种优质威士忌，大抵是因为配上雪茄的味道别有风韵。在这里常常可以看到耶鲁各学院教授优雅地出入。

No.2 狗头校车

狗头校车

我常常在耶鲁橡树街与约克街路口等待，等一辆印着耶鲁校狗头像的车。一年365天的晚6点至早6点，耶鲁的学生与工作人员可以随时呼叫学校门到门的校车，免费前往城市的任何一个地点。

No.1 家

我在纽黑文的家

纽黑文市德怀特街的一幢小楼是我心灵深处的树洞，我在这里创作了2014年至2016年间的全部作品。

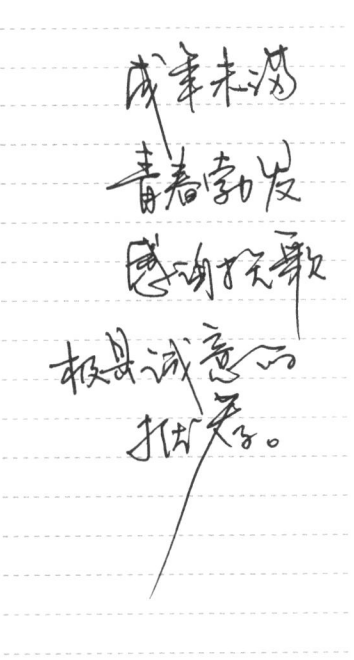

> 戊辛未满
> 青春勃发
> 感谢挽歌
> 极具诚意的
> 打击无奈。

这个家也曾充当过我的护甲。我在耶鲁的第一个学期修了32个学分，创作了两部新作品。因为神经疲劳，我的左眼暂时性失明。回到公寓，我关掉所有灯，这个家成了我唯一能感到安全的地方。在数周几乎24小时都封闭于此的时光里，内心无限接近崩溃后，我开始在黑暗中重新思考很多哲学问题，猜想生命、时间、空间的关系。不得不说，那个黑暗的冬天给了我巨大的启迪和灵感。家，作为一切的唯一见证者，于我的整个人生都有了非比寻常的意义。

我在耶鲁管理学院"痛并快乐着"的日子

耶鲁大学
薛笑

本科毕业后，我被耶鲁管理学院MBA项目银色学者（Silver Scholar）直接录取。一般的MBA都要求5年左右的工作经验，而这个项目直接录取本科生去读MBA，对学生在成绩、经历、能力上都有着更高的要求，是世界上录取率最低的MBA项目之一，每年在全球范围内只录取不到10位华裔学生。

在耶鲁读MBA的第一年，是我过得最辛苦的一年。我也经历过高考，整整一年都是凌晨两点才睡觉，但是这种辛苦，都不能和读MBA的辛苦相提并论。入学之前，上一届的学长学姐们告诉我们，MBA的第一学期就像飓风，一切让人措手不及。虽然做好了心理准备，但是显然实际情况比想象的更加辛苦。

读MBA的累，是心累：读书、找工作、社交三重大的压力。每天课程排得满满的，不能缺课，还有助教记你的发言质量，作业经常写到后半夜；学校会在上课的空余时间安排公司的招聘会，结束后还得去跟公司的人套瓷，聊完后要名片，回去再发邮件给每个人写定制的感谢信，这些活动往往都排在午餐时间或者晚上，于是常常忙得忘了吃饭，从一个活动奔往另外一个活动；申请每个公司都要写不同的申请信，除了官方渠道，还要去和校友发邮件打电话，这种聊天可并不轻松，每一次都要尽量给对方留下好印象；每天的主题就是找工作、找工作，同时看着身边的同学陆续拿到工作通知，这种压力可想而知；活动也很多，一开始生怕会错过一个活动，但是很快就会意识到，你永远没办法所有的事情都参与。在MBA的第一年里，我投过上百份简历，找上百位校友联系过。记得那时候一位二年级的师兄做分享，对我们一年级的同学说："如果你觉得自己的生活很痛苦，那就看看你旁边坐的人，想想他们的生活跟你一样痛苦，这样你就没那么痛苦了。"

而作为银色学者（Silver Scholar）我们的压力其实更大，我的同学们基本都有5年左右的工作经验，而我只是刚刚本科毕业，就要和他们一起上课、讨论、竞争工作机会。我的内心时不时会怀疑自己来读MBA的选择是否正确。本科毕业的时候我已经拿到了美国工作的全职录取通知书，薪水也不错，本可以过安逸的生活，但我为了读MBA放弃了这个机会。而MBA的主题就是找工作，现在我又把自己放到了求职的竞争市场上，重新经历了一遍找工作的艰辛，我为什么要这样折腾自己呢？在MBA的第一学期，我把自己的时间按分钟来计算，学习、求职、社交一样也不落下，但是这样的怀疑一直在我的脑海里，没有找到答案。

当时唯一的感觉是身心俱疲，我需要好好地休息一下。于是破天荒的，寒假一个月的时间，我决定不给自己安排任何事情，待在家里休息。

如果是以前，这样的无所事事会让我很有负罪感。但是那时的我太需要这场休息了。也许很多事情都是这样，当拼命思索得不到答案的时候，不如把它放一放，去做些别的事情，某一天蓦然回首，答案突然就了然于心了。这样的休息给我积累了重新出发的能量。第二学期回到学校，我觉得满血复活了，也把更多的时间从求职和学习中抽离出来，心态得到了转变，一开始的疑问也终于有了答案。

商学院的生活到底是怎样的？读MBA到底值不值得？下面就给大家来看一看具体是如何"痛并快乐着"的。

8月

入学第一周是新生活动，学校组织了各种各样的活动让新生尽快适应生活。300多位来自50多个不同国家的同学，国际生的比例达到了46%，耶鲁重视多元文化的程度在众多商学院里都是少见的。

所有活动里，我印象最深刻的是一场关于多元文化包容的讨论。学校请来了专门的话剧演员让观众体会作为女性、国际学生、有色人种、同性恋这些少数人群的感受，整整4个小时让大家观察、讨论、发言。我在美国做国际学生不是第一天，所有的学校都在呼吁包容性，但是耶鲁的重视程度还是让我感到惊讶。院长不止一次说："融入不是国际学生自己的责任，我们所有人都应该为了这个包容的环境而努力。"我的美国白人同学，明明不是少数人群，却主动要求讨论更多关于国际学生的问题：问我是什么样的感受，他们怎么样可以做得更好。我觉得自己很幸运，能在这样一个包容的环境里学习。

多元文化包容讨论的现场

课程的压力也不小，这一学期10门课，10月迎来第一波期末考试，12月再考一批，每天作业都写到凌晨，还不算每周20到30个小时找工作的时间，每天的日程都被排得满满的。

9月

读商学院的一大福利是经常可以听到各种大牛的讲座。可能准备管理咨询面试的同学都读过一本面试圣经《Case in Point》，这本书的作者Marc

Cosentino 亲自来耶鲁办讲座。结束后我去找他聊了几句，告诉他我几年前就开始看他的书，还按照他教的方法认认真真做了几本笔记，老爷子听了很开心。

我靠一个近乎蛮力的练习中争到第一名，得到了一个马克杯奖品

这个月课业压力更重了，经常写作业写到凌晨一两点，严重缺乏睡眠，已经练就了边走路边吃饭的本事。有时候忍不住问自己：我为什么要这样折磨自己？这样做真的值得吗？但是又在下一秒打满鸡血，感恩这里的资源，下定决心要更努力才能让自己的付出有所回报。

中秋节到了，每逢佳节倍思亲，算算我已经 8 年没有在家过过中秋节了。今年的中秋节中国同学们一起聚餐吃月饼。有了小伙伴们，异国的中秋节也显得很热闹呢。

和中国同学们一起过中秋

10 月

阿里巴巴执行副主席蔡崇信来做讲座，他也是耶鲁的第 84 届校友。当被问到当年为什么放弃百万年薪

的律师工作和马云一起创办阿里巴巴，他说了一句话让我印象深刻："如果机会成本是可以被计算的，比如薪水，那可能意味着你应该放弃它为了更大更好的事情。"

阿里巴巴执行副主席蔡崇信来学校做讲座

84届校友Denis Ring来做讲座，他是糖果公司OCHO的创始人和Whole Foods前副总裁。我现场提了一个问题拿到了还未上市的黑巧克力口味糖果做奖励。

学校的洗手间里贴着同学们自己写的诗，一次偶然的机会看到了这首"你不用做最好的"，觉得很治愈。

图书馆的透明玻璃上是同学们的涂鸦，不知道哪位中国同学把孟子的话放了上去：天将降大任于斯人也，必

图书馆透明玻璃上的涂鸦

222

先苦其心志，劳其筋骨……这也算是给自己打鸡血吧。

这个月仍然是每天凌晨一点才能回家，但是好像学会了如何在紧张的生活里保持好的心态。在所有的一切里，我最感谢的是这里的人，能够和比自己有更多工作和人生经验的人在一起学习生活，其实是一件很酷的事情；就算是在理论满满的课上，大家也会举手主动分享自己在实际工作中的经验；面试前同学主动提出帮我练习，发来鼓励短信，心里也是暖暖的。想想站在整个人生的时间轴来看，好像此时找工作和课业的压力也就不算什么了。

11月

耶鲁的秋天太美了。

耶鲁秋天的校园

和同学们一起在教室里看美国大选直播，没想到见证了一个历史时刻——不敢相信特朗普当选了！很多同学都很伤心，第二天开会，6个人里5个人的眼睛都是肿的。本来约了就业指导中心的老师给我改简历，结果1个小时的时间她都在跟我讲她和家人的心

情有多崩溃，根本没办法正常工作。

耶鲁的校狗是斗牛犬，上一只去世了，于是学校开展了全国范围内的新的校狗选拔。这一只是 Handsome Dan 十八世，果然一上任就收获了一大票粉丝。每年哈佛—耶鲁的橄榄球大赛都是大家关注的焦点，没想到这只新校狗竟然保佑我们赢了"哈佛—耶鲁大战"，这可是 10 年来的第一次啊！！！

当选的新耶鲁校狗

> 看来得给 dan十八击 参加根骨头了.

12 月

第一学期接近尾声了，学校准备了美食，糖果，香槟庆祝，还贴心地送了毛毯和照片。

学期末学校帮我们准备的庆祝

1 月

为期一个月的冬假结束，回到学校第一周是全球虚拟团队的训练。以 4 个人为单位，耶鲁的同学们和全世界各地的 MBA 们组成一组，一起学习如何和不同文化背景的人一起远程工作。除了课程，也有一些非常有意思的训练，比如小组同学一起读一个谋杀案，每个人都只有部分信息，最后要通过交流信息找出真正的凶手。作为一个侦探小说爱好者，我简直太喜欢这样的训练了。

在美国5年，每年的新年都没办法回家，这一年的新年和耶鲁的同学们一起过，大家一起吃年夜饭包饺子。

生日那天，朋友们来家里为我庆生，好友还特地从波士顿坐火车过来，一个被友情包围的月份。

每天的日常就是读案例、写作业、上课。商学院的案例阅读量很大，常常1周就是几本书的阅读量，有时候因为时间压力，很多案例都只能草草看过，但其实这些案例都非常有价值，值得每个去细读。

朋友们来为我庆生

2月

在纽黑文见识了人生中第一场暴雪，没办法出门，车都被埋了，但是听说还有教授坚持上课。竞争战略的教授发邮件给同学们说，"暴风雪是无法阻止你的竞争力的。"耶鲁校长给全校同学发邮件说，在他的教学生涯里从来没有因为天气原因而停过课。

这一天，我还是起了个大早，来到优步的纽约总部参观，坐了2个小时火车，穿着高跟鞋在积雪里走了5条街，这酸爽。耶鲁的所在地纽黑文是纽约附近的一个小镇，为了找工作，我们时不时要坐火车来纽约参观公司、面试、联系。一些找投行工作的同学甚至要每周来两三次，想想光是往返路程就要4个小时，就知道其中的辛苦了。

这一学期放缓了联系和找工作的节奏，机会反而自己来了。同时拿到了美国和国内的工作录取书，美国的薪水比国内要高出很多倍，但是在美国生活了几年之后，这样安逸但无聊的生活对我来说已经没有了吸引力。我的心声在呼唤我回国看看，但同时我要接受的是不那么高的薪水，加班文化，还有雾霾。询问了很多人的意见，纠结再三，还是决定回国了——不管未来会怎样，但是我还年轻，我不想过一眼能看到头的生活。

3月

学院里的国际周，不同国家的同学们准备各自国家的美食。这一天尝到了30多个国家的食物，很多我见所未见，闻所未闻，可还是亚洲美食最受欢迎。

参加了MIT的亚洲影响力大会。论坛的发言人来自腾讯、HTC、三星等公司，发现自己对科技行业越

交换出期于圣地亚哥商学院

来越感兴趣了。

耶鲁管理学院每学期都提供一次去国外交流的机会，同学们可以自由挑选世界上的各个国家，包括一些比较冷门、小众的国家。以色列、南非、日本等都是每年同学们选择的大热。我则选择了南美的智利，我们在圣地亚哥商学院里进行了为期一周的南美金融行业学习，参观了智利的一些顶级金融机构，和来自全世界各个学校的MBA们一起学习、交流。

学习结束后，我开始了自己的冒险旅程。我独自一人去了世界上最干旱的沙漠——阿塔卡马沙漠。

我独自的旅行

不会说西班牙语，当然也出了不少状况。但是我却爱上了这样的独自旅行，和朋友们一起旅行时，我总是不自觉地把注意力放在朋友们身上，对身边的环境也观察得少了。有别人可以依靠，自己也会懒得操心。开心是开心，但是回来后对当地的记忆并不深刻。而自己旅行时，没有人可以依靠，查资料、行程设计、交通住宿全得自己搞定，这是一个加深对当地了解的过程。旅行中的独处也增加了很多思考的时间，是一个自我沉淀的好机会。

下一站我去了世界上最高的高原国家——玻利维亚，这里没有网络，没有手机信号，没有电，我失去了所有和外界联系的方式。每天的日常就是坐车，看着窗外的美景发呆，下车游览。在这里看到了很多一辈子都没有见过的奇景。红色的湖泊，站在火山口旁看火山泥，长满巨型仙人掌的岛屿，还有大群大群野生的火烈鸟和羊驼。以及泡了这辈子最酷的温泉，在4000多米的高原上，纯天然的火山灰硫黄温泉，眺望着远处的河流湖泊。

玻利维亚旅行条件艰苦，同车的小伙伴们一路互相照顾，形成了深厚的革命友谊，也因此结识了很多很酷的人。有环游世界8个月的，有职业旅行作家，有开了连锁餐厅用挣的钱来旅行的，也有辞了律师工作开始环游世界的。在这与世隔绝的两个星期里，好像美国的一切都离我很远很远了。在同样一种环境里生活久了，很容易把眼前的事情当作理所当然。然而世界之大，总有人以跟我们完全不同的方式生活着。希望不管过多久，都不要忘记这一点。

4月

回到学校，去观摩了商学院一年一度的盛事"Bullshit Competition"，顾名思义，就是胡说八道大会。这源自于外界对MBA们的一种偏见——能说，爱说空话。这个比赛就以这样的固有印象为出发点来自嘲，自己人打趣自己人才精彩，所以异常搞笑。比赛内容是给选手们从来没有看过的PPT，让他们现场来讲解。而PPT的内容往往也很荒诞，比如把蜥蜴和宏观经济放在一起。而选手就需要现场反应，把这些毫无道理的事情现场解释出来。看着他们强撑着用各种商业术语、框架、客套话来解释一堆前后毫无逻辑的东西，笑得肚子都要痛了。

"胡说八道大会"现场

MBA里有一些很有意思的课，比如红酒课。学习红酒知识，每节课尝试7种不同的酒，最后一节课

还有米其林大厨来做龙虾牛排搭配着红酒一起吃。

耶鲁学长，黑土麦田的创始人——秦玥飞学长来到耶鲁分享他的经历。3个小时的分享会，感触颇深。褪下镜头的光环，他的故事很真实。能够理解他为什么选择毕业后去农村，以及为什么要创办黑土麦田。印象最深的是他提到和村民的感情，回村后每一家都拉着他嘘寒问暖，甚至供着他的照片。那个时候他明白了支撑他的不是什么大道理这样的空中楼阁，而是为了这片土地，以及土地上的人。不能再同意更多，最触动人的往往是最平凡的感情。能想象他给那么多村民生活带来变化所得到的喜悦感和成就感。用他自己的话说，这种感觉很爽。除了改变村民，他也改变了国内做公益的模式。黑土麦田不是简单的呼吁大学生去做公益，而是学习"Teach for America"的模式，让大学生在做公益的同时得到足够的支持甚至保证最好的出路。两年基层实战经验加上不错的薪水加上大佬的培训加上中国农业大学硕士，甚至有可能拿罗德奖，这对大学生来说是很好的机会。秦玥飞深知不能只用道德去帮助人，他每一步都在思考着如何做得更好。他的故事让我真切感受到了什么是真正的影响力，

秦玥飞学长

我们能做的事情其实可以很多。

MBA 对于我来说最大的财富之一，是可以和很多比我成熟和有经验的人成为朋友。本科时代的生活很单纯，每个人最重要的事情就是学习。但是 MBA 的同学们让我体会到了生活的复杂性。比如有的人结婚了，做职业选择时需要考虑自己的伴侣，有的人还边读书边生孩子。我意识到生活中需要考虑的事情很多，不只是学习、职业发展而已。同学的宝宝刚刚出生，我去他们家吃饭顺便看了看他家宝宝，这对于我这么爱小孩的人简直是一种福利啊，于是我主动要求帮他们照料小孩儿。

5 月

这学期上了一门收获很大的课叫自我领导力，课程内容包括自我改变、自我约束、幸福感、耐挫能力，等等。课程里最大的一个项目是"100 天改变计划"，教授先带着我们找到自己的核心价值观，然后每个人要根据自己的核心价值观做一件事情坚持 100 天。研究表明，只有符合自己价值观的事情，人才能做的持久有动力。我的三个核心价值观是影响力、人际关系、写作与演讲。做有影响力的事情会给我带来很大的成就感和满足感；我很在乎人际关系，注重人际交往；我的特长是写作与演讲。根据这三个价值观，我决定开设自己的个人微信公众账号"微笑小姐 S"，和大家分享自己在留学、教育、职场上的经验。

> 勇敢、突破
> 决定了你人生
> 的广度与深度。

很多人问我为什么要开这个公众号，为什么要坚持写，但是他们不知道这个公众号对我来说的意义有多大。首先写作给我的生活带来了很大的变化。写作是深度思考、整理思路的过程，这样的效果是"只想不写"代替不了的。其次，能持续分享的前提是能持续充电，这也鼓励我不断地学习。以前累的时候我也会没事刷刷剧，自从开始持续写作，现在连看电视的欲望都小了。

见证着粉丝从无到有，一篇篇文章被关注转发，也是一个神奇的过程。在周围朋友的鼓励下，我第一次写出了自己的故事《从文科插班生到耶鲁MBA——一个有关选择、勇气和坚持的故事》，在粉丝量还很少的情况下，达到了1万加的阅读量，之后被领英、奴隶社会等多个微信大号转发，达到了几十万的阅读。我也收到了很多人的留言，有人说被我的故事所感动，有人说和我曾有过类似的经历，有人说我的故事激励了他。

别人可能很难理解这些鼓励对我的意义有多大。这些故事，我曾在过去的几年里闭口不谈。因为当年在我做出那些选择的时候，几乎没有人支持我。而通过分享，我第一次知道了自己的故事是被人理解的，对别人有意义的。这教会了我"做真实的自己是世界上最有力的事情"。

最后一节课，自我领导力的老师带我们去她海边的大房子里上课,每个人都分享了自己"100 天计划"的成果和感受。

和 2 年级的同学们一起去毕业旅行。最后 1 天晚上,大家敞开心扉分享了自己在耶鲁最难忘的事,不少人落了泪,那天晚上的场景我到现在还记忆犹新。感恩耶鲁让我遇到这样一个真诚、友善、包容的集体。这样的集体,我在其他地方还能遇得到吗?

前一阵和一个斯坦福 MBA 的朋友聊天,他说每个 MBA 可能都要经历一个"自我放弃"的过程。首先是一进学校的 FOMO(Fear of Missing Out),生怕自己错过什么,然后意识到自己永远也不可能什么活动都参加,再意识到总有比自己优秀的人,然后学会放弃和平常心。回头看,我经历的不就是这样一个过程吗?

学期结束时,我去拜访了学院的院长迪安·贾恩,他也是当年招我进耶鲁的面试官。面试结束时,他对我说:"尽管几周后我们才会通知面试结果,但是我想让你知道,你真的是一个非常杰出的候选人。"

稳定优渥的生活
始终替代不了更有
挑战的人生。

与同学们一起毕业旅行

1年时间匆匆而过，我和他分享了这1年以来的经历。从一开始的痛苦，到后悔来读这个项目，到挣扎中成长，再到庆幸自己当初的选择。

银色学者这个项目看起来像是一个少年班，一般的MBA项目需要平均5年的工作经验才能申请，而银色学者项目则能让本科毕业生直接申请，在短短3年内拿到MBA学位。当初我也是被这一点吸引才决定来读这个项目，但是回头看，这个项目实际上教会了我如何慢下来。在不断尝试又失败的过程中，我意识到了很多学习和职业发展的过程都是无法跳跃的。

而这个项目实际上带给我的最大收益，是自由选择和尝试的机会，因为不管我中间再去冒险、去试错、去尝试任何职业，有一天还能选择再回到学校，重新获得一次职业选择的机会。

我和迪安·贾恩先生聊了整整1个小时，他把我说的话都记在了笔记本上，说希望分享给未来的银色学者项目的学生们。结束时他对我说："有人说性格是天生的，但是我认为性格是在选择中养成的。你是一个非常坚持有韧性的人，这样的品质在人群中是少见的。"

每次和贾恩院长这样的人交流都像是一场精神上的盛宴，也许这就叫作"心流"。直到结束，我还久久不能忘记贾恩院长说过的话，心里一阵感动。

✈ 小贴士

Frank Pepe's the Spot

在纽黑文，一定不能错过的就是比萨了，这里是美国比萨的发源地，每天都会有上百美国人从纽约和波士顿驾车两三个小时到纽黑文品尝这里的比萨。

纽黑文最出名的餐厅，是以美国比萨饼之父命名的。Frank Pepe 在16岁的时候从意大利移民到美国，大约一个世纪以前，这位意大利移民制作了美国第一张比萨。

这家店的招牌是蒜香鲜蛤白比萨，新鲜饱满的蛤蜊，满满的大蒜、橄榄油和碎芝士在炭烤的饼皮上，不是一般的美味，克林顿在耶鲁读书的时候也是这里的常客。

贝尼克珍本与手稿图书馆

耶鲁拥有将近1500万册图书，在众多图书馆中，最有特色的是贝尼克珍本与手稿图书馆。图书馆于1963年竣工，是当今世界上最大的古籍善本图书馆，有50余万本珍贵藏书和手稿。

图书馆外墙全部由产自佛蒙特州的半透明大理石拼接成，没有窗户，因为古籍保护需要避免阳光直接照射。在阳光充足的时候，这种大理石墙也能透过斑驳的光影，而大理石本身也像斑驳的古籍书画。

图书馆分为两层，一层是大厅和阅览室，二层是书库。书库共6层，外罩一层玻璃墙，用于保护书籍。

图书馆的镇馆之宝是欧洲最早的活体印刷本——古腾堡圣经。

全球最大的体育馆——佩恩·惠特尼体育馆

耶鲁大学佩恩·惠特尼体育馆是全球最大的体育馆，其中包括游泳池、划艇模拟池、篮球馆、健身房、击剑馆等多种奥运会项目场馆，还包括三个北美最高标准的永久性玻璃壁球场。

体育馆从外面看起来像一个大教堂。一层进入处像中世纪城堡大厅，二楼有一个看起来像《哈姆雷特》电影版才有的奖杯室。

体验体育馆最好的方式是坐电梯到14层的哥特式建筑塔顶，然后从上到下游览，这里拥有你能想象到的所有设备。

Here is New York

纽约大学
汪星宇

> 如果你曾经生活在纽约，并让这里成为了自己的家，那世界上别的地方就都显得不够好。
>
> ——约翰·斯坦贝克

从纽约大学毕业回国已经3个多月，现在，我坐在湘西花垣县金龙村村部回想起在纽约的日子，仿佛已经过去了很久很久，那些画面是那么的远，却又那么的动人。

本科的时候，我曾经在芬兰的首都赫尔辛基交换过半年，但我自始至终都觉得没法亲近这位"波罗的海的女儿"。相反，我很落俗套地喜欢读硕士时的城市——纽约。

就像美国作家约翰·斯坦贝克所说，纽约给了太多的外来人"家"的感觉，在这里你从来不会觉得自己是"外国人"，而会觉得大家都是"外地人"。每个人都来自世界不同的角落，每个人都用自己的方式

星宇：
谦谦君子，特别努力。

融入纽约，每个人都带着自己的故事想要和你分享，想要与你诉说。

在纽约，你必须非常努力，才显得毫不费力

如果你对生活贪心，来纽约吧。

如果你想每天得到尽可能多的收获，来纽约吧。

刚到纽约的时候，为了省钱，我与朋友在史泰登岛上合租。这座小岛位于纽约下辖的海港之上，从远离纽约市中心的自由女神像向南，还要30分钟的船程，可以说是纽约最遥远的郊外，是个人烟稀少，连不少纽约本地人都没太听说过的地方。

每每向人介绍时，我总得打开谷歌地图给他们展示"我的小岛"究竟在哪儿，跟他们证明我真的住在纽约市，虽然住得远一点，可也还算是个纽约客。

与我的住所不同，我的学校NYU位于纽约市中心曼哈顿下城的黄金位置，NYU学生都知道在纽约租房有个黄金定律，就是你的住处到学校的距离与你租金的乘积几乎是个定值。简单来说，住得越远越便宜。所以我这个每天坐半小时轮渡，搭半小时地铁，再走上半小时上学的人，至今还没遇到过租房比我更便宜的学生。

便宜的租金，当然是有代价的，为了赶早上8点钟的课，我总要清晨6点半就冲出家门，一路小跑，到一个小山坡以外的码头赶船。我平时喜欢煮玉米做早餐，用筷子一插就冲出门去。大概是手里拿着"兵器"

的缘故，每天赶船的路上，从来没有什么车辆行人敢挡我的路。

那段时间，我过得特别简单，每天只做一件事儿，就是把自己尽早扔出家门。因为只要在路上，被窝就没有机会变成"青春的坟墓"。但也确实很累，在船上歪着脑袋睡着是常有的事儿，甚至手中翻看的书籍什么时候落在了身下也不会觉察，或者听着的视频课程空播了很长时间也没把我吵醒，经常船"砰"的一声靠岸，我来不及擦一下嘴角流着的哈喇子，就抓起书包朝下船的方向挤。

不过正是因为这样的累，那一年，我一刻都不敢放松，觉得一旦放松就对不起自己最初的努力。就好像你花了3个小时赶路去图书馆学习，然后你只在图书馆学习了2个小时，你会觉得分外对不起路上耗费的那么长时间。于是，为了对得起赶路的时间，你会不自觉地在图书馆待上一整天。而每天晚上11点离开图书馆的时候，我惊奇地发现有百年历史的纽约地铁站里，老鼠比人还多。

我常常自嘲，在我回家的轮渡上，就没有"没有颜色"的人。大概华尔街的精英们这个时候还在酒吧里狂欢，而那些墨西哥裔、非洲裔的大叔们和我一样，结束了一天的工作，正坐着轮渡赶回岛上。偶尔在甲板上眺望远方，笛声悠扬中只有自由女神像旁的灯塔忽明忽暗，我有时会想，如果有一天我老了，想拍一

部自传电影的话，我大概会从这里开始，在这个充满着"美国梦"仪式感的地方。

我喜欢把自己那时的状态称作一种结构性的力量。在路上，身边的人都在奔波，你难免也会开始为自己的未来打算。

纽约街头

据说，谷歌地图上预估步行时间功能的背后有一套考虑到了各个城市人们性格与生活方式的算法，成都人、曼谷人的行走速度被评估为最低，而从来不等红灯的纽约人，就像从来不停止的纽约一样，行走速度之快稳稳占据了世界第一。在曼哈顿形形色色来来往往的人流中，我学会了——在纽约，你必须非常努力，才显得毫不费力。

在纽约，你可以选择自己的生活方式，无所顾忌

在纽约

我曾经早上 8 点去到纽约的一个基金会听《未来简史》作者赫拉利教授的分享，本以为在周末的早晨，不会有太多的纽约人起早来关心未来人工智能能否统治世界的遥远话题，可到了会场才发现，好几位精神矍铄的 70 多岁的老教授早早地等在那儿，与 30 岁出头的作者大谈着人类的未来。

而我在朋友们的一脸不可置信中考下了调酒师执照，花费了两倍于当时房租的学费。在每一个想休息一下的周末，都逼着自己奔向曼哈顿的调酒教室。最后，考证时间还和考试季重叠在一起，挣扎在论文与考试的苦海里，好不容易喘口气的时间，还得拿起雪克壶练练手，当时的狼狈现在想来都很好笑。

不少朋友都问过我为什么要考这个证，我总会一脸真诚地告诉他：因为想为你调一杯酒呀。大家哈哈一笑总当是套路，从不深究。

> 坚持一种爱好
> 让自己感动就好。

为你调一杯酒，说是玩笑，也是认真的。朋友们相聚的时候，能够亲手为大家调制出符合心境和场景的酒，总让我有小小的成就感。当然更重要的原因是，纽约的城市基因里，天然藏着鸡尾酒啊。

和等级森严、品鉴细致的葡萄酒不一样，不同的酒精和其他任何你能想到的新鲜元素碰撞，就可以得出一杯鸡尾酒。你可以严格按照比例调出层次分明、口感顺滑的完美品，可就算失手弄混了顺序，得到一杯意想不到的酒，也可以开开心心给它取个你喜欢的名字，然后一饮而尽。一切都是自由，一切都是创作。就像纽约一样，有人生长在纽约，也有人从世界各地来到这，但没人在纽约是外地人，任何人都可以与这座大都会发生任何碰撞，这是这座城市的魔力，也是鸡尾酒的魅力。

在纽约，于行色匆匆中总有人愿意停下来听一听你的故事

在纽约，人与人之间的距离特别微妙，一方面，纽约人都很注意自己的私人空间，在地铁上，你常常看到能坐6个人的一排座位上往往只坐了三四人，边上的人们因为不想冒犯别人的私人空间，于是宁愿拉着把手站在一旁；可另一方面，在纽约生活的人又比其他地方的人更愿意倾听你的故事，更愿意拉近与你心的距离。

在纽约，当大家听完一场讲座，都会非常自然地

往讲台上靠，与演讲者进一步交流或者交换一下联系方式，可回想在国内，我们习惯于讲座结束后，演讲嘉宾被工作人员簇拥着"抬"出现场，仿佛不这样做的话就是对嘉宾极大的不尊敬，又好像观众里总有一些危险分子，不得靠近。

我硕士的时候没有换专业，学的还是"地命海心"——吃着地沟油的命，操着中南海的心——的国际关系。我的同学们来自地球的不同角落，南非、挪威、智利、阿富汗，等等。这使我听到了世界上许多我从未想到过的故事，而且，这也让我意识到人们的感同身受可以延伸到世界的任何一个角落。

我的毕业论文的研究主题是关于"全球变暖背景下小岛屿国家的气候移民"问题，案例分析主要基于南太平洋岛国基里巴斯，它位于国际日期变更线和赤道交接的地方，是一个距离中国和美国都很遥远的小小岛国。之所以选择这个主题，是因为我非常喜欢基里巴斯前总统艾诺特·汤的一场 TED 演讲。

在做这个研究之前，我特别担心因为 NYU 没有教授研究这一方面的课题，而很难找到指导老师，也不太会有人愿意听我对于这个南太平洋岛国的观察。可后来，我每一门课的教授都对这个课题表现出了极大的兴趣，并特别热情地为我介绍与这个课题相关的一些资源。后来，我曾经在回家的船上与一位俄罗斯退伍老兵聊过这座小岛屿，在华盛顿广场的草坪上与一些印度来的游客聊过这座小岛屿。纽约是个特别神奇的地方，似乎在这里，人们都变得特别愿意听一些与自己不一定相关的事情。我曾经想做一个调酒师，于繁华喧闹中，调一杯自己满意的酒，听一段动人的故事。

E.B. 怀特说："纽约就像一首诗：它将所有生活、所有民族和种族都压缩在一个小岛上，加上了韵律和内燃机的节奏。"正因此，在这样一座城里，你可以找到属于你自己的位置。因为它可以包容各种各样的人，没有人需向其他人解释任何的做法想法。

这不是童话，这是纽约。

✈ 小贴士

穷学生的纽约玩乐攻略——我眼中的纽约亮点

华盛顿广场

作为 NYU 的大本营根据地，华盛顿广场无疑是我心中 No.1 的纽约亮点，白色的拱门作为背景频繁出现在各种美剧中。

华盛顿广场的白色拱门

> 包容，是一个城市水葆活力的源泉。

华盛顿广场的大喷泉，不喷水的时候就是天然的舞台，有勇气站到中间的人就可以自由开始你的表演，永远有人为你喝彩，永远有人为你鼓掌。

闹市区的这么一个公园，虽然小小的，却能给人绝对的放松。夏天草坪上躺满了穿着比基尼和沙滩裤晒日光浴的人，那份悠然自得，让你心生向往。阴雨天的时候，偶尔也会遇到几乎空无一人的广场，此时的闯入就仿佛开启一段私密的对话。

砖红色的图书馆就在公园边，无论广场的叶子变成什么颜色，它都静静矗立在那里等你。

雨后的公园

弗里克收藏馆和纽约新画廊——曼哈顿小众博物馆的探索之旅

据说纽约的博物馆比麦当劳还多。哈哈哈，当然我也没认真数过。大的博物馆，例如大都会艺术博物馆、现代艺术博物馆、自然历史博物馆、惠特尼博物馆，等等，都是纽约必逛之处，这些博物馆藏量丰富，历史悠久，一头扎进去半天或者一天就过去了，而且可以一逛再逛。各种资源介绍和攻略大家一搜就有，而且大部分官方导览也有了中文设置，带上爸妈来逛的时候会方便很多。

如果你有时间在纽约待上一阵，那不妨也去看看隐藏在路边连栋房屋里不起眼的小众博物馆。

弗里克收藏馆

第一家给大家推荐的就是弗里克收藏馆，距离大都会走路几分钟就到。

这座由钢铁大王亨利·克雷·弗里克豪宅所改造而成的小博物馆，完整地保留了故居的原貌，向大众展示了20世纪初的艺术生活。欣赏艺术品的同时，可以切身感受到艺术和生活是融为一体的。

纽约新画廊也位于上东区，推荐它的理由很简单，《吻》绝对值得一看。

吻

舌尖上的纽约

如果说北京上海有着全国各地的美食，那么纽约则汇聚了世界各地的好吃的。米其林上星的餐厅不用我介绍，专业美食博主们早就有了完整的推荐攻略。

热爱便宜大碗如我，在纽约最喜爱的两家餐厅是西贡棚屋（Saigon Shack）和 PioPio。是不是听名字就觉得都很可爱！

纽约有很多越南移民开的越南米粉店，可这一家在我心中有无可取代的地位。在纽约漫长的冬天里，出图书馆走两个路口，只要花 8 美元就能买到满满一大碗汤鲜肉甜的牛肉米线。挤上新鲜的柠檬，味道刚刚好。带着店里的烟火气走进寒风中也不怕了。

西贡棚屋（Saigon Shack）是 NYU 附近的一家越南米粉店

PioPio 则是一家秘鲁菜。

这家全美连锁的秘鲁菜，招牌是秘鲁烤鸡。吃惯了北京烤鸭，秘鲁烤鸡是个啥滋味是不是很好奇。这家店可以满足你对秘鲁菜的初步好奇心。这里有各种的秘鲁菜可以探索。

招牌的烤鸡整只大概 20 美元，可以四个人分。烤出来的焦皮恰到好处，肉却还鲜嫩多汁，还带有南美特殊香料的香味。刚刚说整只烤鸡够四个人分是一般情况，我一个人就可以吃掉一只，哈哈哈哈。如果你带朋友一起去，大家记得不要抢，可以加单再来一份。

选择纽约大学，更选择纽约

纽约大学
王大宝

人们都说："世上任何一个地方都可以使你成长，但只有纽约可以重塑你。"

因为，纽约是个奇迹真的会发生的地方。

在真正申请前，我也去加利福尼亚大学伯克利分校上过夏季课程，加州的阳光充足，每天美好得不像话，可是离旧金山市区的一小段距离，也让这里几乎成为真空中的学术乐园。换句话说，绝大多数时候，你也只能待在校园里，那里除了宿舍图书馆教室，没有其他的地方可去。这种终日面对 Win7 版蓝天却不能穿高跟鞋的生活，简直快把我逼疯了——这跟我想象中电视里的美国生活完全不同！伯克利的生活单调到两点一线。我记得自己在上了一个月课之后终于受不了寂寞，坐上了去旧金山市中心的车，发现居然要 40 分钟左右才能进城。好不容易到了有点烟火气的城市，却没有繁忙的街道，没有养眼的西装男，没有高跟鞋和可爱的宠物狗，没有漂亮的橱窗，只有无穷无尽的阳光，和满眼流浪汉的懒散。

后来我才知道，全世界只有一个地方如此具有戏剧性——纽约。于是我从暑期学校回来就跟中介老师开了会，说出我的决定：我要去纽约，即使别的学校的录取书更好，我也只想去纽约。冥冥中我总觉得，纽约和我的脾性很像，爱折腾也爱哭爱闹，后来证明的确如此：在纽约，50%的人来自全世界各个角落；70%的人是女性；80%的人不会或者不开车；90%的人都很急很粗鲁；100%的人都深爱这个地方并且对其他城市嗤之以鼻。这里四处拥挤，这里也充满忙乱。很多时候，唯有老旧的地铁和难吃的三明治在陪伴着你，但也许就是这个地方，会让你直到最后也舍不得离开。纽约人不用远行就能畅游世界，因为全世界的精英都像"朝圣"一样慕名而来。这里可以有100种肤色，每一种都自然，可以有100种头发颜色，每一种都好看。在这个包罗万象的大熔炉里，文化与自由让我每天都对自己充满自信。

纽约是被我称为家的地方。

我选择了纽约，选择了纽约大学（NYU）。

在NYU学习：Location! Location! Location!

从过去到现在，几乎所有去NYU留学的学生，对纽约都充满溢美之词，甚少抱怨，当中的高频词永远是Location（定位）。注重性价比，注重学校资源，

没有校园的NYU

注重就业率……从实用主义出发，这些都远远超越所谓的名誉和头衔。NYU最牛的地方就是没有校园，同时可以厚脸皮地说，整个曼哈顿都是它的校园。学校建筑星罗棋布地分散在曼哈顿的各个角落。在各行业精英们上班的地方上学，时刻与他们同步，这可以算是NYU学生的重要福利之一。

博斯特图书馆

博斯特图书馆是我最喜欢NYU的地方，2014年下了4个月暴雪，我还是雷打不动地去图书馆学习。宽敞明亮的大楼能让你深切感受到"财大气粗"的真正含义。在纽约心脏的下城区，有这么一栋建筑，也就只有NYU的学生才能独享了。我喜欢有事没事走来学校，在东村的路上买杯珍珠奶茶，到图书馆的大落地窗边学习看书，或者静静思考一下人生。外校同学第一次来，就把这儿当景点一样参观，"你这4万多学费没白花"。作为研究生，在博斯特图书馆时时刻刻都能感受到"特权"——需要刷卡才能进的研究生专用学习室。10层的大片学习室是早起霸位的动力，一整片落地玻璃面对着室外，低头脚踏实地，抬头瞥看另一个世界。我最喜欢的是2层学习室，木质的桌椅区别于现代化的塑料桌椅，每次面对着一整个学习空间，有一种穿越到中世纪图书馆、本人即赫敏的学霸自豪感。

华盛顿广场

在图书馆学累了，还可以在门口的华盛顿广场晒太阳。这里的街头艺人都很高端：钢琴、小提琴、大提琴、爵士、古典、R&B样样精通。一不注意，甚至会发现弹琴的居然是郎朗。坐在大喷泉边上，看孩子追逐彩色的泡泡，你可以和暗恋的男生一起安静地吃个日本抹茶冰激凌甜筒。我以前常坐在公园一整天无所事事，临走的时候还依依不舍地感叹：一天什么都不做，真是舒服死了！阳光以各种姿态洒在身上，坐在喷泉边是可以晒太阳的程度，公园周围是凉风和暖阳混搭的感觉，草坪下是可以在叶间隙透出倒影的程度。无论是本地人，还是旅客，都可以以各种姿势在这个舒适自由的环境里撒野，令人不由感叹：大家都不用工作的吗？怎么都可以这样懒啊？

布莱恩公园是市中心区高楼大厦中的一片净土，有时候就是拿着Blue Bottle或者Joe&the Juice的咖啡在那一坐，就当打发了课间的空隙。一个城市舍得在楼价贵到飞起的地界里（左有中国银行，右有中央公园），空出一片"没什么卵用"的地方，可见在这个资本横行霸道的环境里，还是留有一些些让人喘息的空间。这里时不时会举行各式各样的活动：在夏日去电影专场，在冬日逛圣诞集市，可以去溜冰，还可以和朋友集体练瑜伽。

布莱恩公园

NYU 的气质：What doesn't kill you makes you stronger.

纽约也有糟糕的一面，这些是你作为游客无法体会到的。旅人往往只会看到时代广场的巨大荧光屏被深深震撼："哇，这就是纽约！"只有真正住进来的我们，每天与老房子里的老鼠和漏水的房顶斗智斗勇的人才能体会:"哦,这就是纽约。"我住的第一个地儿在东村政府盖的经济楼里,就因为离学校近。没想到,已经是佼佼者的留学生,预算却只能住在一个这样的小破房里,床旁边伸个脚就到浴缸。那时我认识了大胡子安德鲁,坐在小酒吧里我不停抱怨生活,安德鲁开口告诉我:"纽约不相信眼泪。每天有那么多问题要处理,哪有时间哭。"

纽约的脾气很臭!在这里,走路的速度要类似于小跑。在街上突然停下,十有八九会被后面的人咒骂。如果你被经过的人撞到,也不要去纠结一句道歉,肇事者通常在你回头之前就已不见踪迹。这里的冬天冷得让人暴脾气,跟北京的冬天简直不是一个级别。北京是小怪的话,纽约就是大 boss,一招毙命。我找到的第一份实习工作在华尔街,需要在布鲁克林大桥边上早出晚归,基本上被东河的风刮成了面瘫。

所以,正是纽约的这些特点塑造了 NYU 学生坚强、富有挑战精神、自我时间管理能力强的特性,因

在曼哈顿吹吹风也是很惬意的

为这里的竞争实在是太激烈。我在这里看到的不是一群只顾学习的学霸，而是一群明确知道自己想要什么并且朝前努力的人。在NYU，群体性观念很弱，每个人的独立性和个体性特别明显。没有主见的NYU人大约是不存在的。每个人都有自己要忙的事情和重心，大家都在自己认定的方向上奋斗着，而不是甘为同一个世界，去耕耘同一个梦想。当然，你还要有很强的抗寒能力（因为纽约的冬天真的好长好冷）。

在NYU我实习：Hard work = Adding value. Be Unique

进入NYU后，我发现身边的每个人都有很多工作、很多头衔，优秀又有趣。这让我意识到一个问题：我的身份不能只是一个"学生"，我这辈子想干什么，我真正热爱的职业是什么，这才是被我一直忽略却又十分重要的议题。过去的我待在校园里，似乎除了循规蹈矩、按部就班，并没对这些有过多的思考。于是在周围的中国留学生普遍没有答案的时候，刚来纽约英语还没说溜的我，就一不做二不休地找起了实习。

我花了3天时间写第一份简历，这3天我审视了自己之前的人生，除了学习我啥都没干过，仅有的3周实习经历，回想起来也跟玩票儿似的。一言以蔽之——无趣无实力。还好，NYU职业中心的老师不放弃我。我寄出去了78份简历。花了3个月时间去面试。他们不但每周给我培训改简历，做辅导，还给我讲心灵鸡汤，没让我因过度自卑而半途而废。在找实习的过程中，我被 Marc Jacobs、Vera Wang、Fendi 等大品牌都拒绝过，后来也被 Dior 和 Vera Wang 争着抢。这些大起大落的背后，是我从面试时的不知所措到有条不紊，娓娓道来。尽管找实习的过程辛苦异常，但我更能收获巨大的成就感，换作以前在北京，我可是连被这些公司拒绝的机会都没有。纽约教会我的，除了认清未来之外，更多的是摔在泥里也打不死的乐观。

我还记得，我们班同学国籍各异，年龄各异。当时有节关于多样性的课程，我身边坐了一个 40 多岁的希腊大叔。他来纽约追梦。课间聊天的时候他问我为什么念 HR，我说因为不知道该念什么就选了一个看似容易的，反正我妈让我学商科挂边儿的都行。

他问，那你真的喜欢什么？

我说，我喜欢设计，我喜欢打扮，可是都上到研究生了，换专业已经太晚，几乎不可能。

他似乎有点被触怒了，很严肃地对我说："我今年 43 岁，来这里放弃了之前高薪的开修车厂的工作，就是为了做自己真正想做的事情。你还这么年轻，凭什么不珍惜人生？"

我承认我被他严厉的眼神吓着了。不过，这才使我醍醐灌顶般的意识到，纽约是一个感受不到年龄，却能感受到满满都是机遇的城市。在尝试了 100 种人生状态后，我找到了自己最喜欢也最合适的路。那就是 VERAWANGxNYC 公众号。公众号一个月爆红,我还顺利被邀请去参加人生中第一个纽约时装周——这个以前只敢在杂志上看到的高大上天知何物的玩意。

从 NYU 走出象牙塔：YOU'RE A LIMITED EDITION.

就像《时尚》主编安娜·温图尔说的,"先脚踏实地吧,先开阔眼界吧,先博览群书吧,先四处游历吧,先找到热情吧,先坚持自我吧,先淡泊名利吧……然后,只要你真的有才华,名和利不会舍你而去。"

我一直觉得自己是很幸运的人,就此走入了时尚界改变了我的人生。在纽约这样的城市工作,不仅是反映时代和文化,还有机会和最有才华的设计师、摄影师、作者、编辑们合作,获得很多灵感。遇见他们是我工作中最美好的事情,因此每天我都特别期待新的一天面对新的工作和挑战。E.B. 怀特曾说,"纽约有三种人,一种是土生土长的男男女女,在他们眼中,纽约从来如此;一种是通勤者,白天吞噬它,晚上吐出来;最后一种最伟大,是生于他乡来此寻找目标的人。"我应该是第三种,而且在这个白人主导一万年的行业——时尚圈,别说立足了,能有个一席之位都不简单。

在纽约打拼,我感觉自己是带着民族使命感在创业。今年的我从博主一跃成为了"博主老板"转型创业家,终于在"女强人"的路上走得回不了头,感觉分分钟都在能量最大化把自己榨干。创办帝国品牌管理公司（WG Empire），就是想不单单从我一个中国博主的角度去沟通文化，链接市场，而是通过我最在行的社会化媒体产业，创造一个平台，包括品牌管理、PR 活动策划，等等，帮助更多品牌与潜在市场实现对接。从当博主开始，无论是首次被邀请去纽约时装周也好，初次合作国际大奢侈品牌也好，他们都会跟我说："你是我们合作的第一个中国本土博主，中国市场到底什么样？中国的文化又该怎么理解应用？社会化媒体有多少不同的平台？"诸如此类的问题一再出现。对于他们来说，品牌与消费者之间急需桥梁，这些都让我时刻感到——我能做到的还有更多。

帝国品牌管理公司开幕仪式　帝国品牌管理公司开幕式后台花絮

纽约是个精彩到让人有点害怕的地方。也许你刚来这里，会觉得有些失控、无法掌控局面，甚至恨不得索性掉头就走。但社会不就是这样吗？

NYU 这所学校没有边界，毫无保留地将自己裸露在城市中心，让学生提前走出大学校园的保护和舒适圈。每个学生从入学那天起，就需要在城市里摸爬滚打。

一个城市能带给你的经历、机会与心智的成长，才真正能让你的人生进步。

我想说，短短几年纽约的日子不但教会了我做自己，也教会了我看待人生，看待追梦，看待创业，也看待真正的想得到的幸福。

人生重要的不是速度，是方向。

> 我们未必要努力成为大多数人的样子，而是要努力做一次。

✈ 小贴士

NYU 的周边生活

美国版大众点评 yelp 上一些东村区的店里有很多这样的评论：多羡慕 NYU 的学生啊，每天都可以吃到这个！NYU 主校区非常靠近东村，每一间日式小店都适合课后讨论聚餐，无论是正宗的蛋包饭，还是"西

东村区

SOHO

259

化"的章鱼小丸子，这里总有能寻回亚洲味的地方。

有什么比在图书馆讨论后去逛个街再回家来得更惬意呢？无论是APC或者Other Stories的法式浪漫，还是American Eagle或者Forever 21无拘无束的气质，想要买任何东西，SOHO都能满足你，最妙的是，每一次逛这里都能发掘新的店：可能是老牌的店却不为国人所知，可能是才开一个月可每件产品都要价不菲，每个品牌都在纽约有一个出人头地的机会。前提是，你的店员是不是每个都帅到像演员？你的店内摆设是不是时时更换？你的产品背后，品牌故事和品牌精神讲述得如何？

对自己最好的投资就是办一张健身卡。纽约人有多爱健身，看看满大街的瑜伽馆就知道了。健身不但能保持体形，还能抗击疾病延缓衰老。我来纽约以后买的医保基本上没用过，出门老外都说我看起来像16岁。这里推荐纽约最时髦的健身方式——拳击。大家的压力都很大，打沙袋觉得是在打前男友或老板，泄愤又出汗！爽！

运动才能保持最佳状态

常春藤上舞动的青春

哥伦比亚大学
瞿畅

如果你恨一个人，请把他送来纽约，因为这里是地狱；

如果你爱一个人，请把他送来纽约，因为这里是天堂。

在哥伦比亚大学，我把这句话体会得淋漓尽致。

在哥大，你必须学会享受孤独，因为这会塑造你的独当一面；

在哥大，你必须学会协商迁就，因为这会训练你的团队合作能力；

哥大将纽约的独特性质放大，也将赋予你智慧与坚强面对任何时代变迁！

圆梦哥伦比亚大学

哥伦比亚大学一直是我的"dream school"。这里的多数专业在世界上名列前十，传媒和国际关系专业的排名更是领衔世界。当我在攻读本科时，就开始了哥伦比亚大学研究生的申请计划。为了能够更加地靠近梦想的哥伦比亚大学，我在以下这几个方面付出努力，从而为自己的申请添加了与众不同的色彩。

丰富本科经历

我的大学本科是波士顿大学经济学。在美国读高中期间，我除了完成必修课程，还学习了一系列的AP课程，也就是提前学习大学课程，这帮助我能够只用3年时间完成4年的本科学业。优秀的学习成绩和提前完成的学业也侧面证明了我快速和高效率的学习能力。申请常春藤一类的学校，成绩虽然不是唯一重要的因素，但却是一个最基本的敲门砖。

本科期间，我利用学校资源进行了多次出国交流学习和国外实习工作。三年的时光里，我前往波士顿大学的姐妹学校——德国德累斯顿工业大学交换学习德国文学，前往伦敦外汇金融公司凯顿和华盛顿的美国国家媒体公司实习。在全球化的背景下，多个国家的生活、工作、学习背景证明了我在这个碎片化世界的快速适应能力。

伦敦外汇金融公司的长腿同事们　　　　在美国媒体实习

多样的工作经历

常春藤一类的大学非常看重一个学生在未来的发展前景，以及能够给这个社会带来的影响力。因此，我建议大家在进入大学之前和大学期间在多方面增加自己的工作经历。这既可以帮助我们更加了解自己的计划工作方向，也能够向常春藤学校证明你的实际工作能力。

因为对国际关系的长久兴趣以及不断地尝试和努力，在大学毕业之后，我加入了联合国这个国际大舞台。从联合国的管理部门开始，我有机会结识到各个行业的前辈和高人。在与他们交流的过程中，首先我的思维得到了提升，视野得到了开阔；其次通过自己突出的表现和工作能力获得了他们的推荐信。大牛的推荐信对于研究生申请有出乎意料的助力作用。

积极参与社会实践

在申请中我也加入了一些独特的经历，例如我曾在伦敦实习时通过参加伦敦珍珠小姐活动为亚太地区的孩子们募捐，利用春假前往海地支教并长期为海地的孩子筹资；参加美国辩论比赛，获美国辩论协会终身辩手的荣誉；积极参与学生会，组织有意义的公益社会活动；举办中美之间

参加2016年度慈善亚裔珍珠小姐的评选

与哥大国际关系与公共事务学院梅里特·贾诺院长合影

的文化交流活动，主持了戴玉强老师的哈佛大学分享会……这些都为之后写研究生的个人申请文书添加色彩，区别于其他的学生。

定位自己，明确未来

哥大最初的建校目标是"在已知的语言、人文和科学领域内教导和教育青年"。哥伦比亚大学教育研究生院是世界上最大的教育学、应用心理学和国际教育发展方面的综合研究生院，曾荣膺全美教育研究生院排名第一，且拥有众多的研究中心。我在申请哥伦比亚大学过程中的体会可以总结成两点与大家分享：一，经验大于成绩；二，未来大于过去。

经验大于成绩。用经验展示你最与众不同的一面，才能助你在众多申请哥大的学霸中突出重围。哥大最强调的一点是实践，注重学校教学内容与社会发展结合，鼓励学生走出课堂和学校，学以致用，因此尤其看重学生在学术能力以外的表现，包括个人综合素质、性格、领导能力、好奇心、创造力以及对学习的热爱。

未来大于过去。美国大学非常看重申请书中的课外活动，这一点在申请哥伦比亚大学的过程里尤其突出，其目的是为了感受学生的潜在影响力、领导力和个人品质。申请哥大时可以突出自己的领导才能，全方位表现出自己的成熟、自信、理性思维。随着全球化的发展，哥伦比亚大学作为一个矗立于世界心脏纽约的大学，尤其看重学生的交流能力、表达能力和对于问题的解决能力。

亲爱的哥伦比亚小狮子，自己去闯吧

"我们给巴菲特学长写封信，争取一下他对这个项目的支持吧！"

"李开复学长今天回哥大有个演讲。"

哥大培育出了扎堆的政治、经济、教育、外交、传媒精英和领衔人物。同理，可以想到，你周围的朋友们也都个个是精英。同辈之间互相学习的精神也是哥大在教育行业里重点培养的。哥大处处是神人。只要你争取，你也可与诺贝尔奖得主喝杯咖啡聊聊分子分裂，可以与泰斗级经济学家讨论次贷危机，以及与国际政要谈笑风生探究国际发展趋势。

哥伦比亚大学全球中心在全世界铺开网络，不仅链接起世界各地的哥大校友，提供了高平台的人才对接，更在全球化的发展中以哥大为腹地，为政府、企业、智库等机构输出高品质的哥大人。为了搭建更好

在联合国媒体管理中心对话新西兰前总理海伦·克拉克

以世界银行年度青年代表身份对话世界银行行长

的哥大校友平台，北京哥伦比亚大学全球中心常年举办各类活动，从圣诞校友酒会的校友相聚、举杯畅饮，到应用数学诺贝尔奖得主教授演讲、头脑风暴，再到哥大优秀女性归国讨论女性创业与未来发展。哥伦比亚大学在你毕业之后会给你足够多的支持，使你能够放飞理想。

哥伦比亚大学与中国关系源远流长。毕业于哥伦比亚大学的中国人包括清末民初的政治活动家和外交家唐绍仪、著名学者胡适、现代诗人徐志摩、教育家陶行知，还有化学家侯德榜、作曲家谭盾，等等。哥伦比亚大学的中国学生会也有一系列中国社团：未来中国社、哥大华人足球队、哥大中国舞蹈社、哥大相声社、哥大动漫社，等等。

大家都知道哥大主校园的大智慧女神雅典娜。哥大学生不仅智慧，高颜值更是名扬四海。这里确实是知识的海洋。学霸们敬请放心，这里不光有美国第六大学术图书馆，有着咱们中国早期外交官顾维钧回忆

有什么想说的话，别忘了在空白处随手记录下来，然后用手机拍个照，发送到邮箱 haohaoksj@163.com，说不定书的下一次增订版中就会出现你的精彩留言哦！

哥大图书馆

录等藏书，也有难以计数的在线电子文献。哥伦比亚大学图书馆下设23座分馆，各具特色，其中东亚图书馆中有各样的中文书籍、流行小说、古典文学，甚至地方县志也有收藏。并且凭一张哥大ID，你不光可以随意进出纽约大学的图书馆，整个纽约大多数的图书馆，你也可以一刷就进。知识是思想洪流的基础，更是哥大会尽其所有为你提供的基底。

学联主席，清晰使命

我荣幸在今年，被选举成为有着105年历史的未来中国社主席（FCI）。未来中国社，即哥伦比亚大学教育学院中国学生学者联谊会（CUCSSA），源自由陶行知、胡适、蒋梦麟、孙科等人创立于20世纪初的哥伦比亚大学教师学院中国俱乐部。历经世纪风雨，百年沿革，宗旨始终如一：关注人作为个体的发展和需求，立足教育、心理及公共健康，关注人的发展，依托哥大资源，立志为中国的未来贡献力量。

哥大十分鼓励学生团体的发展。在今年我们举办了哥伦比亚大学未来教育论坛，在学校的大力支持和同学们的配合下，我们邀请到了由联合国前副秘书长乔杜里等行业专家嘉宾，到场纽约各界人士300余名。在新的一年里，我非常期待以及憧憬前方面临的挑战。带着使命，通过教育，计划更好的搭建中国和美国之间的桥梁。我相信，中国和美国作为目前世界上最重要的国家，有很多的时代的机遇等待着我们去探索。教育是发展的根本，更是国际关系中不可分割的一部分，在哥大教育学院，学生们吸吮着前沿的知识和研究。我认为，我作为未来中国社主席的使命，就是通过对前沿的知识和研究的掌握，来搭建起中美之间文化友好的桥梁。

研究生生涯的长度都是一样，那么在这个长度中你所学习到的知识，成就的事情，完成的活动决定着你在研究生生涯中的频次。

我还记得在学校看到过这样几句话："学会服从，学会领导，学会技能，进行领导！"在哥大的生涯中，我不仅是在学习，更是在一步步地尝试中，清晰着自己的目标，更加了解自己的边界，发展自己的潜能，为以后的工作提高综合实力。

哥大灯光如家

哥伦比亚大学的圣诞节点灯仪式是常春藤联盟中最为浓重的。哥大的冬天非常浪漫，整个校园会被圣诞的灯火点亮。点灯仪式是哥大自1998年延续至今的校园传统，通常在11月末12月初的时段举行，象征着圣诞季的到来。洛氏图书馆前的小广场每年都会举行圣诞点灯仪式及其庆祝活动。学生们热情高涨，不仅把表演场地前的台阶围得水泄不通，学校也会为学生们悉心提供热巧克力、苹果西打、烤栗子等一类专属于冬天的小食，让大家在寒夜里观赏树灯的同时，胃里也能暖暖的，营造出与家人在一起般的愉快与贴心氛围。庆祝表演长达一个小时，多数为阿卡贝拉乐团的合唱表演，其中不乏诸多耳熟能详的圣诞歌曲，同学们也都会忍不住摇头晃脑地跟着轻声哼唱。表演中还会穿插学生会领导成员的讲话，他们会对下一年表达新的愿望和期许。最后，全场一起倒数，伴随着倒计时的结束，缠绕在学院步道两旁树上的彩灯全部被点亮，学生们欢呼着涌入学院步道，朋友间情侣间相互拥抱，并在树下合影留念。

点灯仪式时学院步道两旁的彩灯

鉴于同时段也是期末周之前的备考阶段，庆祝活动的举行也是为了缓解学生在期末周来临前的巨大压力，以及给大家提供机会跟同窗们在校园里度过一个浪漫美好的夜晚。这也是我最爱哥大的一点，充分体现了哥大的人文氛围。我们不仅是一起头脑风暴的同学，我们也是心灵相通的友人。可以看出，哥大希望将学校打造成一个大家庭。

✈ 小贴士

哥大食为天

中国饮食文化源远流长，哥大周围的美食也是非常多的。菠萝包、煎饼果子、红豆年糕、咖喱鱼丸、珍珠奶茶，包你来了哥大圆一圈。作者宝宝是一个重庆人，所以在这里先推荐两家哥大附近的麻辣餐厅。

麻辣香锅：这里又有奶茶，又有各式麻辣香锅，甚至好友烧烤、烤鱼等国内的地道美食。

店如其名：吃的。这里有各种国内的面食，如拉面、拌面、炒面，你要什么面有什么面。而且还比较健康，因为厨房都是透明的，可以直接看到做菜的过程，一边享受一边吃，适合期中期末，吃完一顿之后继续写论文。

哥大除了扎堆的星巴克，还有一个浪漫的全透明咖啡厅Joe's。在这里有不少的人一边写论文，一边享受阳光、曲奇和美味的咖啡。

和朋友在华盛顿的樱花树下

杜克时光

杜克大学
陈锴杰

"同学，这里的手续已经办好了，你可以去下一个桌子领宿舍的钥匙了。"

2015年的8月，我离开了生我养我18年的城市，辗转了两次飞机，来到了美国东海岸南北交界线上的一个小村，名叫杜罕。就在这个背靠着大片大片树林的小村里，我将在杜克城堡一样的建筑里，度过即将到来的四年大学生活。当时内心的迷茫与激动至今还能依稀记得。仿佛是面对着一场敌人未知的战争，那种兴奋而又恐惧的感觉。

那时的我是带着无数的疑问来到学校的。

我将成为什么人？我能做出什么成绩？毕业后我该何去何从？

但那时的我万万没有想到，两年半之后，这些问题全部都被解答了。我记录下了其中几个关键的决策点，或错或对，希望能对大家有参考的价值。

不回头的科技路

刚来到大学时，我就给自己定了个目标，那就是一定要加入某个实验室。那时候总觉得实验室是社会每一次进步迈出的第一步，当然，也是个人简历上重要的一小步。所以我理所当然地开始搜寻所有和工程相关的实验室，打算找一个合适的下手。

不得不说自己很幸运，因为挑的第一个，就是最合适的地方。那时忐忑地写出第一封邮件后，本以为会石沉大海，但竟在一周后收到了教授的回信。教授没有承诺什么，只是简单地说："聊聊吧。"

我满心欢喜地整理了高中所有实验的报告和自己的研究，自信能够打动教授，让我留在实验室里一起工作，但实际结果却是一场挫败。教授的实验室叫作人机互动实验室（HAL），里面研究的是人与机器人的关系，与我自己所想的"无人机研究"相差甚远。教授本身又是世界一流的战斗机女飞行员，面对军官一般的知识拷问，我很快败下阵来，全无招架之力。

HAL 里的达·芬奇智能手术平台

于是就这样，希望加入实验室的我如落水狗一般被打回来了。终究还是知识量不够。但玛丽·卡明斯教授给我提了个建议，虽然不能参与研究，但我可以旁听她的一门研究生课程。当时的我没有多想，只觉得有了个机会，就毫不犹豫地抓住了。这一听，就是一整年。

在杜克，要建立与教授的联系并不是一件难事。这里没有什么政治纷争与部门恶斗，唯一的评价标准，就是你的能力。它一方面取决于天赋，一方面取决于努力。导师最看重的就是成绩。可以说，这是一场最公平的游戏。

那么我自然很努力咯。每天乐呵呵地帮着实验室做实验、写网站、参加学校里面每一个和机器人相关的活动，努力让自己的知识水平快速增长。在这个过程中，我才慢慢发现我爱上了这个专业——人机互动。它研究人，也研究机器人，还研究人和机器人的交流，其中不仅有最有趣的心理学，还有所有的高科技结晶。无论是无人车、VR、无人机、智能家居，或者任何现在流行的科技，都离不开人机互动。它不会过于强调技术的复杂性而忽略了对人的理解，也不会因为人文关怀而丢弃技术细节。对我而言，这就是我想做的，也是我能做的。

所以飞快地，在我逐渐踏进这个领域、逐渐爱上它的时候，我也逐渐取得了一些成果。在导师的帮助下，

美国航空航天协会杜克分支

我参与了无人车的设计，也研究过了人如何对机器产生信任。还通过杜克校友网络的帮助，认识了亿航无人机的首席市场官（CMO），在大一的暑假成为了亿航无人机的产品设计师。

与 NASA 的教授开会

在项目慢慢推进的过程中，我也和导师规划了未来的发展道路。在博士期间我与导师或许会一起创业，将人机互动与庞大的中国市场结合，在雄安新区这样的地方找到人工智能科技的爆发点。

回过头来看，我真的好幸运。如果世界上有一个地方，只要你努力，就能把事情做成，那么这就是世界上最幸福的地方。因为很多地方不是。在很多地方，你的努力不会有回报，你的成功不会换来别人的肯定，你所要面对的，或许是千千万万闲言碎语。

所以我很幸运，自己有勇气去尝试，且第一次就找到了这样一个，我只要努力工作，就能够成功的实验室。所以这一条线的大学生活，应该归结为"幸运、勇气和努力"。

学业

上了大学我才发现，我搞的科研和所上的课程根本不是一回事。因为本科没有，也不应该有人机互动专业。这是一个非常精准的领域，只有研究生与博士才会从事。那么理所当然地，我的本科专业变成了一个更大的工程类别——机械工程。

在美国的大学上课，"溃败"应该是形容感受最精准的一个词。你会面对天亮了仍旧解不出来的问题、几十个小时都调试不好的实验设备、多到让你哭出来的阅读材料，还有老师随机分布一般的醉人打分方式。所以，我们每天都会被击败好多次。

但不久之后，我就意识到一件神奇的事情。那就是，不管如何失败，最后的结果都不会太坏。这感觉真的好奇妙。每次我走过学校大礼堂前的广阔草坪，都觉得，这次真的不行了，这次我真的做不出来了，真的太难了，我就在这里给老师们跪了好吗，你们放过我吧。

但有趣的是，每次我都做出来了。对，每次。不是因为我比其他人更厉害，而是因为大学里面的困难就是被精心设计成让你觉得无法突破，但的确能够做到的。尼采说过"杀不死你的都是学习"。所以学校的责任，就是每次把你推到即将死亡的边缘，然后用力拉你一把，这时候，你就成长了。

我不知道其他学校是怎样的，但就杜克来说，大部分的课都被设计成了"尼采式学习"。于是两年下来，我学会了如何在搜索引擎上寻找答案、如何借用同学的力量，以及如何把抄抄补补的知识转化为自己的理解然后考试最终还能拿到高分。所以就课业来说，这也是个公平的游戏。只要你认真地寻找这些方法，就不存在什么"中国学生写作课一定拿不了高分"这样的莫名诅咒。

把课业用几个词概括，可以说是"击败、复活和公平"。

社团选择困难综合征

对于社团，很多人会有很多不同的顾虑。说什么，这个对于找工作有帮助，那个能够帮我保研，或者这个是我高中做过的我要继续保持，那个是我没做过的我也想尝试，等等。当我们有如此多的顾虑时，在选择社团上就会遇到很大的困难，因为我们总是无法取舍。

对于我呢，原则就很简单：想去就去呗。

在杜克的每一个人，都会讲求时间规划。对于那些你去了，但没有认真参与的，就只能说明这些社团在你的重要性列表上排位是靠后的。对于这些社团，你慢慢就会自动退出了。而对于那些你真心喜欢的，你会投入更多的时间，也会慢慢成为社团的领导者。这些社团自然就会成为你长期投入的对象。这就是社团"自然选择"的结果。

所以简单来说，第一眼喜欢，就去试试呗。我在大一尝试了 7 个社团，发现他们都非常有意思，但随着学业的发展，他们逐渐都没有我的项目、我的实验重要了。于是在大二下，我放弃了所有的社团活动，专心投入科研中。

在杜克不长的这么一段时间里，我还和朋友们一起建起了自己的社团，取名叫"Catalyst"，为的是联结学校里所有喜欢技术的人。这就像一个科技主题的兄弟会。虽然历经波折，但社团十分健康地急速发展着，每次招新都有上百人前来报名。

所以，用几个词来概括杜克的社团选择，大概就是"尝试、投入和取舍"。

学校那么棒，你为什么要休学

大二结束后，我暂时离开了杜克。

的确，在学校有影响世界的导师在指导我的科研项目，有顶级聪明有趣的一群小伙伴，有数不尽的社团，有法学院商学院医学院的丰富资源可以借用，有无数 500 强 CEO 的讲座，还有能够在世界各地免费交换学习的机会，但我还是暂时离开了。

这正是杜克让我感动的地方。当我和我的导师们提到，想离开学校，参与更多的行业工作时，他们的态度都是支持。他们只是一再嘱咐我，要问很多很多的问题，要很努力地利用好这段时间，但并没有任何的不情愿。

其实这就是我最喜欢杜克的地方，就是它的包容。

杜克大到可以容纳你我所有的个性、所有的观点和所有的梦想。这里每个同学也都是这么实践的。在杜克大家都很团结，资源都会相互共享。或许是因为学校比较"村"吧，大家都比较纯粹，只希望把书读到最好，把活动做到极致，把所有公司的录取书都搞到手。在这样纯粹的竞争中，一切都很公平，也都很透明。

直到我离开了杜克，我才知道它给我带来了多少。

在北京，丰富的校友网络能让所有杜克学生左右逢源。我在学校不断练习的快速学习能力，在所有工作中都派上了用场，因为所有的工作都需要我在岗位上快速学习。而社团活动中练就的协调与管理能力，让我有更多的机会带领项目。

用几个词来概括一个学校很难，所以我就不妄自尝试了。但简单来说，杜克是一个公平的竞技场，大家会和你一起作战；你会有用不尽的资源，也能被包容所有的不妥协。

很巧，它也是我博士会继续留下的地方。对，不去 MIT 或者加州理工，而是留在杜克。

哦，对了，顺便说一句，杜克的食堂是全美大学里最好的。中餐、日料、韩料、西班牙菜、意大利菜、美式，你能想到的都可以在学校食堂找到，包括奶茶。

还有，杜克是个美食都，每年都有美食节。有巨大的啤酒广场、芝士火锅、南方风情的小餐厅，只可惜我太爱学习了，没能经常离开学校。最多也就在杜克的花园和树林里转转。怎么说呢，其实学校不大，也就 10 个清华而已吧。

所以，如果不嫌弃，不妨来读个大学吧。

杜克的小森林

英属哥伦比亚大学
彭雪茹

一场华丽冒险与修行苦旅

雪茹，《下一站》竟速时代，冷妙，她的时间规划至今让我印象深刻。

在我本科最后一年的毕业前夕，蓦然回首自己的海外求学经历，惊觉白驹过隙又百感交集，像鲁迅先生求学时一心想要逃离而又无比怀念的百草园与三味书屋，更像钱锺书先生笔下《围城》中"里面的人想出去，外面的人想进来"。这3年多的时间让我明白：这座"围城"不只是两个国家间的万里距离，更是自我预设的舒适区。而选择出国留学，便是一场需要不断跳出自己的舒适区、打怪升级、积累经验值的华丽大冒险，也是一场发掘自我、认知本体、探索世界的求经修行苦旅。

审视自我，奋力一搏

结缘英属哥伦比亚大学(UBC)，是我15岁的暑假。这所被誉为全北美最美的校园，一幅幅如诗如画的绚丽风景，一次次对诗与远方的美好憧憬，在我心底埋下了心驰神往的种子：布满金色枫叶的校园主干，姹紫嫣红的玫瑰花园，闻名世界的天体沙滩，充满神秘色彩的魔法图书馆……能在这样的大学里读书学习，将是多么幸福的一件事啊！

在经历了一年多的比较权衡之后，真正确定出国留学已是临近高二尾声，这意味着只有不到半年的准备时间，没有任何的退路可走。人往往会高估前行道路上未知的困难，犹豫不决，从而耽误了出发的时间。殊不知推迟做决定就是最差的选择，时间悄悄流逝，但却没有任何的积累，白白浪费了无比宝贵的大好光阴。而一旦在做了决定后，所有的事情自然就会变得简单明朗。只有一条路可以走，便只能拼尽全力完成当下的事情。

记得我刚决定DIY申请高校时，周围的亲朋好友都曾劝我："这是决定未来人生的大事情，还是找个有经验的中介来办，稳妥一些的好。"少女的逆反心理就在那一刻被激发，也不知道是什么给了我莫名的自信和勇气：连申请学校的能力都没有，还怎么一个人出国读书呢？

事实证明，申请学校光空有一腔热情与勇气还远远不够，当初的我根本就想不到，后面等待我的是一波未平一波又起、强风巨浪般袭来的压力。比起刷高雅思成绩，更难搞定的是不同学校眼花缭乱的申请系统；比起跨洋邮寄高中成绩单，更难搞定的是首次启用的会考公证流程（CQV）；比起按照排名选学校，更难搞定的是学校下面让人犯晕的五花八门的学科方向……

没有人告诉我每一件事情该如何解决，只能靠自己慢慢摸索。当把学校招生官网翻到每个板块在什么位置都烂熟于心的时候，自然对各学科具体学什么就有了一个系统的认识。而在这个过程中，我也慢慢发现，UBC比其他学校更吸引我的，不再只是风景如画的学习环境，更是其多元化的国际平台和纯粹的学术环境。

UBC的申请文书不同于其他学校要求的一篇个人陈述，而是要求用小短文的方式去回答五个不同维度的问题，其中包括领导能力、课外活动、兴趣爱好、学术技能以及性格特点。比起讲好一个长故事，同时讲好五个小故事似乎更有挑战性。那时候的我，不懂得研究招生官的喜好，只能拼命地回忆自己前面17年的生活，生怕遗漏任何一个细枝末节的地方，试图挑出最有意思的内容浓缩在250字的小短文里。那也是我17年以来，第一次地毯式地回顾过去，重新认识过往的自己，甚至开始回忆、揣测和解读自己的内心活动。我从未像那段时间那般兴奋，每多回忆起一段故事，就好像重新认识了自己一次。删删改改，前前后后写了十几个版本的稿件，直至最后才递交成品。那一刻感觉自己卸掉了内心所有的重重包袱与层层包裹，竟然有一种如释重负的轻松和变成透明人般的坦诚。

最终我只DIY申请了三所学校，每个梯队各一所。

而一封带有国际生奖学金的 UBC 提前录取通知书，给我漫长且艰难的申请季画上了一个圆满的句号。我没有像预想中的那样喜极而泣，而只是平静地向爸妈报喜，几颗一直悬着的心，终于都放下了。

时至今日，我仍然感激 17 岁时那个无所畏惧的自己，面对所有突然出现的各种麻烦和挑战，没有任何的抱怨和逃避，只有迎难而上誓要解决问题的决心与毅力。有些时候，坚持相信自己，真的远比别人看好你重要得多。

我并非要鼓励学弟学妹们都自己 DIY 申请出国留学，毕竟这是少数人走的路，不确定的未知和匮乏的经验可能会随时断送我们的梦想，将深远地影响着我们只能有一次却永远无法逆转的人生。但是借着留学申请的机会，好好地回顾自己过往的经历，找出闪光点，自省自身不足，更好地认识自己，这远比一纸录取通知书更有意义。

自主选课，自律学习

在进入大二学习前，UBC 并不要求所有学生确定自己的专业，只需要向学校申报自己志愿大方向即可。而无论选择哪一个专业方向，学生本人都有绝对自主选课的权利。面对选课系统里几百个不同类别的课程，其中还有"恐怖电影欣赏""戏服制作""红酒品鉴"等令人想象不到的课程，对于从小到大被安排好课表的我来说，无疑是一个巨大的挑战。一个人，当你没有选择权利的时候，你的一切会变得无比简单，或者你会极其不满地反抗希望拥有选择的权利。而当你面临太多的选择时，你也会一下子陷入选择困难症甚至选择茫然恐惧症。自主选择，需要以你对自我与世界深刻的认知作为基础，也是一种不断增进自我与世界认知的试错方式。

针对这种情况，学校给我们安排了选课导师，基于每个学生基本情况，给出相应的推荐意见。但最终的选择权还是在学生自己的手上，所以不同课程资料的搜集，相同课程不同教授的过往评价查询，甚至是备选课程的试听比较，这些需要亲力亲为的繁琐工作一项也逃不掉。但也正是这样一种看似大海捞针的过程，让我有机会接触到我之前从未接触过的领域，进一步了解自己的喜好。选课只是经历，锻炼自主能力才是目的，因为没有人比你更需要了解你自己，也没有人能够比你更深刻地认识你自己。

正是因为所有的课程内容都是自己选的，所有的时间表也是自己排的，所以再也不能有"我不适合这门课""我早上睡过去了没有上课""这门课教授讲得特别差劲，我完全听不懂"等借口作为考试失利的理由。没有了父母的管束和老师的鞭策，抱着"自己选的课，跪着也要读完"的必胜信念，足以让我自律。大学第一年，在30%的淘汰率下，所有的"小聪明"都不再有任何用武之地。你需要踏踏实实地听好每一节课，弄懂每一个知识点，不折不扣地完成每一份作业，不能抱有任何的侥幸心理。不再有人提醒你明天的作业上课前就要交，也不会有老师因为你作业分数不高而主动关心你的学习进度，更不会有人提供考前重点范围提纲之类助力期末考试。

除了投入大量时间死磕没有弄明白的知识点外，还需要自己探索出一套可长期实行的学习计划。月计划帮助自己了解一个学期的大概安排，周计划帮助自己不要错过每一个作业的结点，日计划能避免因赶在截止时间的最后一秒递交作业而慌乱不已。自主选课给了我巨大的自由，但这种自由绝不是懒洋洋的无所事事，而是需要通过勤奋和努力才能实现目标的自我选择。正如乔布斯所说："自由从何而来？从自信来，而自信则是从自律来。"拥有自我管理的能力，让我在面对选择的时候不再犹豫，只需要遵从自己的内心。因为我相信自己，总有能力、有办法、有途径对自己的人生负责任。

批判探索，多元世界

在 UBC 的课堂上，教授们问得最多的一个问题便是"这个问题你怎么看？"起初，我总是下意识地在脑海里搜寻过往所听所见中和这个问题最为靠近的"标准答案"。慢慢地我发现，很多课上提出的问题其实并没有所谓的"标准答案"，就连教授刚给出的解释，马上就会有同学提出异议。往往这样的争辩不会以谷歌搜索提供的内容判断对错，而是最后双方达成共识——"我会回去再思考一下你说的内容。"

教授们喜欢鼓励大家从"自我"的角度思考问题，培养学生的批判性思维，要求我们以合理的、反思的、开放的方式进行探索思辨，而不是生搬硬套晦涩的学术论文来发表自己的见解，更不是在形形色色的众人声音大潮中随波逐流。世界一片喧哗，你需要勇敢地发出属于自己的声音才能免于被淹没。所以，在很多人文社科的学习中，追求的并不是最终一个总结性的概述，而是在自我求知过程中，对于严谨逻辑思维方式的培养。在"yes"和"no"之间，我们发现了第三条道路：始终抱有热情，本着不误导他人，也不受他人误导的责任感去探索和理解事物。

作为世界上拥有国际生最多的大学之一，来自150多个国家的超过一万名国际生每时每刻都在刷新着我对这个世界的认知。中东姑娘致力于为女权运动摇旗呐喊；墨西哥教授醉心于中国书法研究；巴西学生站在自由党党内竞选的发言台之上……大学之于我，就是一个不断拓广自身认知边界与拓展自身能力疆界的过程。每多认识一个新朋友，多听一段故事，多参与一场活动，我都会暗自感慨"我对这个世界的认知真是少之又少"。如果把认知比作一个圆，你所知道的越多，你所不知道的边界就会越大。就这样，这个多元化的大舞台，激发了我孩童般的好奇心，我忍不住睁大眼睛,想把眼前的世界推得再大一点,再远一点。

享受孤独,精神丰富

留学生活除了朋友圈里精彩丰富的社团活动、卖相极佳的全球美食和圣诞假期的阳光海滩,更多的时候是一个人一本书在图书馆通宵学习,一个人一条长队在急诊室外排队就医,一个人一个篮子逛超市做饭,甚至是一个人一盘饺子一个春节。这种孤独的更深处,可以是初来乍到,因为文化差异而缺少朋友的客观境况;也可以是巨大学业压力下,不得不放弃业余活动必须专注学习的自我约束;更可以是孤身在外,不愿意也不好意思过多麻烦朋友的自我要求。

这种孤独感使我无处可逃,只能努力尝试把自己完全沉浸在这种情感体验中去,从惧怕落单,忍耐孤单,到享受孤独,这便是留学生活教会我最重要的一课。

正如托尔斯泰所说,"在交往中,人面对的是部分和人群,而在独处时,人面对的是整体和万物之源的体验。"这便是一种广义的宗教体验。在我看来,这种宗教体验是必须的,是在看过大千世界后,仍然愿意留给自己独处的时间,去检验自己精神世界是否富足,甚至花一点时间去思考自己和世界的本原关系。我开始捡起儿时的兴趣爱好,阅读课本以外的杂书,学习一些新的技能。这是一种不同于群体生活的大快乐,是一颗灵魂在不断发现自我、欣赏自我、享受自我过程中的小富足。繁华热闹很多时候不过是孤单躯

287

体的抱团取暖，歌舞升平未必就是内心真的快乐。所有对生命真正的尝试、探索和体验，其实都是耐得住孤独寂寞，坚持探索只能深藏于个人内心世界深处难以言表的事情。如果你连自己的精神世界都可以一层层打开、直面和剖析，那么还有什么事情是你所不能面对和解决的？如果你连寂寞都可以忍受，连孤独都可以享受，那么还有什么情感体验会让你觉得痛苦不堪？

你只有咬牙拼命地努力着，才能活出别人眼中的那份轻松自如；你只有历经千辛万苦，才能拥有那种人皆仰慕的风度；你只有忍受住各类诱惑，才能坚守那份在待人处世上的骨气与坦然。当你发现世界原来这么大的时候，那是因为你自己在成长。当你发现自己原来还有这么多面的时候，那是因为你的内心世界在成长。

我很喜欢电影《霍比特人》中的一句话，"世界并不在你的地图与笔记里……当你回来时，你将从此与众不同。" 3年多的海外留学经历不仅锻炼了我在任何陌生环境下都能生存下去的能力，还激发了我时时刻刻都想要探索这个世界更多维度的好奇心，更教会了我时刻保持清醒与处处坚持慎独的重要性。每个人都有独属于自己的世界，以及在这个世界创造只属于你自己的故事。你的世界，或许并不在我的故事里，然而我却满怀真诚地希望：无论你选择怎样的道路，都愿你出发时不迟疑，前进时不畏惧，归来时不遗憾，回首时不后悔！

✈ 小贴士
你所不知道的 UBC

1.UBC 校园内就有一个世界著名的天体海滩，隐藏在一片森林里，只有一条百层阶梯的小道可以通往海滩。在经历了一番辛苦的爬楼梯运动后，就可以尽情享受阳光、沙滩和没有衣服束缚的自由！同时，这里也是观测流星雨、玩长曝光摄影的绝佳地点。

天体海滩

2.UBC 有一个魁地奇队，就是那个《哈利·波特》故事里面的魁地奇球队，世界比赛里还拿过西北赛区第一。

3.UBC 有一条樱花大道，每逢樱花季，粉红一片，

校园里的樱花大道

吸引全球的游客慕名而来。

4.UBC是无数电影和电视剧的取景地，其中包括《X战警前传》《五十度灰》《金刚狼》《神奇四侠2》《X档案》《博物馆奇妙夜》《绿箭侠谋杀闪电侠》《谋杀》《危机边缘》……

5.工程学院门前有块写着"E"的大石碑，然而这块石碑经常会被学生涂成其他的样子。每年的10月1日，中国学生都会在这块巨大的石碑上画上五星红旗，为祖国母亲庆祝生日。

写着"E"的石碑

6.2017年新建成并投入使用的布洛克康芒斯-塔尔伍德豪斯宿舍区，是目前世界上最高的木质结构楼房。

7.校园里的主干道尽头是浪漫的玫瑰园，很多UBC学生都会在课间跑到观景台上休息放松。若是碰上假日，拿上一本书，在玫瑰园一坐一个下午，也是一件舒心怡情的事。

玫瑰园

8.UBC每几年就会承办一次TED讲座，通过各种主题讲座，可以亲临现场并聆听全世界最顶尖的头脑风暴，和全世界各个领域的牛人面对面交流。而作为UBC的学生可以凭学生卡参与校内所有的活动。

9.UBC校内最大的图书馆欧文·K·巴伯学习中心一直被大家奉为魔法图书馆，而里面的321房间的装修风格最为哈利·波特风。

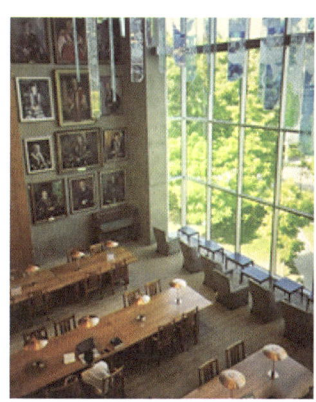

欧文·K·巴伯学习中心

10.学校新生食堂每周六都会提供粤式早茶，包括虾饺、叫花鸡、烧卖……被学生们私下评为最好吃的

有什么想说的话，别忘了在空白处随手记录下来，然后用手机拍个照，发送到邮箱haohaoksj@163.com，说不定书的下一次增订版中就会出现你的精彩留言哦！

食堂餐点。

11.UBC没有真正意义上的校门，学生通常会以校园中心的喷泉作为地标性建筑。

UBC校园中心的喷泉

12.UBC是诞生选美冠军最多的学校，光是港姐冠军，15年就出了5个。所以走在校园里除了可以欣赏到美丽的自然风光外，一张张年轻漂亮的笑脸同样吸引人。

13.UBC每个学期期末考试前都会举行"校园裸奔"活动，缓解学生备考压力。

UBC"校园裸奔"活动现场

14.UBC是加拿大拥有罗德学者最多的学校，现有共计67位。

15.2015年刚满100岁的UBC,通过学生站队拼写成"UBC100"的字样，再现了100年前建校庆祝的场景。

澳洲篇

澳大利亚

莫纳什大学……297　　　　墨尔本大学……307

莫纳什大学——舒适区外的英雄梦

莫纳什大学
褚高超

第一次走出舒适区

高中毕业初来澳大利亚的4年，我是在澳大利亚第三大城市——布里斯班度过的。这是一个阳光灿烂的慵懒城市，大街上的人都穿着拖鞋、T恤，戴着太阳镜，似乎符合所有人对于澳洲生活的刻板印象。碌碌无为、每天插科打诨的我，有一天在学校的公告栏上看到了德国交换生的申请告示，于是我决定告别这样无聊的生活，前往德国首都柏林做交换生。

在柏林的半年多，是我留学生涯中最有挑战性的一个阶段，德国学校缺乏指导的学制，晦涩的德语和无尽的孤独都是一座座令我感到绝望的大山。走出舒适区是让人恐惧的，但也是催人奋进的。在德国的半年，我不断地逼迫自己走出房间，用破碎的德语混合着英语去社交、去旅行、去尝试新的事物，去学习新的东西，就算闹出了无数的笑话，我依然勇往直前。

在离开德国的时候，我已经可以使用流利的日常德语进行交谈，泛读德语书籍和报刊，更如同浴火重生一般，有了面对未知和挑战的勇气。这次的经历让我真正理解了舒适区的意义——每个人都有自己的舒适区，我们的未知危险区是舒适区外那些所有我们恐惧的东西，而打破这二者次元壁的方法就是以知识为剑，不断向外扩张自己的舒适区，这个过程也能让我们慢慢拥有更多的勇气和自信。

回到澳洲以后，大三的上半学期我做了人生中最重要的一个决定，去考澳洲的医学院——医生是西方

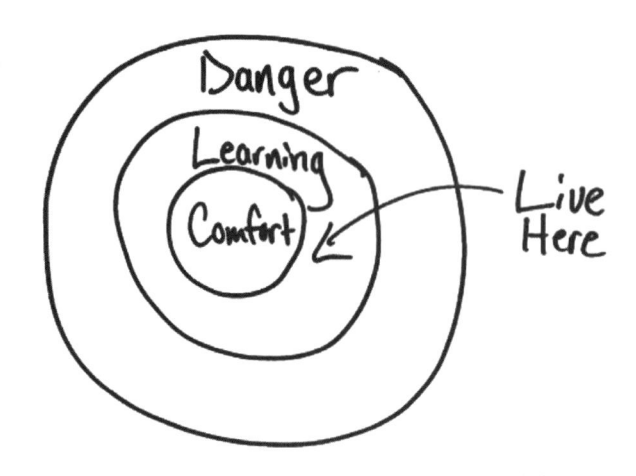

走出舒适区

社会最受尊重的职业，也是澳洲入学标准最高的学位。尤其澳洲的医学院入学笔试是以困难出名的，全面的考查考生对于人文、写作、生物、化学、物理、数学的思维能力。

第二关面试难度更上一层楼——用了一种叫作"多轮迷你访谈"的形式进行，和医学院中临床考试的形

式很像，所有的考生轮流连续进行 12 个 5 分钟的简短面试，由不同考官进行评分以减少偏见，从学术、伦理到情景决断问题全面考查考生的科学素养、情商和批判性思维。

最终幸运女神眷顾了我，我成功通过了笔试、面试，获得了莫纳什大学和悉尼大学医学院的录取通知书。从此，我走上了学医的"不归路"。

选择莫纳什大学最初是因为对墨尔本这座城市的偏爱。墨尔本一直被誉为南半球的伦敦，也长期霸占着世界最宜居住城市榜榜首，它更是澳洲的医学首都，大部分重要的医学组织都选址于墨尔本。而莫纳什大学虽然仅成立 60 年，却是澳洲最大的大学，其医学院也是建校元老院之一。

莫纳什的传统渗透进这个位于墨尔本东南部的大学城的每一个角落。学校的辖区被称为莫纳什市，由一条莫纳什高速公路贯穿，我们的中央教学医院叫作莫纳什医学中心，是澳洲最大的公立医疗系统之一。拥有以莫纳什命名的儿童医院、心脏专科医院，并且拥有因试管婴儿技术享誉世界的莫纳什 IVF。莫纳什大学旗下的教学医院更是包含了南半球最好的创伤中心、最大的重症监护室、澳洲南部唯一一家心脏移植中心和维多利亚州州立烧伤中心等优质学习平台。每一个莫纳什毕业的医生都叫作莫纳什医生，我们的老师也大多数是莫纳什校友，甚至老师的老师也是莫纳什校友,每个人心中都有一个独特又熟悉的莫纳什故事。

医学院比其他学院早一个月开学,晚一个月放学,一年只有一个多月的假期,一周满满35个小时的课程,全部需要签到,几乎不可以缺课。并且,以学年为单位评分的我们没有挂科的概念,一门不通过就是一整年挂掉重修,不能晋级下一年,而且每年都有一个筛选的百分比,适者生存,非常残酷。

特别是进入第二年临床课程阶段,研究生医学院的学生和本科医学院的学生合流进入医院临床见习,更激化了残酷的竞争。莫纳什是澳洲八校联盟中本科医学院唯一一所有五年精英医学项目的大学,加上我们这一届,本是澳洲第一的墨尔本大学本科医学院项目彻底停招,改革成美式研究生阶段的四年医学博士学位,造成几乎全澳洲最顶尖的高中生都流向了我们学校,我们这一届的300名本科生都是怪物一般的高中顶端0.05%成绩的毕业生,据说拥有全澳洲各大高中全校第一120多人,加上全校第二就占了200多人,我所在的医学院中本科部的6个朋友其中4个是他们高中学校的第一,学力出众。我经常感觉智商被各种天才吊打,无地自容,不过也正是因为这样,我也遇强则强,不断鞭策自己,达到更高的高度。

虽然身边的同学都天分极高,但恃才傲物的却是少数,而且高年级教导低年级几乎已经是不成文的规定——我们学院保持着高度团结的学生组织,组织一切学院内的互帮互助，每一年每一场考试之后，几乎所有的学生都会参与当天的考卷默写，有些试卷甚至到一字一句都不差的地步，同时每一道题都有详细举证的答案和解释，以供未来的学弟学妹们练习真题，提高成绩。

> 这种互帮互助值得大力提倡。

莫纳什医学院这种毫不利己、专门利人的传统已经默默持续了几十年，在学生会的网盘里，甚至可以找到1987年手抄版本影印的考试默写卷。我们就在前辈们的谆谆教诲下，不断地传递薪火，传承莫纳什医学的衣钵。

每年我们学院还组织各种兴趣小组、公益小组、海外医疗援助、社会政策改革倡议等，学院还拥有自己的合唱团、交响乐团、话剧社、海外援助团队等五花八门的组织，全部由各有特长的医学生组成，仅对学院学生开放。我们还在澳洲医学生协会中起到了绝对的领导作用，我在医学院的4年，澳洲医学生协会的主席有3年都是我们学校的学生当选，还直接向世界卫生组织每年的世界卫生大会输送代表团。

医学院的后3年我住在莫纳什大学克莱顿校区的宿舍，和医学院的天才们成了非常好的朋友，被天才包围的我也在这3年获得了很好的成绩。第二年年末我获得了日内瓦世界卫生组织实习的录取书，在假期的时候去了瑞士的世界卫生组织总部实习了2个月，研究器官移植政策。

第三年是儿科、妇产科、精神科、家庭医学的一年，每个科目轮转 10 周，课外我代表学校出战大学击剑比赛，每天过着医院、宿舍、训练三点一线的生活，简单而充实。这一年的期末考试是医学院最难的考试，四门笔试加上两整天的临床考试，一周考了 25 个小时，一门挂，一年重修，筛选率高达 30%。记得考完试那天就有人直接在考场开了香槟庆祝，还有很多朋友抱团痛哭，纪念煎熬的结束。这一年我的努力以不错的成绩和花剑个人与团体第一落幕。

第四年是最幸福的一年，因为已经没有决定生死的考试，虽然没有专门的假期，但是一共 7 个科目各 6 周的轮转，分别是内科、外科、重症、急诊、自选、海外、休假，休假和海外医院实习一般学校都会尽量安排两个科目捆绑在一起，飞去其他国家好好学上 12 周。在血管外科的 6 周我几乎是住在医院，急诊、门诊、上移植手术、腹主动脉瘤开放手术。

那年 8 月我去了伦敦，敲开了我未婚妻的家门，在这个温馨的房子里度过了 7 周，在皇家外科学院的外科夏令营和二十几个国家来的外科学生切磋了技艺，在此期间和来自比利时、马耳他和希腊的医学生组队获得解剖竞赛第二，也亲耳听了传奇外科医生哈罗德·艾利斯先生的解剖课。夏令营后，在欧洲最大的创伤中心皇家伦敦医院的创伤外科和伦敦直升机救援队实习了 6 周，在最前线体验了世界顶级创伤团队的

> 这位未婚妻就是我们节目的忠实粉丝都知道是谁了。

工作。实习结束后，我的毕业旅行则献给了我从小的梦想：横跨欧亚大陆桥的火车旅行。我从苏州坐火车经过蒙古、俄罗斯、芬兰、瑞典、丹麦、德国前往荷兰的鹿特丹，经历27天、穿越8个时区，在伦敦，我结束了人生最疯狂的旅程。

毕业后，初出茅庐的我开始履行医生的神圣职责。当然，4年医学院的学习还远远不够武装自己。面对汹涌而来的生老病死，与死神拔河，早出晚归。医路道阻且长，我带着对于生命的最大敬意和爱意，开始承担责任、恐惧和未知，在这个过程中我收获了逐渐成熟的自己。

曼德拉说过："在事情成功之前，一切都看似不可能。"

人生之路、留学之路皆如此。留学本就是挑战和超越自我的试金石，愿所有海外学子都能在短暂或漫长的留学生涯中脱胎换骨，走出属于自己的人生。

✈ **小贴士**

上课要认真听讲，不然老教授们会瞪你

每周三的校园跳蚤市场，总能淘到一些特别的老书，说不定原来的主人是你的前辈

艾尔弗雷德临床医学院伯内特研究所的顶楼有非常不错的咖啡，还有一览无遗的墨尔本天际线

如果生病了可以去新翻修的校园诊所，凭国际生医保卡免费

如果记不得老师的名字和研究方向，记得领取医学院发放的教授扑克牌，居家娱乐必备——"我出一对心外科主任！"

如果有不用的衣服，宿舍有专门的救世军的捐助衣物收集处。送人衣物，手留余香

新生记得领取医学生协会定制的循环使用咖啡杯

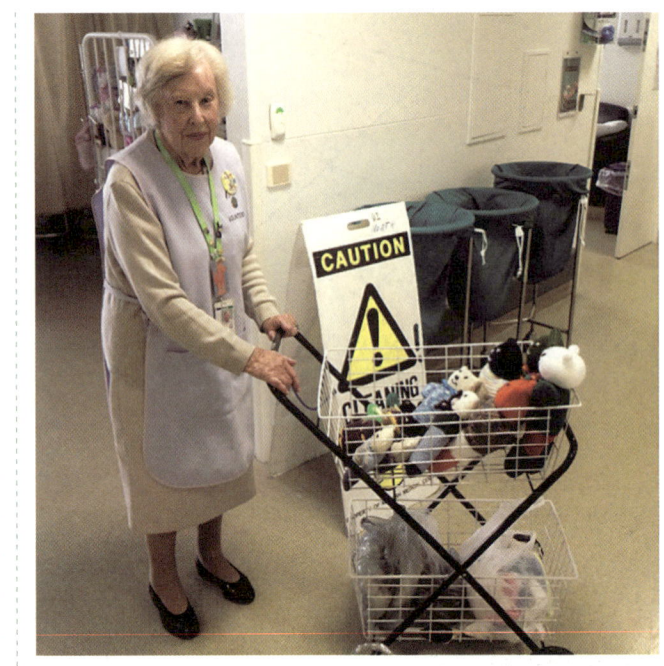

如果想做公益的话，心灵手巧的同学给莫纳什医学中心儿科织小熊布偶也是不错的选择

记得每年参加盛大的医学生舞会，会是一生的记忆

穿越东西海岸，我找到了更好的自己

悉尼大学
鲍元集

在 21 岁以前，我的人生之路可以用"平平无奇"这四个字来形容。大三那年，我的人生之路上突然出现了一条以前从未想过的分岔路口——留学。

按照原本的人生规划，我或许会在家乡谋一个职位，方便照顾父母。但我始终想走出去看看，看看外面更广阔的世界。我感谢当时的自己，正因为做出了这个决定，这才有我来到澳洲，遇到了一众好友，参加了《一站到底》的故事。我衷心地鼓励每一个有兴趣、有条件的孩子都尝试出国留学，这个过程不仅能积累知识，更能极大地开阔一个人的眼界和胸怀。

我的留学第一站是美国，彼时我的本科院校——东北大学刚好和美国伊利诺伊大学芝加哥分校合作，可以选择大四的时候到美国交换。我十分荣幸，获得了这个交换的宝贵机会。

美国是一个精英感极强、竞争极为激烈的国家。

它拥有着全世界最好的教育资源，最强大的高科技和金融企业，你经常能听到身边的学长学姐又拿了某大公司的录取书，在这里，你能真真切切地感受到机遇近在咫尺。

但作为一个胸无大志，一心只想着过得舒服的人来说，这浓厚的精英气氛实在是让我压力山大，还是悠闲而自由的澳大利亚更适合我。

澳大利亚是一个十分神奇的国家——这是一个人均收入稳居世界前列，但是想一夜暴富难度却堪比登天的国家；这是一个社会保障健全，但是人民依旧怒喷政府的国家；这是一个教育资源仅次于英美，但却名声不显的国家。

所以，澳大利亚适合以下这两种人来：

第一种，认识到自己无法成为顶尖精英，但仍然希望通过自己的努力改变命运的人。澳大利亚人均收入高、失业率低，对于移民持包容态度，在澳洲努力打拼几年就可以过上有车有房、衣食无忧的生活。

第二种，喜欢自然，并且耐得住寂寞的人。私以为新西兰有些冷清，美国又略显嘈杂，澳大利亚恰好就在二者中间。澳大利亚以第一产业为主，自然环境没有经过工业革命的大摧残，直到现在我偶尔出去海钓，也能在高速公路旁看见奔跑的袋鼠和其他奇奇怪怪的生物。

澳大利亚当然不仅仅是各种生物神奇共存的舒适

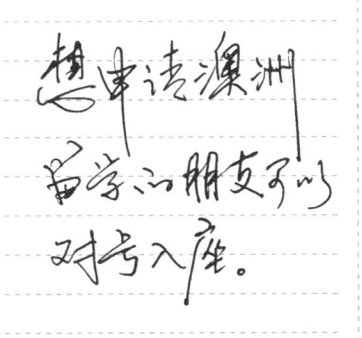

想申请澳洲留学的朋友可以对号入座。

"土澳"，在我看来，澳大利亚和其他国家最大的不同，就在于它相比其他国家更强的包容性。在这里，社会更多强调的是多元而非融合、趋同。澳大利亚的华人文化就极为兴盛，墨尔本机场的所有指示牌都至少具有两种语言，即英语和汉语。就算是一个不懂英语的中国人，依旧可以在墨尔本机场畅通无阻，这是我在国外从未见过的。

作为连续7年被评为世界最宜居城市的墨尔本更是体现了多方面的包容性。这里是世界"咖啡之都"，有着全世界最好喝的咖啡；这里是澳大利亚文化之都，每年会有大批的世界顶级艺术家的展览和巡演。我喜欢它的无拘无束，喜欢它随处可见的醇香咖啡，喜欢它鲜嫩多汁的澳洲和牛，喜欢它略带海腥味的大生蚝，喜欢它元气满满的西瓜蛋糕。喜欢墨尔本的温泉、海岸、沙滩（对不起，此处没有仙人掌）。你可以停下脚步看街头艺人的表演，聆听马车的马蹄铁敲打在路上发出的"嗒嗒嗒"的声音，不用紧张会给别人留下不好的印象，这里的一切都是自由的。

墨尔本也是澳大利亚教育和科技之都。这里有南半球第一名校，也是我的母校——澳大利亚墨尔本大学。作为一个古灵精怪的小滑头，我想你会喜欢墨尔本大学一年一度的"裸奔节"，虽然第一次看到一群人光溜溜地就冲进课堂会有一些惊悚；作为一个读书的学子，你也会爱上每天凌晨仍然灯火通明的墨大图书馆。

我刚到墨尔本大学,就加入了墨尔本大学的中华辩论社。澳大利亚辩论圈是除了中国、新加坡、马来西亚之外最为兴盛的地方。在澳洲的辩论圈,你经常可以看到世界各地的华人使用汉语进行语言和思维的交锋。这不得不说是一件非常奇妙的事情,某个澳洲辩论大牛,或许是马来西亚华人或者新加坡人。

除了自己参加辩论比赛,我也尝试着举办辩论比赛。我们墨尔本大学辩论社除了每年会举办全澳大利亚华语辩论锦标赛之外,还成功举办了维多利亚州第一、第二届高中生辩论比赛。比赛吸引了墨尔本24所高中、上百名高中生参赛,看着孩子们从话都说不利索到可以和对手针锋相对,看着刚开始紧张得呕吐的新人一路斩获最佳辩手,他们的成长都看在眼里,我们时常感觉很欣慰,但也有一丝隐忧。

必须要承认,墨尔本高中生的汉语底蕴确实不如同年龄的国内高中生,孩子们脱离了汉语的语言环境,再加上繁重的生活压力,平日很少阅读书籍。这直接导致了同龄的澳洲华人留学生英语水平胜过国内学生,可是当你提起一些成语、古诗词的时候,他们往往是一脸茫然,仿佛那是另一个他们从未路过的世界。

因此,借由《一战到底》在澳洲的热播,最近几个月,我一直在尝试举办一些高中生的知识讲座。从一本有趣的书讲起,向小留学生们传播中华文化。我们讲过冯友兰先生的《中国哲学简史》；朱光潜先生的《谈美》；黄仁宇先生的《万历十五年》。借由这些书籍，我希望能给孩子们展现中国文化的博大精深，也诚挚希望能有越来越多的人加入到传播中华文化的行列中。

✈ 小贴士

若说起墨尔本的著名旅游景点，请各位自行打开各种旅游网站，这里恕不赘言。我就以一个墨大学生的视角向大家介绍一些墨大学生必知场所。

1. 墨大食堂——彩云南滇菜馆

首先，向大家隆重介绍素有墨大华人学生食堂之称的彩云南滇菜馆！彩云南滇菜馆，创办于2008年，凭借一道酷炫的过桥米线以及众多改良滇菜，征服了墨大一众华人学子。

此菜馆，具有上菜快、排队长、口味重等特点，是您初来墨尔本克服水土不服，快速吃下三碗米饭的必备法宝！

彩云南滇菜馆

2. 物美价廉——DonDon

这是一家在墨大附近的日式快餐店。店面是一个仓库改建的，经常会有小鸟从仓库上面飞进店里。主营日式咖喱饭和牛肉饭。我的脸这么大的咖喱鸡饭，只要7澳币！只要7澳币！朋友们！这是什么样的概念！四舍五入就是不要钱啊！

这家店也确确实实是主打性价比的。如果是食量比较小的妹子，完全可以在8块钱以内解决午餐问题。

DonDon 快餐店

3. 文化之旅——莱贡街

下面介绍文化之旅，距离墨大很近的莱贡街。如上图所示，红圈位置是墨尔本大学，而整个蓝色箭头都是莱贡街，这是墨尔本著名的意大利街。在这条街上，你可以品尝到各种各样的意大利美食，不论是冰激凌，还是通心粉，都是标准的意大利风味。

莱贡街区域

不过要善意提醒各位，意大利菜虽然好吃，价格却也不菲，吃一次真的要心痛很久（别问我怎么知道的）。

意大利美食

4. 菜场秘境——维多利亚女王市场夜市

说起这个被留学生爱称为"维妈"的市场，很多游客不会陌生。这个始建于1878年的南半球最大露天市场，早已成为很多游客必去的景点。同时，它也是

313

住在市中心的留学生买菜的首选场所。

每到墨尔本冬季，每周三晚上，维多利亚女王市场都会举行夜市。夜市上会有各国小吃，以及艺术团体进行表演。注意，只有冬季每周三晚上才有，寒冬专属福利！

至于食物，我吃过巴西烤肉、西班牙海鲜饭、面包碗浓汤，各种神奇的东南亚烤肉，等等，的确值得一去！

维多利亚女王市场

亚洲篇

中国
北京大学 ·········· 317   清华大学 ·········· 335

新加坡
新加坡国立大学 ······· 348

以色列
希伯来大学 ········· 376

北京大学
郭文韬

只因那湖未名水，我选择了北大

我与北大的渊源，要从高三开始说起，在那之前我的梦想之校其实是清华。那时候，觉得学理科的人就应该去清华，最喜欢的歌手是水木年华、李健，还有老狼，觉得清华是国内最美的校园。然而生活永远都有意外，没有意外就不是生活。

高三那年，我拿到了北大的自主招生名额，而不是我心心念念的清华。

但是似乎所有的阴差阳错都是另一种形式的命中注定。因为自主招生面试，我第一次去了北大，在那个寻常又不平常的傍晚，我第一次看到了未名湖的"落霞与孤鹜齐飞，秋水共长天一色"，让我心生向往。大概也是那一刻，我暗暗下定决心，我的未来属于这里，我幻想着在每一个有火烧云的黄昏都可以来未名湖边散步。

幸运的是，我的愿望实现了。在自主招生考试中，我的笔试和面试成绩都是全省第一，得到了北大30分加分，在高考中，我是青海省的理科第一。就这样我以最好的状态进入了我心驰神往的大学。

摄于未名湖畔

如果说当初选择北大是因为醉心于未名湖，醉心于燕园四季变幻的美，那么今天忠于北大则是因为它的历史和情怀。在北大，在燕园，从来不缺的就是历史的痕迹，燕南园的51号到66号，留下的都是大师巨擘们的生活印记。岁月给予了北大文明和底蕴，而文明和底蕴也赋予了它特有的气质。在每一个北大人身上你都可以看到独有的灵动和个性，看到"敢叫日月换新天"的豪情壮志，看到"以天下为己任"的使命感。

一千个北大人心里有一千个北大，我不能代表所有的北大人，但是可以以一个多多少少具有北大精神的人的视角、以一个不太严肃的口吻来说说我眼中的北大。

精神自由的三角地，自由灵魂的起点

不了解北大的人可能会觉得北大"自由散漫"，北大在学习这件事情上给了学生足够的宽松和自由。你付出什么样努力，完全取决于你想成为一个什么样的人。

在北大，有各式各样的通识课，可以让你看到本专业以外的世界。诸如"地震概论""三宝"这样的课程几乎是通选课中的必修，也有些如"西方美术史""艺术史"之类的文史课程，则是理科生们陶冶艺术情操，培养格调的不二之选，至于选择"逻辑导论""心理学概论"这样的课程的同学，他们属于真正的勇士。

虽然北大从不主动给学生任何课业上的压力，但是北大的学生懂得为自己的行为、为自己的选择、为自己的人生和未来承担责任。他们自由却不散漫。

在北大会有很多人选择双学位或是辅修，在主修繁重的学习压力下要投入额外大量的精力在第二专业上是一件很需要勇气的事情。他们选择双学位的原因不尽相同，但都是出于对自己人生的负责。有人纯粹出于对第二专业的兴趣，比如对心理学感兴趣就修了心双；有人觉得哲学能够对理解这个世界有所帮助，于是选择了哲双；有人是为了将来跨专业深造或者就

业做准备，比如选择经双；也有人是为了掌握一项技能，可能会选择语言辅修；还有人纯粹是为了找虐，比如说我，选了数双，从此"一入佛门深似海"，中途无数次想要放弃，无奈陷得太深，最终还是硬着头皮勉强修完。

怀柔的艳阳里，一场跨越式的生命成长

跟很多学校大一军训不一样，北大的军训在大二开学前的暑假。我们被全副武装地拉到怀柔的军训基地，16个人挤一间宿舍，吃大锅饭，在30多摄氏度的烈日下踢正步。一些有幸进入劈枪方阵和刺杀操方阵的同学，训练任务更重，每天都是汗流浃背。而我被分到了"飞虎队"，既有点幸运，因为我们的训练强度没有那么大，偶尔还能跟教官一起玩个狼人杀；又有点不幸，因为汇报演出的时候看到方阵的同学们帅气的身姿和优秀军训学员的奖状时也还是会眼红。

在烈日当头的怀柔岁月里，虽然训练苦不堪言，但也难得地回归了纯粹。在这里我们没有什么"正事"去操心，平时学习活动一大堆在脑子里面取舍排日程，动不动熬夜才能完成，手头的、未来的各种待办事项虽然没有正在占用着"CPU"，却也消耗着"内存"，跑着跑着脑子就发烫了。而这14天，难得地可以什么都不做，什么都不想，用身体的疲惫来替代脑子的劳累。

怀柔的这一场军训，让我学会了偶尔也要让生活慢下来，不能光顾着埋头赶路，也该时不时地回首一下。

"一二·九"合唱，超越时空的精神传承

"一二·九"大合唱源于1935年的北平大中学生抗日救国示威游行，我们和隔壁肾上腺素爆棚的小青年们在当年都担当了主力。为了传承当年学长学姐们"以天下为己任"的使命感与责任感，每年都会举行"一二·九"大合唱。对于刚进入大学不久的小鲜肉而言，这是大学生活的第一件大事。试音、练气、单唱、合唱，狭小的训练教室，训练结束后的月悬当空，不甘寂寞来凑热闹的阵阵寒风……这些片段构成了为时2个月的"一二·九"记忆的基本要素。当然也会有学霸抱怨排练时间严重影响了他们的学习计划，学渣们痛恨晚上没办法准时在电脑前跟基友们玩游戏，但是回过头来看，大学4年确实没有其他的机会能够让整个院系的同学们凝聚在一起为一个目标而努力了。

北大再变也还是我的北大

和我们每一个人一样，北大是不断变化的。大一那年，小西门外面的食街是我们的圣地，那时候夏天睡不着的时候，除了定期的寝室卧谈会，跟三两好友相约到long long ago喝酒撸串是人生的一大乐事，偶尔兴致勃勃提着两罐啤酒拿着烤串想去石舫上把酒言欢，也会无意间惊扰月光下的恋人。那时候的28楼没有阳台、没有浴室，我们嘲笑大一届的师兄们只能在楼道里晾衣服，需要徒步走到学五对面的中心澡堂里洗澡。刚进宿舍的时候是没有空调的，记得清华招

有什么想说的话，别忘了在空白处随手记录下来，然后用手机拍个照，发送到邮箱haohaoksj@163.com，说不定书的下一次增订版中就会出现你的精彩留言哦！

生老师最后的一句话是:"北大宿舍没有空调,你要三思啊!"在高原长大、没吹过空调的我当时还不以为意,直到见识了北京的三伏天才意识到当初是多么天真。

现在小西门食街、学五CBD、康博斯、博实都已经成为历史,老楼一幢幢被拆掉,我们调侃校名应该改成"北京工地大学";28楼走廊里晾满衣服的场景也不会重现,去中心澡堂里洗澡的人也少了,大家也不用再抱怨洗完澡路上是出了一身的汗还是沾了一脸的沙尘。大一那年很快所有学生宿舍里装上了空调,从此之后清华招生也没法将此事作为谈资,吃夜宵的地方也变成了南门外的两口一串或是西门外的nova,这些餐厅的招牌换了又换,听说食堂也要重新盖一座更高的。这些年过去,北大跟我们一起成长变化,唯一不变的是和珍惜的人一起度过的每个夏天和所有难忘的回忆。

要是问我在北大4年最大的收获是什么,我一定不会说是哪个教授教会我的某个晦涩难懂的理论知识,也不是百年讲堂里哪一场振聋发聩的演讲,更不是在简历上留下的浓墨重彩的一笔,而是一种北大人特有的气质,与其他学校不同的气质。北大人都是有情怀和理想抱负的,永远不会放弃追求个性与自由,永远不会迷信权威,在我看来是一种独立行走于天地之间的风骨,是不断追寻诗和远方的信仰。4年的耳濡目染,造就了每个北大人独特的很容易被辨识的气质,我感激自己身上也能够看到这样的气质，也希望未来的你们也能够被这种气质所感染。

✈ 小贴士

那些你所不知道的北大

1. 北大一直无校训、无校歌，这是认真的。这也是北大民主之风的最好诠释。

2. 学校的图书馆是近代第一座国立大学图书馆，据说还是亚洲最大的高校图书馆。

北大图书馆

3. 未名湖绝对是北大最美的地方。未名湖春可赏花夏划船、秋可赏月冬溜冰。凭学生证10元就能租到冰刀鞋。

4. 在北大没吃过鸡腿饭，不能算来过北大。康博斯的鸡腿外酥里嫩，香脆可口，加上被鸡汤汁包裹的米饭，简直令人欲罢不能。

北大未名湖

5. 北大的猫每只都养得肥肥的，其中最出名的莫过于学术猫先生了。据说它热衷于哲学课程，偶尔听到梭罗的超验主义自然观还会微微摇头。

6. 北大的社团影响力都杠杠的，像风雷街舞社就曾上过《天天向上》。还有山鹰社，历史悠久，大名鼎鼎，是全国首家以登山、攀岩为主要活动的学生社团，是中国民间登山运动最有实力的登山团体之一。据传，曾有一位师姐因为追逐山鹰社，而来北大读研的。

7. 最浩浩荡荡的当属北京大学起床协会。北大起床协会可以说是"中国高校起床界鼻祖"。协会发起人是政管学院的学生胡孝楠。据悉，起床协会内有一"精神文明与大行教主治丧办公室"（简称"精大办"）专门负责监督会长起居，如果会长早餐不现身，就在内部平台宣布"教主驾崩"。

8. 百年讲堂是个好地方，20块钱就能看一场时长两小时的中央芭蕾舞团的舞剧，非 3D 电影票只要 10 块钱，并不需要某电影院的北大特价。

普通的故事，和普通的选择

北京大学
王照宇

名人传记里有无数辉煌的传奇和伟岸的品格，我就写写关于我的普通的故事，写一些希望诸位读者可以在其中读到自己的故事。

北大未名湖

辩论

2001 年国际大专辩论赛总决赛，辩题是金钱是不是万恶之源，正方和反方在"万"字的定义上争执了很久。反方的逻辑很简单："万"是一切的意思，但种

325

族屠杀、侵略战争等罪恶并不因钱而生，所以钱不是一切恶的源。正方的反驳让我印象深刻，正方是这样论述的：

各位，如果"万"是一切的意思，那当我们说一个人经历了千辛万苦的时候，是指他经历了一切的苦吗？那这个人肯定不是男人，因为男人再苦也没有经历过女人生孩子的苦；这个人肯定也不是女人，因为女人再苦也没有经历过男人怕老婆的苦。"万"是一切吗？

当即获得满堂喝彩，掌声不绝，我也深感共鸣。这大概就是辩论，以极端之名，立严密之体，行扩充之术，服众多之人。

辩论这件事情，我从高中一直坚持到现在，不说是历经了千辛万苦，但也确实付出了很多。高中打辩论赛的时候，寒假一个月的时间，我们几乎全都在学校。其实我们只需要准备两个辩题，但算上正反方，以及每个立场需要两种不同的操作方法，最终要拿出八篇不同的稿件。我们团队当时的一辩为了写出语词流畅、逻辑严密的稿件，她研究了上百篇经典的辩词，还去读丘吉尔、林肯、马丁·路德·金的演讲词，找出其中最能说服和打动人心的语段，模仿练习。一篇稿件的长度大概是1000字，3分钟，每一篇稿件她背了100遍，净时长40个小时。二辩个子小小的，字也写得密密麻麻的。打过辩论的都知道，二辩主要负责进攻，他们的准备工作主要是查找适合作为炮弹的案例，并不断打磨，最终形成可以直接脱口而出的、稳准狠的表达语句。她是用薄牛皮纸封面的 A4 笔记本做笔记，每页 30 行，一本 30 页。她一个假期写完了 5 本。

而我则痴迷于黄执中，在百度上搜索"黄执中结辩选"会得到五个非常精彩的结辩片段："顺境／逆境更有利于人的成长""信息时代是否仍需读书破万卷""大学生创业利弊比较"和"环保是否应该以人为本"。我反复听了几十遍，然后记忆、背诵、模仿，甚至有一次背诵了一段以作为才艺展示……

总之呢，我坚信，"吃得苦中苦，方为人上人。""尝尽世间千百苦，赢得富贵万多年。"所以我们很自信地就去参加山东省的比赛了，但站到台上面对几百个观众时，也很自然地紧张了，很自然地淘汰了。这也许是辩论的另外一种魅力，让你永远保持谦卑，准备随时接受失败。

后来一辩帮我修改甚至完成了无数篇演讲稿，她看待事情的角度和思维已经远远超过同辈，大学半个学期后她觉得现在的生活并非自己所要的，于是果断退学，申请去了美国攻读艺术学位；二辩用了一个寒假的时间自学高等数学，自招高分过线，考去了北大经济学院；而我，第二年的时候，和学弟学妹组队又去参赛，夺冠。

接受失败并不可悲，明白"即使失败了你还得到了什么"，就足够为下一次的成功做铺垫了。有人理解了果断，有人明白了坚毅，有人收获了坦然，有人学会了讲段子。

高考

经济学上有一个术语叫作"机会成本"，意思是 A 和 B 两件事，当你选择 A 时，你就自然放弃了 B 所能获得的收益。这就是选择，天然地伴随着代价。

高中三年，高一高二，除了要参加各种辩论赛，我还进了学生会，当了主席，要去负责和举办各种活动。那两年基本上是在团委老师、班主任和爸妈的质问声中度过的，团委老师问我策划案怎么这么慢，班主任问我为什么不上自习去开会，爸妈问我为什么熬夜不睡觉。后来准备辩论比赛，我几乎什么课都不上，什么作业都不写。等到比赛回来，面对一堆连题目都看不懂的有机化学堂测，别人都做对得 100 分，我只会一道得 10 分，这让我很难过。

后面的剧情其实很俗套，我跟老师请了所有课间操的假，然后上下午两个 30 分钟的大课间，都在化学老师办公室度过。当时买了四本习题册，只做有机章节的题，做完对答案修正。一开始满习题册都是红叉，自己一度想要放弃。后来想了个办法，每次只做一道题，然后对答案，这样画叉也只画一个，心理压力没有那么大。等对知识点熟练了，对题目的考点明晰了，开始增加到两道，然后是三道、五道、十道。堂测也渐渐从 0 分，到 10 分，到 90 分和满分。

这是一个很简单的道理，你想要辩论赛的冠军，就要去查资料、去背、去触类旁通和举一反三；想要学生会主席的光环，就要去写精美的策划案，去谈赞助商，去克制自己的情绪安慰付出辛勤劳动的队友；想要100分的成绩，就不能只付出90分的努力，就得去买练习册，去面对那些红色的圈圈点点。都想要？那就放弃课间，可能也要放弃午休，甚至放弃一点点晚上的睡眠。

我不是倡导你们统统都要，是提醒你们听一下自己内心的想法，因为你在你想要的事物上每多付出一分的努力，就意味着要放弃一分的休息、一分的贪玩。所以想想你面前这条条大路，选哪一条通向你的罗马城。

但这是唯一正确的答案吗？我不知道。我不知道哪条路是对的，哪条路对你是合适的。我只知道每个人都要选择，每个选择都要对自己负责。

北大

北大是没有校训的，也没有正式校歌，唯一的一个湖，还叫未名湖。这是我们经常拿来自嘲的一个梗。但这也代表着自由，代表着不强制，代表着没人设定你成功的标准，代表着不机械化，代表着我们可以选择。就像名校赛VCR里的那句词，"球形世界，没有唯一方向。"怎么算成功，怎么算精彩，怎么算幸福，我觉得北大不打算给我标准答案，这些问题也没有

什么标准答案，他要求我们自己去寻找每个人自己的答案。

北大博雅塔

北大有必修课、选修课、通选课、公选课，总共的课程数量是庞大的，可能近千门，可能几千门；32个本科院系，33个研究生院系，其中分支的专业近百个；200多个社团，学生会、团委等各种组织琳琅满目。而我们至多只能选两个专业，至多200学分的课程，课余的时间也只够你分配给一个社团，可能再多一个学生会。而你如果要谈恋爱，你明白的……我在北大，也打乒乓球，也尝试创业，也风花雪月。这些不乖的爱好占用了很多时间，也损失了很多，学业没有达到期望的出色，六块腹肌的长跑也走走停停，本期望一展抱负的学生会早早就退出了。但这又怎么样呢，4.0的绩点不是成功的标准，百分之十几的体脂率也不是，学生会主席的光环，可能也未必是吧。

拿我自己来说吧，我很爱动物，尤其是爬行类。

但由于价格普遍较贵，而且很多处于法律灰色地带，所以选择范围极其有限，只能养两只小蟒做伴。它们很乖，白天就窝在饲养箱里，没人打扰的话，可以几十个小时不动。晚上回来，我会把它们从箱子里拿出来"陪它们玩"，加引号是因为它们似乎从来没理过我……我就自顾自地学习工作玩耍，让它们也自顾自地盘在我的胳膊上，或者愿意去书桌的哪个角落，都随它们。除了它们，还有一只陪了我两年的"呆蛙"，就是《单身男女》里吴彦祖替高圆圆养的那只"蛙兄"。原名叫角蛙，但因为除了吃东西外一动不动，所以就叫它呆蛙了。呆蛙很社会，平时一副唯我独尊的样子，昂着头，嘴巴的弧度永远像是在生气，但一要把它拿出来换水的时候，就拼了命地扑腾，或者咬我的手指。冷血动物没有感情，最多最多是熟悉你的气味后，不会主动攻击你。这反而很迷人，不喜欢你就是不喜欢你，没有那么多功利的计算和表演。当然如果有一天，寄养在朋友家里好久以后，我路过去看它的时候，它能往我的方向望一望或者爬过来，没有比这更让我开心的事情了。

宿舍是不允许养宠物的，所以我很早就在学校附近租了房子，不单是为了它们，也是为了我自己。我享受独立空间，享受自己精心布置的、极简风格的小屋，享受周末的时候自己做饭、研究新的菜谱。

大人们特别喜欢问一个问题，你吃什么长这么高的啊。我的答案很简单，吃妈妈做的饭。每次回家妈妈都说我瘦了，那当然啊，被您的饭菜惯坏了，哪还吃得惯食堂。出去住以后，常常试图复制回忆和味道，但怎么都差一点点。有一次把我逼急了，跟老妈开了视频，让她看着我添这个加那个，放多放少。一顿折腾，最后拿汤匙送到嘴里的一刹那，哇！房租水电什么的都是过眼云烟，每个周末能吃到这个味道，再怎么样也值得了。

其实选择不论大小，做你自己的选择，甜蜜苦涩皆是一场修行。还记得 2015 年星辩决赛，辩题是：这是一个最好／最坏的时代。正方执中前辈结辩说：什么算是一个最好的时代？最和平的时代是不是最好的时代？未必，有人爱冒险。最富裕的时代是不是最好的时代？未必，有人不爱钱。我们能想到的一切最好的事物堆到一起是不是最好的时代？未必，有人想出家。

所以什么是最好的时代？摆在你面前的可能性最多的时代，你可以有最多选择的时代。而从古至今，今天，在座各位拥有最多的选择。做出你的选择。

结尾

阿喀琉斯出征特洛伊前，他的母亲跟他说："如果你去特洛伊，荣誉将属于你，他们会记下你的故事，你的胜利将会名垂千古，世界会记住你的名字。但是你去特洛伊……你就永远不能回家了。你的末日将紧随荣誉之后到来。我也再不能看见你了。"

想必大家都知道,或者猜到,阿喀琉斯选择了后者。所以那个时代的人很骄傲,因为他们和巨人生活在一起。巨人的兴起和败落如同冬天的小麦,但这些名字永远不会死。他们说,自己生活在赫克托尔的年代……那个能让马匹驯服的人。他们说,自己生活在阿喀琉斯的年代。

但我想说的是,即使阿喀琉斯没去特洛伊,平平淡淡结婚生子,儿孙绕膝,他依然是最帅的布拉德·皮特,依然可能会有一部没什么大场面,但精彩而有意义的电影,依然拥有一个幸福的人生。

小贴士
北大推荐

1. 燕南园

北大有一处园子,名曰燕南园,曾经是北京大学前身燕京大学的教师楼,这里曾住着无数大师级的人物。燕南园66号小楼,曾是冰心和吴文藻的婚房,她生命中最幸福的10年留在了这里。那时房间里立着高大的书架,摆满了吴文藻的私藏书,而院子里冰心种满了丁香。66号后来的主人是朱光潜,他在这里住了很久,住到大家都把他忘记了,有一次有人经过这里,看到门口坐着一个小老头,起初并不为意,后来才发现,居然是美学大师朱光潜。57号院曾经住的是冯友兰,

有什么想说的话,别忘了在空白处随手记录下来,然后用手机拍个照,发送到邮箱haohaoksj@163.com,说不定书的下一次增订版中就会出现你的精彩留言哦!

64号翦伯赞，55号先后入住冯定、陈岱孙、李政道……来到北大，一定要去一去燕南园，看看过去的故事。

2. 二教

二教的全称是第二教学楼，也叫李兆基楼，一共5层，是北大最主要的教学场所之一。它最大的特色就是：在它的楼道里，悬挂着大量的美术作品，行走在其间，就像畅游在一处画廊甚至小型美术馆，如果你真的来北大读书了，上课之余，也许可以停下来看看。

北大校园景色

3. 北大最美的十棵树

北大，不独是风物，也少不了那些草木和楼台。北大一位老师曾经总结过最美的十棵树：三角地的柿子树，西门华表旁的银杏树，静园草坪的松树，一院到六院的爬山虎，临湖轩的竹子，未名湖南岸的垂柳，浴室南面的英国梧桐树，五四体育馆大门旁的白蜡树，南门主路两旁的槐树，三教足球东边的白杨树。这些美景和美景下发生的种种故事，都将成为你独特的北大记忆。

清华大学
吉青珂莫

清华记忆：充满书香、酒香与饭香的味道

清华是一所可爱的大学，除了姑娘有点少。

书香，大概是普罗大众对这座清华园最直接和朴素的感知。大家都在中学课本上读到过朱自清的《荷塘月色》，要是半夜去一趟那荷塘，还真能找到点畅游书海的感觉，文艺的气息和蚊子一起扑面而来。

清华的学子从不吝惜对母校的赞美。比如这句"随意明眸芳草绿，春痕一点小桥东"出自1928年俞平伯学长《清华春早》一诗，才情可见一斑。别觉得这座被戏称为"五道口男子技工学校"的园子不解风情，音乐才子李健在清华的晚风中创作了数不清的情歌，文艺小清新曹禺老爷子在图书馆写出经典戏剧《雷雨》……

俗话说酒逢知己千杯少，每一个大学，都有自己关于酒的故事，以及关于那些酒神的传说。反正在当初的五道口理工学院是有的，而且不少。学霸也好，学神也罢，年轻人在一块，给上一个小时还不得感情到位、与君笑醉三千场吗？更别提喝不完的毕业酒吃不完的散伙饭，以及21世纪初找不到女朋友、买不起电脑的借酒浇愁的工科汉子。

但不服老不行啊，油腻的中年男们不得不开始注意身体，当年的亚克西、翅香园、老马家这些著名景点（饭馆）也已经不知去向。如果大家有照片，不妨回忆这些地点，以及那些学校里才能喝到的，90、100周年纪念酒，回忆我们的青春年华，回忆我们的家。

最后这个话题，其实是最没有争议的。不爱看书的有之，滴酒不沾的自然更多，但要说起我大清华的食堂，放眼帝都，除了民大尚可一战，谁敢提半个不字：万人煎鸡饭、麻辣香锅、小桥煎饼、七食堂的包子和烧茄子……清华大食堂与清华体校两个名字，绝对名不虚传，吃饱了再锻炼，为祖国健康工作50年，也算是我校的一个绝佳特色吧。

能写的实在太多，正统介绍有之，知乎调侃有之，鸿篇巨制有之，清新短文有之，一千个人眼里有一千个哈姆雷特，一千个清华人眼中也就真的有一千个清华，每个人都有着不同的记忆，但是同时，那又是我们一生相互交织而始终不会消散的共同。这些味道，真的会伴随你我的终生吧。

想念你，我的清华园。

高能预警！接下来是有吉叔主持的《吃在清华》

栏目，请各位看官准备好流口水吧！

传说中什么都有的清华所生产的酸奶和冰激凌——30年不变的味道，只此一家别无分店，谁吃谁知道。

清华出品的酸奶与冰激凌

七食堂在重新装修后已经改名为"清芬园"，但这里还是永远的七食堂，是我们的公主食堂——以前在这周围的5、6、7等楼都是女生楼，俗称公主楼，在美味的背后，也少不了偷瞄师姐师妹的汉子吧……至于唱歌的、表白的、摆蜡烛的、求婚的，哼哼，别以为就你们年轻人懂浪漫，当年，我们也潇洒过！

清芬园风味餐厅

传说中的小桥"烧烤"，当然我们那时候还是煎饼。最美好的时光是从北区浴室出来，在这儿豪情满怀的喊一嗓子："老板一个煎饼，加两个鸡蛋，火腿肠加榨菜！"离开以后，再也没吃到过那么好吃的煎饼，想来，

> 吃货眼中的清华园只剩食堂了。^^

排队买煎饼的学生

也许最好的，不是煎饼，而是一起吃煎饼的兄弟。

只有你想不到，没有清华吃不到——这是听涛园，或者说得更亲切点，我们边上的十食堂推出的大盘鸡拌面。虽然做法有点小气，毕竟我们新疆是没有这么小的一人份大盘鸡的，不过味道我可以负责任地说，作为长期混迹于新疆朋友们中间以及N次带队前来扫荡的我，给它打85分，相当有派！

美味大盘鸡

清华大学
李寅飞

十年一觉清华梦 留得满园欢笑声

说起来，我在这个园子里面待了11年，本科、硕士、博士都是在这里读的，但我们真的就像歌里唱的"十年之前，我不认识你，你不属于我；十年之后，我们是朋友，还可以问候"，现在想来这几句确实贴切。11年，我仍然不觉得我对清华是一种对母校的感情，她于我并非只是培养孕育的恩情，而更像是个与我同行多年的伙伴。

清华从来不缺大牛，学术的大牛、行业的大牛、文艺的大牛，都不缺。从这里走出过国家领导人，也走出过"秋裤男神"李健，这里有两弹一星的元勋，有国学院的四大导师，有搜狐的创始人张朝阳，也有刘强东……他媳妇儿。恰恰因为如此，这里是一个很没有归属感的地方，每个人都行色匆匆地去忙自己的事情，你干什么、出什么事儿似乎也没有太多人关心。所以，你需要自己去找事做，或者说找到自己的精神

念过清华
上过春晚
会说相声
更是写得一手好文章

桃花源。我的选择就是相声。

说实话，我对相声投入的精力，要比我在学业上投入的多，我也因此更要感谢这座校园，给了每个人实现自己梦想的机会与平台。让我提笔去写写我与清华的故事，我总觉得有点儿不好意思，我没怎么进过图书馆，也没怎么上过自习，那我就从一个"清华毕业的相声演员"的视角，聊聊在这儿过的11年吧。

从进入校园开始，我就进入了学生艺术团曲艺队，开始了说相声、写相声的日子。这是一个快乐的过程，也是一个制造快乐的过程。每周日的晚上，我们会在蒙民伟楼进行排练，对一个段子、一个包袱进行反复打磨；每周三晚上，我们会集中在一个宿舍赏析经典作品，我的艺术观就是在那一时期逐步形成；每年新生入学军训的时候，我们会下连队慰问演出，没有话筒、没有舞台，但我可以说从2005年到2012年学校的每一个同学都听过我的相声；写段子的时候，我们会连续熬夜，忙于创作、排练、宣传、视频制作等环节，才能换回演出的时候，蒙民伟楼多功能厅内都有很多人站着听完全场……那是我付出的最好的时光和青春，今天看来仍然十分感谢那段岁月，让我可以在其他艺术领域触类旁通，并且在清华大学出版社的支持下，结集出版了《十载笑缘——李寅飞曲艺作品集》。

应该说清华的艺术教育在全国是领先的，这一点真的令其他学校称羡。在学生艺术团，你会看到一个个"学霸"的另一面：神采飞扬、多才多艺。我曾经这样总结清华大学学生艺术团：

西方古典管弦合鸣声悦耳，

中华雅韵高山流水万古传。

说学逗唱幽默睿智逗您笑，

唱念做打一招一式法度严。

高歌一曲如天籁，

弹奏一段动心弦。

紫荆花开赢赞誉，

骤雨新荷舞翩跹。

十一支队伍齐聚此，

十一种艺术门类全。

十一颗明珠皆耀眼，

十一朵奇葩分外鲜……

当我与其他学校的同学交流时，发现我们不需要为排练场地、演出场地、演出经费去发愁，是一件多么幸福的事；而站在清华的舞台上，为大家说相声，也正是我相声生涯中最幸福的事。离开校园之后，我于2017年带领团队回到学校，每周驻场演出，我想让这个园子里的每一个人都知道，从清华里，走出过一个说相声的，叫李寅飞。

我在这里待了这么久，可最终还是没有从事所学的专业——新闻传播学，而是做了一名专职相声演员。似乎我学业上的节点，总是伴随着我相声道路上的一步步前进：2012年，我开始攻读博士学位，同年，我创立了自己的团队——大逗相声；2016 年，我获得了博士学位，同年，我登上央视春晚的舞台，表演唯一的一段相声作品。记得博士论文开题，我的导师告诉我，写文章的时候，要选最应该由你来写的题目。如果一个题目下笔很顺手，但是其他人同样能写好，就不要选择这个题目了。时空坐标加上个人特质，才能成就独一无二的作品，于是我把目光投注在相声上，写出了我的博士论文——曲艺的都市传播，洋洋洒洒 10 万余字，把我这些年与各位前辈名家聊天访谈的内容都用上了。我想，我这辈子离不开相声，只不过，要用清华教给我的东西，去把它做得更好。

这所学校给我、给每一个毕业生留下的最重要的东西，并不在于让学生掌握了多少专业技能，这个社会当下和未来所比拼的也不是专业技能，而是学习能力。这所学校留给我的，是一种为人处世的态度。现在，我做的是相声的事业，但我从清华收获到了几件令我终身受益的事。

第一便是做任何事情都要讲方法论，而这种观念在别的地方学不到。因为同学们的登台实践机会有限，我们会总结出一套放之四海而皆准的包袱创作方法和表演方法，这套方法可以说为我们在艺术上提供了相对的捷径。这种总结提炼的思维模式，于每个人进入任何一个领域都是有益的。

第二就是"行胜于言"的作风，我把它总结成六个字——豁着干，死了算。清华人有一种共识——优秀是一种习惯，或者说，做一件事就要把它做到完美。所以在相声行业大部分人都在喝酒、睡觉、啃老段子的时候，我们的团队始终坚持着每周节目不一样的宗旨，5年如是。

如今，我把从清华获得的艺术观念和工作态度带到我的团队——大逗相声。5年来，这个团体始终坚持只做自己会的事儿——演出。我们知道在当今的市场下，讲故事、圈钱、拉投资、做营销，都非常非常重要，但是对不起，我只会做内容。我也相信把这个做好了，其他的东西，会慢慢有的。

因为我在清华的这些年，只干了这一件事，所以特别有资格介绍清华大学艺术教育中心，它是在西大操场的西南角蒙民伟楼。每年开学的第一周招新，门口十分热闹。清华的食堂很好，听说各个食堂的风味也是各有千秋，但是我认死理，每天就去固定的食堂固定的窗口吃饭。我也没怎么把精力更多地投放在学术上，真正认真读书的只有考博前的那几个月和每个学期期末，所以学术也没什么可以聊的。让我说指南，真的不好落笔，怕我写的东西指不了南，反而让你们找不着北了，倒是想跟你们说，别忽略了身边的美景，清华真的很漂亮。

开春儿的时候，不管有没有情人，一定要去"情人坡"看看，自己在那个紫藤架底下睡一觉儿，枕在

有什么想说的话，别忘了在空白处随手记录下来，然后用手机拍个照，发送到邮箱 haohaoksj@163.com，说不定书的下一次增订版中就会出现你的精彩留言哦！

恋人膝头上聊会儿天，都挺美。春时的玉兰，在坡上开得正艳，白如冠玉，紫似紫晶，只是看看，心底便也会像那花儿一样一点点展开。朱自清先生的荷塘月色已经把那芙蕖碧波写尽了，只消自己去体会，叫几个朋友泡壶茶聊聊天，也能有"不知东方之既白"的快感，唯一需要注意的是记得防蚊，喷点儿花露水。倘若考取清华，步入这个偌大的园子的时候便到秋天了，二校门前的两排银杏树，一把把金黄的小扇子像是要送走最后一点暑热，也吹乱了天上云的发髻，那黄色、蓝色和白色交织出的画面很是恬静，别忘了去驻足看看。早上第一节课可以赖床不去，不过清华园第一场雪的时候，务必早起一回，看看大草坪上还没有沾染脚印的白茫茫一片，看看日晷上覆满雪花，只有"行胜于言"四个字兀自清晰。

　　校史馆、图书馆、学校的咖啡厅里都有一本摄影集，叫作"四季清华"，出自摄影大牛之手，但也难以展现清华园瑰丽之万一。我的笔拙，更写不出清华四季的美好，说不完春有百花秋有月，夏有凉风冬有雪，但我确定"若无闲事挂心头，便是一年好时节"。话说回来，只要开开心心乐乐呵呵的，四季就都是美的，怎么能乐乐呵呵的呢？多听相声……我又三句话不离本行了。望你们自己走进这所能够包容一切躁动灵魂的园子，自己去感知这里面四季的轮回，并在一个个寒来暑往、秋收冬藏中，收获自己的成长。

✈ **小贴士**

1.社团在每年开学的第一周招新，一般是在当周的周三、周四与周五，蒙民伟楼门口十分热闹，各个队伍有说的有演的有吹的有拉的有唱的有跳的，反正各自拿出自己吸引眼球的方式。

社团招新现场

我们曲艺队的招新海报　　我们曲艺队招新——是有女生说相声的

2.各个艺术团在春秋两个学期都会举办专场演出，一般在5月和11月，也就是该学期的第十三四周的样子，水平都很高。多去看看，也可以提升你的艺术素养。

3.除了艺术团的各支队伍，各个院系的学生节一般是每个学期的第十一二周，有不少亮眼的创意、想法和美美的姑娘。

345

丰富多彩的校园活动

美美的清华姑娘

4. 全校每年的毕业晚会，我都会给大伙儿说段相声。我即使毕业了，每年的研究生入学晚会和毕业晚会也还是我的舞台，你要来清华，千万别错过。如果你没有看过我在毕业晚会上的演出，你是毕不了业的。

5. 新清华学堂

清华在百年校庆之后终于有了能够承接大型演出的新清华学堂，有很多高规格的演出，大家可以用学生证买到很便宜的票，这一点让我们已经毕业的人很

来清华听我说相声

羡慕……我也有不少演出是在那里看的，比如我最喜欢的金士杰先生。

新加坡国立大学
陈振宇

未选择的路，总有未可知的美好

知乎总有人问："留学带给一个人的意义是什么？"

回望来路，其实我也曾在内心里无数次地问过自己这个问题，但是每一次，好像都会有新的体会。

在我刚来到这片陌生的土地的时候，我以为留学的意义是逃避。后来过了几年以后，我以为留学的意义是开阔眼界，但是如今回望来路，留学生活的最大赠礼，莫过于"独立"二字。其实我更喜欢它的英文翻译"independent"，拆开来，就是"in"与"dependent"——不依靠。

在国外，一切本来顺理成章的事情反而都成了生活中的挑战。想去超市买个东西，话到嘴边却发现不知道怎么说单词；想去看医生，却只能指着自己的脑袋说不舒服；就连洗个衣服，手洗还是机洗，放多少洗衣粉，洗衣机选什么模式都曾让我为之踌躇。

如果说独立的生活已经让我觉得头疼，那接踵而

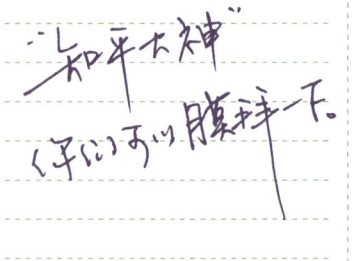

至的学业上的问题才是真的让我感到了绝望。开学的前2个月，除了数学物理，其他的课本简直是天书，考试的时候连题目都看不明白。曾几何时自己也是学校的天之骄子，而在这里，自己人生中第一次体会到了吊车尾的感觉。

没有人可以帮你，父母远在天边，周围的小伙伴们也自顾不暇。摆在我面前的只有两个选择，自己解决，或者就此放弃。我不是个轻易认输的人，所以只能去硬啃，自己靠着电子辞典、谷歌翻译等各种方式去一点点翻译课本内容，然后再一遍遍去问同学，或者学长。

这种"不停失败—寻找解决办法—再次站起来"的循环，贯穿了我的整个学生时代。同样这也让我有了比同龄人更坚韧的心理素质和解决问题的能力。我想，现在无论把我扔到世界的哪个角落，我都有能力生存下去。

独立的意义不仅在于自我解决问题能力的提升，更重要的是认识自我，并且对自己的人生负责。当你做出选择，意味着你没有任何借口可以为自己开脱，结果好坏都要自己承担。我最终选择了建筑系，也着实是基于一些现实方面的考量，因为自己的涉猎甚广，所以不想拘泥于纯理工科或者文科专业，建筑相对来说是一个比较包容和跨学科的专业。此外，自己从小对于美术的热爱也可以在这一专业上得以发挥，避开了跟一群天才同学们在工程系里面互相竞争。

我毕业于新加坡国立大学（NUS），一个经常被我们自嘲为"中国新加坡县立大学"的世界一流大学。

说到留学，可能在很多人的思维中，首选还是欧美澳的国家，新加坡国立大学对于很多人来说是一个非常陌生的名字。但是作为这里的毕业生，我可以很负责地说一句：NUS是所有世界一流大学里性价比最高的留学选择。

相比于西方国家动辄上百万元人民币的学费，新加坡留学只需要四分之一的开销，但却有着世界一流大学的教学质量。这主要是得益于新加坡政府对于人才的渴求，留学生基本上都可以申请学校的学费补助，这是一个旨在帮助所有有意愿留在新加坡工作的留学生完成学业的补助，新加坡政府可以帮助你一次性免除80%的学费（换算下来，这相当于一笔50万元到70万元人民币的奖学金），唯一的代价只是毕业之后要留在新加坡工作3年。有了这样一大笔补助，加上其他的学费贷款，其实家里只需要负担生活费即可，对于很多想要出国但是不想给家庭造成太大负担的优秀学生来说，这无疑是一个很好的选择。在这里值得一说的是，中国的高考成绩也是可以直接申请NUS的。

当然，除去性价比超高的学费，NUS的教学质量也是顶尖的，学校非常注重多元的文化氛围，所以在这里你可以有机会接触到来自世界各地的学者、教授。

以我们建筑系为例，4年的大学生涯里我的导师分别来自中国、意大利、新加坡、斯里兰卡、荷兰和古巴。基本上任何一个你感兴趣的研究方向，你都可以找到相关研究方向的导师。

在这里，只要你想，你就可以在假期申请一笔基金去中国做古建筑调研。如果你对历史不感兴趣，学校里还有和ETH合作的机器人编程建造工作室可以参加。要是不喜欢新加坡闷热的天气，从大二开始你就可以申请去其他国家出国交换的项目。新加坡是个"弹丸之地"，但是新加坡国立大学的学生并不会因此被限制视野，与其说这里是一个国家，不如说是中西方交汇的枢纽。

我曾经好奇地问过来这里交换的外国同学，最喜欢这里的什么，得到的绝大多数答案都是"food"。虽然不比中国美食的博大精深，但是新加坡的大学食堂确实是一绝。在国大的校园里散落着不下20个餐厅，从图书馆下面的三明治自动贩卖机，到U-town里夜色下灯光闪烁的意大利餐厅一应俱全。

新加坡是多民族国家，这里的食物派系繁杂，食堂里面既有马来西亚的清真食物，也有西方的炸鸡薯条，甚至还有四川的麻辣香锅……价格实惠分量十足，很多校友就算毕业了之后，也会坐很久的车回来尝一口正宗的味道。从入校到离开，在这里6年的时光也没能把所有的食堂都吃一遍，不得不说也是一个遗憾。

除去好吃的美食之外，学校里还有很多其他的惊

学校餐厅

喜等着你去发现，比如这座外观看起来就像是大石头的奇怪建筑，它可是一座小有名气的博物馆。

李光前自然历史博物馆

这座博物馆全称是李光前自然历史博物馆，里面陈列的藏品一部分是李先生这些年在全世界收集的各种自然生物标本，另一部分则是来自于学校的收藏和其他校友的捐赠。

不同于欧美百年大学的那种历史厚重感，你在NUS感受到的更多的是现代化的朝气进取和绿意盎然的生机活力，校园里随便一拍，都是一张美景。

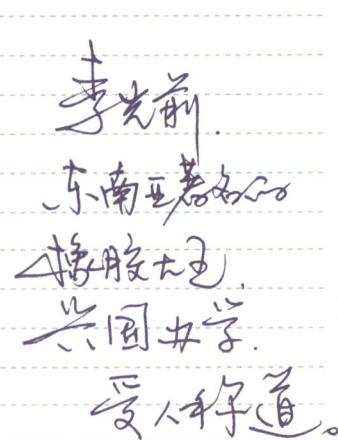

李光前．
东南亚著名．
橡胶大王．
兴国大学．
受人称道．

当然，轻松的氛围永远不会持续太久，当考试周来临的时候，你就会发现校园里连空气都散发着紧张的味道。平日里吊儿郎当的各位都开始抱着书本锁紧眉头复习，无论是图书馆，还是路边的长椅上，都会看到占座复习的学子。哪怕是在凌晨的四点半，依然可以在图书馆里看到一大群挑灯夜战的同窗，这也算是学校的一道独特的景观了。

人生的美丽就在于不可预知，选择来新加坡，让我的人生重心从青岛从此飞跃了5000公里来到了赤道边缘；选择了建筑系，从此踏上了每天工作12小时的痛并快乐着的生活；选择去参加《一站到底》，却在误打误撞中体会到了一夜成名是何种感受。不能拍着胸脯说，我做出的每一个选择都是当下最好的选择，但是正是这些选择，才造就了今日的我。

故事的最后，想用一首诗来结尾。

未选择的路

黄色的树林里分出两条路，

可惜我不能同时去涉足，

我在那路口久久伫立，

我向着一条路极目望去，

直到它消失在丛林深处。

但我却选了另外一条路，

它荒草萋萋，十分幽寂，

显得更诱人、更美丽。

虽然在这两条小路上，

都很少留下旅人的足迹，

虽然那天清晨落叶满地，

两条路都未经脚印污染。

呵，留下一条路等改日再见！

但我知道路径延绵无尽头，

恐怕我难以再回返。

也许多少年后在某个地方，

我将轻声叹息把往事回顾，

一片树林里分出两条路，

而我选了人迹更少的一条，

从此决定了我一生的道路。

——[美]罗伯特·弗罗斯特，顾子欣译

妈妈和姥姥来参加我的毕业典礼

建筑系同学聚会

（图摄：陈鹏锋、余映茹）

南洋十年

新加坡国立大学
黄培德

2018 年 5 月 14 日

远渡南洋，留学新加坡，一转眼已是 10 年光景。

10 年前背井离乡的少年，10 年前的我们。

还记得那时囊中羞涩的学子，一个月只有 800 元人民币的生活费，而一条国际短信就要 1 块钱。

还记得那时大家都没有笔记本电脑，放学以后奔向宿舍的电脑房，第一件事情就是打开当年风靡一时的校内网。

而现在，登陆校内网的唯一原因，恐怕只是想看看当年的自己。在剥掉人人网陌生的网红直播网站外壳的一瞬间，仿佛又找回了曾经的校内网，找回了当年朴实无华的心路历程，和曾经鲜活的少年。

少年在校内网发过这样一篇日志：

2008.01.09

2008 年，在太平洋的日出和印度洋的日落里悄然溜走了。我的16岁，中国的2008，我的青春年华，国家的风雨沧桑，都被默默地封藏在这个赤道海岛的烈日海风中，在温热中酿制，直到我自己都难以品出其中的味道。

只记得寒风暴雪，我们努力地去试图感受，窗外的艳阳高照。

只记得山摇地动，面对闪动的荧光屏，我们的眼泪也一样扑朔。

只记得五环联动，我们摇旗呐喊，引吭高歌。

国家在奋斗，我们也在拼搏。

辩论场上我们唇枪舌剑，披荆斩棘。

学习室中我们全神贯注，奋笔疾书。

音乐室中我们吹拉弹唱，胡琴琵琶。

被国内的同学问到，友谊会因为时间或空间而淡化吗？我多么希望自己能坚定地写下一个"不会"，可是，我不能。并非物是人非，可过去的那种亲近，那种熟悉却再也找不到了。越远，越珍惜，可并不是珍惜就一定能够留得住。

学姐说我不可能再融入国内同学的圈子时，我点头称是，心里却怀疑。

假期回国内高中上课，我想融进同学们的圈子，可我们的心却不在一起。大家都是在为自己的前程奋斗的战士，而我，只是一个恰巧路过的游人，想体验军旅的生活。

我既不是个归人，也不是个过客，在中国，在新加坡。

每当我看到国内同学在校内网上交流，是那么地生气勃勃，是那么地有生活的气息。是重压下的自由，是辛苦中的快乐。而我，整日整日地在这个热带国度中奔跑，却不知终点在哪里。

我并不是一个幸运儿，只是选择了另一条路。

这一年，过去了。

我离开了家庭，离开了母校，离开了祖国，离开了朋友和我早已熟悉了的生活。

这一年，2008年。

可这一年，真的过得去吗？这些，我真的离得开吗？

10年前一个16岁小朋友的日志，现在读起来难免觉得青涩，甚至矫情。毕竟那个时候没有表情包，没有咆哮体，也没有这么多的公众号教我们一篇合格的网络文章该怎么写。毕竟那时候洗剪吹的诸位现都已为人父母了，让16岁的自己来讲当时的留学感受，叔叔，我们不丢人。

重要的是，10年过去了，让我惶惶不可终日的，还是一样的问题，只是少了些写意，多了些写实：

我在哪，

我是谁，

我要到哪去？

相信在欧美留学的同学可以很深刻地感觉到身处异乡，但是在新加坡，总觉得自己似乎没走太远。除了新加坡本身就有超过70%的南洋华人之外，在新加坡求学和工作的国人是一个极为庞大的群体，庞大到可以撑起几条街的中国餐馆、ＫＴＶ，甚至是桌游吧。再加上新加坡和中国同在一个时区，隔壁女同学追《一站到底》也可以做到准时准点。

但这不代表新加坡就是一个海外江南，或者祖国的一块"飞地"。实际上，对于和我年纪相仿的大多数新加坡南洋华人来说，中国，或者更确切地说中国文化，是比较陌生的。身旁的新加坡同学，几乎很少有人知道清朝是中国的最后一个封建王朝，或者民国曾经存在过，而相反地，他们对特朗普的推特，或者英国脱欧，倒是津津乐道。所以每当我和黑头发黄皮肤的新加坡同学一起吃饭，听他们谈论哪一家的海南鸡饭比较好吃、当年服兵役（新加坡有强制兵役制度）时分配在哪个部队，又或者这个周末该去哪个DJ的酒吧……难免想到，长江边，滕王阁上，曾有一个年岁相当的少年听渔舟唱晚，观雁阵惊寒，咏老当益壮，抒青云之志。

在这个四季如夏的现代都市，恐怕难寻这一丝风雅。

新加坡的教育系统，是与国内完全不同的。在这里，学校似乎不是为了培养儒生、大师或奥赛冠军的，而是为了培养社会精英。

初高中的时候，新加坡的老师没有教我"吾日三省吾身"，也没有教我"这是梦开始的地方"，而是告诉我们，算算你能为你未来的雇主带来多少价值。

法学院没有开设法律的哲学基础、法学史或者民权导论这一类的课程，但是却开设了盘问技巧、律师的财务管理或者谈判与调解技巧等课程。

从初中开始，新加坡的学校就开始强调"领导力"和"软实力"，也就是所谓的"我老板为什么喝喝茶也能工资比我高"的答案。而培养的手段，就是通过大量的课外活动、比赛、社会实践和社会服务项目，而课业成绩，也很大程度上取决于小组讨论、团队合作和互相打分、项目结果来衡量。

而新加坡教育的产品，或者在某种程度上来说，我本人就成了一个极度务实、审慎、有适应力、毫无偏见、毫无文化包袱却又毫无信仰的资本个体。而正是这样的个体，形成了充分的市场竞争，组成了极度高效、廉洁、审度、开放的政商体制，而这样的体制，又同时为每一个个体带来世界一流的城市生活体验和服务。

举几个简单的例子：

新加坡几乎不堵车，因为每一辆车的拥车证都需要按月竞拍，每月限制新车数量，且每辆车10年强制报废；

新加坡公民和永久居民基本不需要为买房子发愁，因为新加坡70%的人住在政府提供的经济住房中；

新加坡向公民提供终生学习补助，帮助无业、失业者进行技术培训,新加坡常年失业率控制在5%左右,大学应届生第一年就业率在95%左右。

毕业后留在这样的城市,应该很理想吧。

隔壁在银行工作的女生,每天9点半到班,路上买杯新加坡奶茶加冰。偶尔加班。不加班的时候,偶尔去上上瑜伽或者拳击课。每周追追《一站到底》,周末买买包、看看书。假期去东南亚小岛拍拍照片,或者接父母来住住,这似乎是我们这一代留学新加坡国人的标准生活;但是高中热爱摇滚和交响乐的天才室友,后来却学了土木工程,现在需要天天和印度工友打手势,虽然有自己的小乐队,但是和酒吧合作没谈成;喜欢钓鱼、摄影、画画、打麻将的大学哥们儿,辞了工作,把租的房间改装成了摄影工作室,后来却不了了之,独自一人去新西兰自驾游回来后,现在应该很想回成都吧。

17世纪的时候,随着大英帝国的舰队,英国人开始用脚选择自己的目的地。保守又传统的人们,驻足于不列颠岛上;勇敢又向往自由的人们,

参加女朋友的毕业典礼

踏上了美洲大陆；而追寻世外桃源和高福利制度的一群人，远渡新西兰。

墨子恐怕会留在新加坡吧，若是孔子不愿意来，而老子说不如归去，又何必在意许多呢。

✈️ **小贴士**

新加坡国立大学武吉知马校区鸟瞰图

新加坡国立大学法学院位于武吉知马校区，也是国立大学最初的校址，坐落在新加坡植物园一隅。因为历史悠久，也是新加坡的国家纪念建筑群。如果你去游玩新加坡植物园，那么不要错过国大武吉知马校区，保证你可以拍出美美的照片，也可以趁机歇歇脚。

法学院院长陈西文教授为大家准备奶茶

来到武吉知马校区，一定要尝一下法学院食堂的冰奶茶（注意不是珍珠奶茶，而是新加坡特色的早餐茶饮，用红茶、炼乳和牛奶混合而成），在CBD工作了这么久，可以说尝过的奶茶不下十几家，但是都比不上在正午时分，爬上法学院这个小山坡，再赶去上课前买一杯冰奶茶来的过瘾。

手绘新加坡高院

如果对法律或者律师这个职业感兴趣，不妨亲身体验下新加坡的庭审。几乎没有人知道，新加坡的最高院是完全对外开放的，包括外国人，即便和正在开庭的案子没有任何关系，也可以入席旁听。唯一需要注意的是不要穿拖鞋，进出法庭需要向法官鞠躬致敬。

新加坡东海岸

有什么想说的话，别忘了在空白处随手记录下来，然后用手机拍个照，发送到邮箱 haohaoksj@163.com，说不定书的下一次增订版中就会出现你的精彩留言哦！

新加坡东海岸坐落着很多优秀的初级学院（相当于高中），包括维多利亚初院和淡马锡初院。东海岸虽然游人罕至，却是新加坡当地人周末休闲的绝佳去处，沿途有很多自行车出租点。一直向东，可以穿过一片幽静的树林，直至新加坡樟宜机场跑道的尽头，可以看到飞机在头顶一两百米处划过起飞。

最后一个地方恐怕连大部分新加坡人都不知道，名字叫作比达达里公园。在我的初中新加坡海星中学后面，有一处广阔的树林和草地，在新加坡恐怕再难找到这样一处世外桃源了。我只记得当时我们管这里叫作后山，因为我们是所男校，所以默默许愿毕业后会带女朋友来这里给母校看看。听说这里快要盖住宅区了，所以别迟疑了，先快点找个女朋友。

新加坡国立大学
孙媛媛

八年一梦

2010 年，我 15 岁，独自离家去往新加坡留学。后来说起自己初中毕业便离开父母出国，很多人都会惊讶地问我是如何拥有这样的勇气，下得了这样的决心。转眼出国快 8 年了，回想起当时申请新加坡政府奖学金项目的决定，很多纠结和犹豫都已经淡忘，只记得签合约的那一天我表现得云淡风轻，丝毫没有意识到这一个决定会改写自己的一生，每每回想起来总会有种缘分使然的感慨。我常开玩笑说时间过得太快，这 8 年快得像是一场梦，梦里哭过笑过、起起落落，所幸这是场美梦，回味无穷。今天我把我的这场梦，讲给你听。

与新加坡结缘

初二那年，学生会与我关系很亲近的一位学姐决定去新加坡留学，我才间接得知了新加坡政府奖学金这个项目。初步了解情况后，知道了奖学金得主可以享受学费、住宿、伙食费全免的待遇，每月还有额外的补贴。外国学生在新加坡的留学费用不菲，这样的待遇乍一听十分让人心动。然而这个项目也有它自己的不完美之处，那就是因为学制的不同会延迟奖学金生上大学的时间，这也是很多人犹豫纠结的一个主要原因。

开始听到这个项目时我并没有特别留心，后来的一年看着学姐分享在新加坡留学时的有趣经历，才让我动了报名参加选拔的念头。最终，我抱着试一试的想法交上了申请表格。说到奖学金生的选拔，不得不说是一个优中选优的过程。在我当时的初中，选拔大概分三关：第一关是班级内选拔，每个班级从有意向的同学中选出成绩最优秀的两人参与学校的选拔；第二关是全校统一组织的选拔考试，只有成绩排在前十名的同学才有机会参与新加坡方面的选拔；而这最后一关，也是最严格的一关，就是新加坡教育部所安排的选拔考试。新加坡方面的考试分为笔试和面试两个部分。笔试考查的科目非常全面，其中最有挑战的就是英语和智力测试。因为在新加坡所有的课程都将用英文授课，所以对于学生的英文水平要求很高；智力测试则不同于以往学校所教授的科目，主要考查同学的逻辑思维能力，而面试也是全程都用英文进行。最终全省有九位同学获得了奖学金的名额，我也很荣幸成为了其中之一。

我妈妈在面试结束后的那天傍晚收到了录取的电话。从通知结果到签订合约，只给了一天的考虑时间。而且这样的合作往小了说事关个人和学校的诚信，往大了说是事关两国教育部的合作，因此一旦签订合约，就再无反悔的可能。其实报名参加选拔时我心里对这个选择也并没有那么笃定，毕竟竞争十分激烈，虽然机会难得，但自己心里并未抱有太大期望幸运会花落于我。因此当机会真的摆在我面前的时候，心里既有对自己能力认可的骄傲，又夹杂着一丝茫然。那一天晚上我和家人几乎彻夜未眠，妈妈是最纠结的：在我人生的前15年我几乎从未离开过家人身边，连住校的经历都不曾有过，她既担心我独自无法适应国外的生活，照顾不好自己，又十分不舍我的离开。而我自己同样对于国外的生活既期待又恐惧。家人将最终选择权交给了我，是我自己下了决心，为家人分析了得失利弊：我初中就读的是英语特长班，在分班时就考虑到高阶英文打下的语言基础可以为以后出国看世界做准备，因此出国留学早就已在未来的规划之中，现在出国只是将时间提前了一些。而且这一奖学金项目既有教学质量的保障，又可以为家人减轻高昂学费所带来的经济负担。最重要的是，新加坡这个国家是中西文化结合之处，有西方海洋文明的积极进取，又兼具东方文化的谦虚包容，相比欧美国家更适合骨子里颇为含蓄保守的我。

时隔多年，我仍然对签约那天记忆犹新。第一次在合约上一页一页郑重地签好自己的名字，心中有着满满的仪式感。看着合约上提到的学校活动等安排，也终于有了新生活唾手可得的真实感。一晃8年匆匆而过，我从未后悔过这一决定。感恩家人的支持和包容，也感谢自己当年的勇敢，才有了之后在新加坡多彩的经历与成长。

在新加坡圣淘沙欣赏落日　在新加坡滨海花园树顶餐厅与摩天轮合影

机遇与挑战

记得高中时我手机备忘录里记着一句话，是A水准备考最紧张的阶段我的物理老师在课上说的：It's gonna get hard before it gets easier. But it will get better, you just gonna make it through the hard stuff first. 大意是，在成功之前的路并不总是艰难的，但想要轻松抵达胜利的彼岸便必须穿过最具挑战的荆棘。这句话的意思和"有志者事竟成"有异曲同工之妙，唯一的差别在于前者现实苛刻地指出一路上的困苦艰辛，而后者却直接轻描淡写地引出成功的结局。想来这话应该是我在新加坡求学生活的一个非常合适的总结。

初到国外，过语言关、适应新生活、克服思乡之情本就不易，但我偏偏又是个闲不住的人。我所就读的初中是新加坡小升初成绩要求排名第一的华校，对于成绩的高要求是毋庸置疑的，除此之外新加坡的学制又要求学生们全面发展，每人必须选择一个以上的课外活动，并以专业的水准进行准备和练习，参加全国甚至国际比赛。虽然以奖学金生的身份来到新加坡，但学习绝不是我生活的全部。相比较于对成绩的重视，我更希望自己成为一个全面发展的人。因此我热爱舞台，辩论、主持、戏剧、演讲等活动都有涉猎，也都取得过一定成绩；我喜欢读书、热爱摄影、广交朋友，一直旅行走在路上，努力增长自身见闻和阅历，希望能构建出属于自己的特别视角，去满怀热情地打量世界。我不仅"贪玩"，且有着"样样玩起来就要玩到最好"的信念和决心。这样闲不住的心性给我带来了更多的机遇和成长的机会，但随之而来的也是相比别人更大的挑战和压力。

压力最大的那段日子，我时常翻看手机里的那段话。我一遍又一遍地告诉自己，最难的时刻会过去的，再拼一下，再拼一会儿，就会豁然开朗了。今天回头去看，的确好像过去的一切都变得轻松淡然了，但是我骗不了那时身在其中的自己，那种艰难和焦躁，除了强迫自己一步一个脚印地走过去，别无他法。哪怕拥有事后反思、把挫折都镀金成历练的能力，我仍然不敢昧着良心说这8年都是顺风顺水的。毕竟逆风而上的日子更让人成长，而这些年的改变就在那里，骗不了谁。

思辨之旅

从初中到新加坡加入华语辩论队成为辩手，参加第一场全国性的比赛，到担任初中、高中两校辩论队队长，后来进入新加坡国立大学辩论队，辩论这条路我一走就是8年。其中也尝试过演讲、朗诵、演戏、主持，幸运的是尽管有过几次没有回报的付出，大部分活动也都取得了一些成绩。

最后的A水准考试，我的成绩虽达到了自己设定的目标，以六门A级的成绩顺利进入了新加坡国立大学要求较高的商学院，但我的课外活动经历总是比学习生活过得充实有趣。记忆中最闪耀的片段不是手捧奖杯站上领奖台的荣耀，反倒是那些压力太大默默哭泣的夜晚更让我怀念。为了让家人放心，我和很多留学生一样习惯报喜不报忧，但也就少了与他们倾诉排解压力的机会。偶尔面对挫折也会觉得全世界都理解不了我的苦衷，简直玛丽苏附体，感觉自己像是个被世界抛弃的孩子。但哭过之后第二天想了想又只能嘲笑自己蠢，本来路就是自己选的，没有金刚钻，也是你自己揽下的瓷器活，又怎么奢求有人能完全体谅自己。这样的心态一次又一次地反复，也不是没想过放弃，可好在自己骨子里也有那么股倔劲儿，最终都拼着不

2017"华语辩论世界杯"在三百余支参赛队伍中获得国际冠军

愿轻易妥协的信念撑到了雨后天晴。

在我所参与的课外活动中，无论是辩论还是戏剧，我自认都不算天资聪颖，却因坚信笨鸟先飞而执着。从第一次跟着学姐在新加坡"狮城杯"比赛中做结辩，紧张到手中的稿子都抖出声音，到后来在场上侃侃而谈获得国际比赛冠军和全程最佳辩手，还作为主演参加新加坡青年节艺术节的戏剧比赛获得最高荣誉、全国演讲比赛冠军，等等，这一路走来可谓酸甜苦辣样样俱全，有过获得成功的喜悦，也少不了失败的沮丧，熬夜准备辩题的辛苦，和被质疑、被非议的纠结。幸运的是，无论个中滋味究竟是苦是甜，每一次的经历都常伴着收获与感动。开始学辩论时我的表现肤浅而笨拙，还曾被教练戏谑地称为"花瓶"。那时每当我因不满于自己的表现而感到十分挫败时，便会问自己为什么喜欢辩论。仅仅是因为享受口舌之争的乐趣吗？随着在这条路上越走越远，我意识到辩论员面对的其

与印度同学一同主持2018新加坡国立大学校友会新春晚会

实远不只是舞台上的目光与掌声，让我真正乐在其中的，是探讨与交流过程中对事物更深刻的认识，以及自己内涵的提升。在我的心中，辩论不一定能得到真理，但它容忍歧视，能让人在诉求真理的路上前行更远，同时也学会包容、学会理解。这些经历带给我意想不到的收获还有太多太多。当我不再计较成败，开始单纯享受比赛过程的时候，当我反思失误与不足，不再懊丧，而是坚定地对自己说一声下次可以做得更好的时候，辩论给予我的，是一颗面对胜负云淡风轻的心，和一种不会磨灭的精益求精的生活态度。这些爱好和收获也是我在新加坡留学生活中不可多得的财富。

旅行的意义

在新加坡锻炼出来的适应能力还给了我走得更远的勇气。

出国的第七年我告别了新加坡冗长的夏日来到意大利米兰交换学习一个学期。这一年我鼓起勇气在布

拉格的高空跳过伞，胆战心惊地坐过凌晨3点米兰睡满流浪汉的夜间巴士，和朋友在巴塞罗那机场抱紧背包熬过整夜，也在冰岛看极光的平原一脚踩空扑过街。我频繁地背起背包，离家越走越远；时区屡次变更，时差越算越乱。

在"因水而生，因水而美，因水而兴"的水之梦乡意大利威尼斯

可所幸旅行路上诸多纷杂的所见所感所想，换回的是一颗更清明的心。

　　3个月来我抓紧一切时间在欧洲游走，闲时总会思考旅行的意义。人们常说"见多识广"，我总觉得并不尽然。后来我走得越来越远，并未如"识广"所指体验更多的"见怪不怪"，反倒更有感于旅途中细微甚至平常的感动。是冰岛语言不通的店员报以的真诚微笑，是罗马街头老奶奶接过手机帮陌生情侣从各个角度拍下拥吻瞬间的认真，是西班牙广场旁中国父亲在给女儿拍照时路过的白人姐姐逗趣的响指和小姑

在冰岛的严寒中追赶极光向欧若拉女神许下心愿

克服恐高在布拉格挑战跳伞

在慕尼黑宝马博物馆找到最喜欢的机车 与德国维尔茨堡大教堂合影模型

在圣托里尼伊亚小镇欣赏世界最美日落

娘清亮的笑声。这样的感动其实也存在于日常的每一天吧，或许有时因为太忙了，有时因为太累了，以前的我好像在每天紧凑的日程中穿梭时快要忘了去留心这些瞬间，很久都没看见过了。

在旅途的路上，我走得很慢。慢慢听完天鹅堡里各代国王公主的生平和传说，慢慢踏上伊亚小镇观景台欣赏圣托里尼的落日之美，慢慢走遍雷克雅未克的每一间小店，读完写着冷笑话的明信片。

我想啊，让我在忙碌时仍能提起兴致记下这些美好的瞬间，提醒自己要用心认真生活；让我不要急，不要赶，不要慌，也不要怕，别被琐碎和计较蒙蔽了双眼。

这大概就是我，从家乡走向新加坡再去往世界各地，离家多年仍不愿停下脚步的原因，也就是我旅行的意义。

写在最后

说来惭愧，洋洋洒洒写了千余字，但回看这篇文章其实没有太多实质的内容，大多是记录心境的变化。出国多年中文功底越来越弱，讲不出什么精彩的故事，只能用最朴实无华的文字谈谈自己一路走来的心路历程。唯愿能为看文章的你增添一份求学中面对困难坎坷的勇气，也希望自己10年后重读20岁的感慨，仍然会有些不同的心得。我是幸运的，因为在我的留学之路上，努力从未白费，都给了种瓜得瓜种豆得豆的回报。但我身上发生的从不是什么励志故事，说起来反倒更像是一个自己高估自己能力的熊孩子咬着牙不肯屈服的心酸血泪史。可我真的很感恩。经历过那些求而不得的焦躁，被人否定的烦闷，迷惘不前的徘徊，我才渐渐懂得扔掉一些悲天悯人的情绪。

越长大，越懂得有些路真的只能一个人走。小时候，我害怕落单，后来我习惯忙碌时一个人吃饭一个人在校园里闯荡。才懂得"自己选择的路，跪着也要走完"从来不是说着好听的大话。你必须走完，有时为了自己限定的期待，有时为了别人赋予的责任，没有理由，没有借口。

从年少时事事争强好胜，到后来懂得尽人事也仍然要听天命，甚至开始了解必须正视自己能力的极限，这一路走来绝非易事。以前想要人人喜欢自己，遇到否定和诋毁也会暴跳如雷，到后来开始学着无论遇见多糟心的人和事都默默一笑了之，这磨的是脾气，但养的确是心性。曾经抱怨老天不公，好像少有事事顺遂之时，总给不同磨难让我闯，到后来明白走得过的只是历练走不过的才是懦夫，怨天怨地于事无补何不自己好好感受个中酸甜苦辣。有些事情装不来，只有真的看淡才能看淡，学着去做自己生活的旁观者，这才是我一直在参悟的道理。

有句台词说，"我们听过无数的道理，却依然过不好这一生。"未来一定还会有沮丧崩溃的时刻，可我想若很努力过好这一生，那从中品出的那些道理也绝不会毫无用处。就让它们成为成长路上最温柔的"马后炮"，变为日后一笑了之的谈资吧。

最最重要的是，这8年的留学经历，若让我重来一次，我很开心我能摸着自己的心说：哪怕难哪怕苦，可是我并不后悔。

你所能改变的和不能改变的，你所能选择的和你无法选择的都是命运。时间催着我们成长，推着我们向前，偶尔迷惘彷徨，偶尔身不由己，但我始终坚信我们终归会找到自己的生活节奏，然后沉溺其中无法自拔。在找到这节奏之前，还有很多险可以冒，很多错可以犯，很多祸可以闯。

而我一直充满期待。

希伯来大学
唐乐超

我在耶路撒冷为你讲犹太人的故事

乐超
是北外名校辩霸赛
五年来唯——冠军，
自以色列归朋友
他简直就是以色列
旅游推广大使，
娓娓道来以色
列的众生人情。

　　我跟犹太人的渊源恐怕要追溯至小时候看过的一篇百科文章，谁晓得多年后命运就把我带到犹太人的故土——以色列，去爱因斯坦建立的耶路撒冷希伯来大学念书。

　　当代的以色列俨然已成为中东的硅谷，优盘、二维码、英特尔奔腾芯片、滴水灌溉技术、海水淡化技术、全国水循环系统及无人驾驶等高科技都诞生于此。值得一提的是，美味可口的黄瓜和西红柿也是因为以色列的辛苦钻研才能上得了现代人的餐桌。

番茄在刚被人食用时很难保存，只有宫廷贵族才能享用。得益于以色列的技术，番茄的保持时间被延长至一周。脑洞大开的以色列人还为了吃零食而改良了小西红柿"圣女果"。图为犹大帐篷大巴扎里各色的圣女果。摄影：张伟，海法大学

一、希伯来大学：一所为理想而生的学校

早在以色列建国前，犹太知识分子们就已意识到，一个国家的建立必须要有教育的基础。若缺人才何谈建设，若无民族品格又遑论国家意识。于是，爱因斯坦、弗洛伊德、被冠以"以色列国家诗人"称号的哈伊姆·比阿里克以及后来成为以色列第一任总统的化学家哈伊姆·魏茨曼等有识之士共聚一堂，在耶路撒冷最高峰瞭望山上建立了耶路撒冷希伯来大学。这所1918年建立的大学整整早于以色列建国30年，它培育出来的很多学生成为新生的以色列国的中流砥柱。

希伯来大学奠基者墙。友情供图：AG，希伯来大学

而在之后长期的以色列国的建设中，希大更是输送了源源不断的人才。迄今为止，希大已诞生7名以色列总统或总理，包括以色列现总统鲁文·里夫林。产生出7名诺贝尔奖得主，包括当代"博弈论"的领军者罗伯特·奥曼教授；1名电脑科技图灵奖得主；100名罗斯柴尔德奖得主及拿到手软的294名以色列国家最高奖"以色列奖"得主。拥有9826项专利、2753项发明（年均150项）；拥有世上最大的犹太研究图书馆；毕业出以色列数量最多的博士生；被称作

"以色列的智库"。

1. 旷野中的火焰，倡导和平共荣

希伯来大学面朝雄伟的犹大沙漠，犹太古谚语有云："真理就好像旷野里的烛光一样，即便是再黑暗，在千里之外也能被看到。"而希大就像这犹大沙漠中的真理火焰。学校的校徽设计大概也是来源于此，采用了屋子和火焰联合的造型。在希伯来语中，"学校"被形象地称为"书屋""书之家"。

希伯来大学校徽

希大以促进人类的和平共荣为立校根基。在这里，犹太人和阿拉伯人，以色列学生和国际学生一起快乐地生活学习。学校坚定地支持多元化的立场，校徽也在近几年从原本单一的红色改成现在的彩色。而在每年以色列骄傲游行日，学校甚至会把彩虹旗升得比校旗和国旗还要高……咳咳，你懂的。

学校悬挂的彩虹旗

希大的杜鲁门和平研究所是中东最著名的和平中心。它由美国的杜鲁门总统在1965年亲自赞助，同学校共建。这里是各界名流来校演讲的地方，也会举办各种意义非凡的讲座、对话活动，如以色列大选辩论、新加坡总理李显龙的演讲等。前不久，研究所居然请来了叙利亚反政府斗士跟学校的师生对话，让我们更直观地了解到战争对当地人民的伤害，教育我们要更加珍惜和平。

2. 特色的建筑，不一样的求学体验

希大的主体建筑是一座叫"论坛"的迷宫：没有比这玩意儿更复杂的建筑了！据说当年是为了防战而故意建得九曲回肠，让敌人找不到北。这个"北"别说敌人找不到，就连我们自个儿也找不到。比如位于建筑中央的主图书馆，地面层不是0层，也不是1层，居然是3层！你能想象跟小伙伴约图书馆见面，电话里说2层，你都得愣一下想一想对方说的到底是地上2层（实际上的5层）还是真正的2层（其实在地下一层）。在这座迷宫建筑内，搞清楚教室所在地更是专门的一个学问。开学前两周鲜有不迟到的，不是因为睡过头，而是真心找不到教室！期末考必须提前去考察地形，不然考试当天等你找到考场人家卷子都已经收了。

不过在这座迷宫里还是有很多美景的。走几步就能见到各种风格的艺术作品，有发人深省的雕塑、赏心悦目的画作、气势磅礴的浮雕等，不一而足。一定要去的是犹太会堂。欧美的高校有教堂，我们有犹太

外号"迷宫"的希大主楼——纳丁与弗雷迪·赫尔曼论坛大楼。友情供图：MiriamAlsterFlash90，希伯来大学

人聚会的地方叫会堂。会堂面朝美丽的耶路撒冷老城，落地窗能让你将千年古都尽收眼底。

在杜鲁门研究所附近的著名圆形剧院、希大奠基石所在地，是眺望壮阔的犹大沙漠的好地方，所谓"大漠孤烟直，长河落日圆"，可能就是这样的吧。每年的博士生毕业典礼也在这里举行。（顺便说一句，希大很有个性，只有博士生才能穿学士服。）

半圆形剧院：希大的奠基石所在地、每年博士生毕业典礼举办地，背朝雄壮的犹大沙漠。图片来源：维基共享资源

希大还拥有一座奇特的植物园，收集有世上最全的《圣经》时代以色列特有的植株，不单是研究学习

的胜地，也是闲暇时放松休憩的好去处。在这里，你随时都能找到一处你所心仪的景致，为你忙碌的生活增添乐趣。爱因斯坦爷爷当年很喜欢骑自行车在校园里溜达。随处可见的爱因斯坦骑车像上印着他的一句名言："做人如同骑车，只有不断前进才能非常舒服地保持平衡。"

爱因斯坦一辈子最念念不忘的就是希伯来大学。他通过遗嘱将自己所有的文字和肖像都赠给了学校，学校也就成了世上最大的爱因斯坦研究中心。爱因斯坦百年前预言引力波的手稿就珍藏在学校档案馆里。

爱因斯坦"载"我逛校园。摄影：Dov Smith 希伯来大学

3. 奇妙的希伯来语，中文是校园第四语言

希伯来语和阿拉伯语都是学校的官方语言，当然，通用语是英文。学校规定，研究生及以上课程教师必须能同时具备英语教学的能力。其实，很多老师都是来自欧美的回归犹太人，英语反而是他们的母语。我曾经的室友是位访学博士，上课时就他一人不会希伯

来语。老师便说："同学们，我们要不要来练练英文？"大家说，好。于是原先希伯来语的课为了他一人硬是变成了英文授课。这是真事儿。现在中文已经上升为校园第四语言。就在我上学的这几年间，有一年东亚系的中文学生数量第一次超过了日韩语系，从此之后这个差距就再没被反超过。中国学生在这里很抢手，经常被以色列朋友拉去做语伴。

教学楼外遥看巴勒斯坦控制的东耶路撒冷区。友情供图：AG，希伯来大学

读书如行路，在以色列求学，如果你把时间只花在课堂上，那你只拿到一半经历。一定要在学习之余经常参加学校组织的野游、考古挖掘等不可多得的活动。也要自己去积极探索，在这座每块石头都有故事的耶路撒冷，在这个每寸土地都有圣贤足迹的国家，跟当地的犹太人和阿拉伯人共度他们的节日，体验异域风情。

二、以色列：你总能找到一个爱它的理由

以色列很小，满打满算也就2200平方公里，约两

个北京那么大，人口不到900万。在这么小的土地上，除了历史文化名城耶路撒冷，还有中东最自由的金融之都特拉维夫、沙漠边缘的红海海滨城市埃拉特、中东最大的淡水湖加利利湖及世界的最低点——死海等不可不去的地方。这里拥有世界上所有的地形、全球各地的文化及天差地别的气候，而这多元的差别竟然就产生在搭公交就能到达的范围内。

死海漂浮。图片来源：Itamar Grinberg，以色列旅游部

在以色列，无论是短短的周末还是稍长的假期，你都能找到属于自己的心仪之旅。小小的以色列拥有超过150处自然保护区和国家公园，涵盖2500种在地野生植物、400种鸟、70种哺乳动物及20种鱼。还拥有10处世界遗产和至少74家博物馆。在这里既有登山露营、极限运动的热血，也有海滨小憩、文化漫步的浪漫。无论你是自然爱好者还是历史文化迷，你一定能找到一个你爱的以色列之处。

以色列是犹太、基督、伊斯兰三大宗教的圣地，学校会同时放三个教的节。而这三个教派各种的历法不同，运气好的话可以产生三连假的超长假期效果。

以色列非常适合各种野外运动，红海潜水就是其中一种。红海边的红珊瑚将大海"染"成一片红色，蔚为壮观。图片来源：Dafna Tal，以色列旅游部

以色列国宝野山羊。它们携家带口在沙漠里出没，靠独特的爬山本领能吃到很陡的山崖上的嫩植。以色列改善了沙漠环境，野山羊的数目不断增多，常能很近距离地接触到。图片来源：Dafna Tal，以色列旅游部

山地骑行是这个运动国家的一大爱好。以色列很快将建成一横一纵贯穿全国的徒步、骑车旅游路线。从南到北、从东到西，在很短的距离内能欣赏到截然不同的自然美景和人文历史。图片来源：Yoav Lavi，以色列旅游部

并且学生卡几乎在所有的景点都能享受折扣。你也可以在以色列自然公园网站购买年卡，在规定日期内可无限次使用。

1. 耶路撒冷和特拉维夫，两种截然不同的以色列

以色列是全球唯一一个大使馆（除美国和部分国家外）不在首都的国家，它已将重要的政府部门及国会搬迁至耶路撒冷，但因为阿拉伯国家石油禁运的威胁，大部分国家尚不敢把大使馆安放在耶路撒冷，而是放在以色列的经济之都——特拉维夫。这里就不得不说下这座跟耶路撒冷截然不同的城市。

永不停歇的彩虹之都——特拉维夫。图片来源：Dana Friedlander，以色列旅游部

以色列就只有两种人：喜欢耶路撒冷的或喜欢特拉维夫的，而且绝不会有中间派。虽然两市车程就1个小时，但它们拥有完全不同的历史、文化、风景和价值观。首先，特拉维夫是犹太人100年前在沙滩上硬生生造出来的城市，是犹太人白手起家的企业家精神的典范；而耶路撒冷则有着正儿八经的3000年历史，整个城市是厚重的。其次，特拉维夫代表的是以色列

最左的自由派精神，跟耶路撒冷的保守派势不两立。正如特拉维夫是世上狗最密集的城市，而耶路撒冷则是猫的天堂一样，这两个地方的人碰面也常常是鸡同鸭讲。第三，特拉维夫拥有美丽的地中海沙滩，夏长冬短，非常适合在沙滩上懒懒地晒一下午。沿岸便民设施充足，有救生员、免费的浴室、骑车道及大量运动设备等。整个城市热爱运动，年轻的美女帅哥个个跟模特儿似的。著名主持人柯南·奥布莱恩来这里溜达了一圈后直说以色列人是他见过最漂亮的。耶路撒冷则是山城，常常一里路有好几个坡。山区昼夜温差大，得注意增减衣物。你能在这里看到很多传统的犹太人，无论冬寒夏暑都穿着厚重的西装长袍。保守的他们是能多穿就多穿，而在海边戏水的特拉维夫人则是能少穿就少穿，民风迥异。最后，特拉维夫高楼鳞次栉比，建速不亚于国内，常有一日一新之感。而耶路撒冷则禁止在老城范围建高楼，且所有建筑外围都得用白色的耶路撒冷石装饰，千古一色。

耶路撒冷老城最大的烽火台——大卫塔，现在是著名的历史博物馆及 3D 灯光秀的演出地。图片来源：Noam Chen，以色列旅游部

耶路撒冷老城犹太区一景。图片来源：Noam Chen，以色列旅游部

夕阳西下，耶路撒冷变成青铜色。图片来源：Noam Chen，以色列旅游部

2. 异域美食的集中地

以色列是华人稀少的国家，我上街时经常被人搭讪，小朋友们觉得跟中国人说"你好"是很时髦的事儿。因为华人稀少，整个国家中餐馆就屈指可数了，所以到了以色列就不能"唯中餐主义"了。虽然咱大中华美食圈已经把我们的嘴养刁了，但是如果你喜欢异域美食的话，以色列不得不说是个好选择。

这里自古就是丝绸之路在亚非欧三大陆间的中转

以色列是丝绸之路上亚非欧三大陆的交点，传统的东方香料到现在还是美食的秘诀。图片来源：Noam Chen，以色列旅游部

站，既有欧美的烹饪，又有地中海新鲜的食材，还有阿拉伯古老的香料。你如果问我什么是以色列菜？这还真答不上来。早期基布兹人的以色列菜就是健康简单的西红柿拌黄瓜、法式长棍夹茄子。也门的犹太人会做一种叫"贾克农"的千层卷，松软微甜，配以特制辣酱和卤蛋别提有多香了。摩洛哥犹太人会把铁锅倒过来，在凸起的一面倒上薄薄的一层面糊烙饼，涂上各种香料和奶酪，这是以色列的煎饼果子。而来自法国和意大利的星级名厨们则在他们自己开的小众餐厅尝试各种高大上的菜品，往往都能吸引爆棚的食客。

耶路撒冷有个叫"犹大帐篷"的大巴扎，那里除了价廉物美的农贸产品外，各类小吃名店也是深藏不露。若诚恳地请教一下当地人，他们便会指给你史上最好吃的炸鱼薯条店或者是著名的耶路撒冷混合铁板烧（以色列还很穷的时候拿鸡杂和鸡肉一起做的料理，

传统的阿拉伯妇女在做著名的街边小吃、以色列的"煎饼果子"——摩洛哥烙饼。将铁锅倒扣在火炉上烧热，一勺面糊淋上去，揭下来，涂上奶酪香料，一气呵成。图片来源：Itamar Grinberg，以色列旅游部

人们到现在还是喜欢吃）。小巷中有专门煮制各种肉食的小铺，即便是早餐也能让你吃上炖牛尾；而不远处又有素食者的天堂：一家老牌的榨汁店能提供十余种果蔬汁，每一种都是独家配方精心调制出来的。吃

犹大帐篷是耶路撒冷另一个以吃著名的大巴扎，无数新鲜瓜果、小吃零食、风味餐馆簇拥而又隐藏在几个小巷子里，每周五黄昏安息日到来之际都有各种折扣。坐各路公交或著名的耶路撒冷轻轨到犹大帐篷站下车即可。记得带购物车或背包，不然便宜的价格很快让你忍不住多买，大袋小袋拎回家的感觉够呛。图片来源：Dana Friedlander，以色列旅游部

饱了吗？这时候你应该坐耶路撒冷标志性的轻轨回到老城，去阿拉伯集市品尝各种用奶酪和坚果做的甜点，配上一杯正宗的阿拉伯咖啡，那样的美食一日游才算得上完美。

耶路撒冷老城大巴扎（集市）里著名的亚美尼亚瓷砖。图片来源：Noam Chen，以色列旅游部

3. 这里有故事，更有美酒

以色列不仅有故事，更有酒，尤其还有许多独有的特产。葡萄一般在海拔 400 米到 1400 米间种植，不同的葡萄对水文、地形、气温、土壤等元素有不同的要求。而以色列地形从世界最低点到高原都有，小小的一片区域因为巨大的落差可以适应多种葡萄种植，仅在戈兰高地酒庄就有 30 余种葡萄。而且它的山区昼夜温差大，跟新疆一样，特别适合葡萄积累糖分。

创新的以色列人不像欧洲老牌酒产区那样死板，而是会将不同品种的葡萄汁混合在一起酿，试验出口感独特的酒种来：中东特产的什辣子跟它名字一样奔放浓郁，可大大改善赤霞珠的平淡，此时若再加点经

因为充足的日照、昼夜的温差、优良的水土及先进的科技，以色列迅速成长为著名的新兴酒产区。美酒配上橄榄、奶酪和面包，令人垂涎。图片来源：Itamar Grinberg，以色列旅游部

霜的冰葡萄则又能给醇香的美酒平添一丝甘洌。

说到以色列的酒不得不提的是世上独一无二的石榴酒。石榴而不是苹果，是犹太教里的生命树。经过辛勤的培育，以色列产有世上最甜的石榴，可以用于酿酒。而稍微冰镇后的石榴酒香甜可口，不失为佐餐的不二法门。

以色列的酒鲜有出口，因为——犹太人太能喝了！跟穆斯林滴酒不沾的习俗截然相反，犹太人是个鼓励喝酒的民族。首先是每周安息日（周五日落到周六日落）必须得喝酒庆祝。逢年过节自不必说，在普林节（以色列的万圣节）这个纪念传说中犹太人的一次得救奇迹的节日，按习俗得喝到好人和坏人都分不清为止。也就在这一天，平时一本正经的正统犹太人也会披上各种奇装异服上街，喝得酩酊大醉而归。以色列的啤酒也非常有名，麦香十足。但可能因为水资源宝贵，啤酒的价格也略为高昂。

石榴酒，名不虚传。

✈ 小贴士

以色列"网红店"推荐

1. 亚比·本酒庄

　　位于耶路撒冷著名的小猫广场附近，那里是酒吧和风味餐饮一条街。亚比·本是耶城最老酒庄之一，收藏有品种最全的以色列酒及优质的烈酒、巧克力和咖啡等。你可以花很少的钱品尝不少好酒，然后再决定要不要跟和蔼的店家讨个好价钱买上一两支回家。珍稀酒种的爱好者或大宗采购可事先跟老板通好电话再来，一般都能满足。

　　可坐轻轨到雅法中心下车，通过手机定位溜达着过去。不过也有可能你在穿过酒吧街的时候就忍不住在哪家店里坐下了。

2. 犹大帐篷餐馆

　　以色列明星主厨阿萨夫·葛兰尼特在首都开的旗舰店，就在犹大帐篷大巴扎内。一间两层楼的老房子被改造成开放式的厨房，客人们就坐在当天买的瓜果蔬菜边上。厨师做着菜就来到你身边拿个番茄、萝卜

犹大帐篷餐馆

之类的，闲了还会跟前排客人喝个小酒说个笑话。这里的餐具都是不一样的，全是老一辈基布兹人留下来的盆瓢瓦罐，铁锡做的刀叉，复古又接地气。这是耶城最热闹的餐馆之一，从开业到打烊一直门庭若市。民族风的音乐响彻云霄。菜单和酒水要么是手写的要么是当天打印的，每天的餐食都不同——你得看厨师心情吃饭。美食的价格也是不菲的，人均消费人民币200元到500元。特别提醒的是，一定要提前订位，不然绝对没座。

可坐轻轨到犹大帐篷站下车，步行5分钟左右。门口极难停车，公共交通反而是最佳的到达方式。

3. 阿祖拉厨房

耶路撒冷老饕才知道的风情小馆。犹太老爷爷以斯拉·舍弗勒在1952年开的这家馆子，跟以色列国差不多老。老人虽已做不动菜了，但哪怕坐轮椅，至今仍日日来餐馆喝上一碗豆汤作早餐，同老主顾们寒暄。现在掌勺的是自己最小的儿子，也已届中年了。老先生的民族风菜是小时候跟土耳其大厨偷师学来的。那时的以色列还在奥托曼时代呢！

阿祖拉常年煲着的十来只炉子，让你一大早就能吃到甜菜炖肉饺、牛尾洋蓟汤、明火山羊裹松子、茄子肉泥烩肉桂等硬菜。素食爱好者也能尝到炸土豆菜蔬球、鹰嘴豆泥"胡慕斯"等美味。著名作家、歌手约西·巴奈曾动情地写道："于我而言，阿祖拉像个遥远的梦，像个永不止息的故事……"店面不大，小屋一间，桌椅几张。不论总统领袖还是平民百姓，均一视同仁，先到先得。门口永远排着一溜长队，用当地人的话说，哪怕周遭的馆子免费给吃的，他们也宁愿等阿祖拉的桌。这里你不仅可以大快朵颐，还能跟过往食客拼桌讲故事。

可坐轻轨到犹大帐篷站下车。餐馆藏得深，但无人不晓，一路问询就能找着。人均消费人民币50元到200元。

以色列国宝级歌唱家约西·巴奈为阿祖拉创作的歌曲，悬挂于餐馆门口。摄影：张伟，海法大学